フーコーの風向き

近代国家の系譜学

重田園江

青土社

フーコーの風向き　目次

Ⅲ　新自由主義の統治性

フーコーの風向き　近代国家の系譜学

凡例

引用は、引用箇所で最初にページを記載した文献をもとに行い、日本語訳の頁を記載したものについては適宜参照した。たとえば、引用指示に［Foucault 1976a, p. 25, 二四頁］とある場合、文献表に記載した原著の引用頁（p. 25）、日本語訳の該当頁（二四頁）を意味する。また、引用中の〔　〕は引用者による補足、【　】は二〇二〇年に付加した補遺である。

序章　風向きを読む

この本は、ミシェル・フーコー Michel Foucault（一九二六―一九八四）の思想をさまざまな角度から考察したものである。対象となるのは、一九七〇年代後半、つまり彼が権力と統治に関心を持った時期が中心だが、他の時期にもたびたび話が及ぶ。フーコーはいつも、風向きを計るのがうまい思想家だった。時代の風向き、とりわけその変わり目と未来の方向性を。後からふり返ってみると、風が変わるのを感知できる前に、すでに新しい風向きを察しているように見える。その理由がどこにあるのか、序章でその一端を示しておきたい。これによって、彼の立ち位置を確認しながら本書を読み進めることができるはずだ。

フーコーの思想は、生涯にわたって「価値の顛倒」と関わりを持っていた。もちろんそこにはいくつかの転機がある。そのためこれまで、転機の前後に共通するテーマや方向性があるかが、研究者やファンの間で議論されてきた。だが価値の顛倒、既存の考えを土台から覆すこと、根本的なところに狙いを定めて歴史と現在の見方を変えること、こういったところは一貫している。

＊

まずは彼の生涯を一瞥するところからはじめよう。フーコーは一九二六年、フランス中西部ポワティエに生まれた。生家は医師の家系で、ポワティエ大学医学部教授を代々輩出してきた。そのため、長男であったフーコーは父親から医学の道を期待されたが、彼自身は哲学・文学を志望していた。「ポール」というフーコー家の長男に付けられるファーストネームに対して、「ミシェル」というミドルネームを付けた母に支援されて、ポール＝ミシェル・フーコーはパリの高等師範学校を目指す。つまり彼が生まれ育ったのは、第二次大戦末期に、母と二人で高等師範学校入試の予備学校のためにパリに出てこられるほど裕福な家庭であったということだ。一九八四年、ポワティエでのフーコーの葬儀に出席したエルヴェ・ギベールは、地方都市ブルジョアの邸宅の立派さに気後れしたことを、『ぼくの命を救ってくれなかった友へ』（一九九〇）という半ノンフィクション小説で回想している。

フーコー自身は、幼少期の忘れがたい歴史的記憶としてオーストリアのドルーフス首相の暗殺事件（一九三四）を挙げている。これは、オーストロファシズム体制をナチスが打倒した非常に暴力的で複雑な事件で、当時七歳であったフーコーに強い印象を残した。つまり彼の生涯の中で、幼少期はナチスの勃興、第二次大戦、フランス占領という非常事態に彩られていた。

一方、若い時期に当たる戦後には、ヨーロッパ、とりわけ二度の大戦でいずれも戦場となったフランスでは、全力で復興が進められていた。一九四六年にパリの高等師範学校に入学したフーコーは、精神的な不安定に苦しみながらも勉学に励み、その後スウェーデン、ポーランド、西ドイツ、チュニジアなどで仕事をした。こうした経験を通じて、福祉国家の最先端、冷戦下での社会主義、そして旧植民地の矛盾に満ちた状況に触れたと思われる。

戦時体制と戦後のコントラストを考えると、フーコーの時代への距離感は独特のものだ。彼は戦時期のような非常事態に軸足を置く思想家ではなかった。かといって、平和の時代に潜む脅威を遠いところに探し求めることもしなかった。そのため高度成長（福祉国家）と冷戦という、戦後西側諸国を特徴づける二つの事柄のいずれからも距離を置き、これらを学問的考察の対象とはしなかった。また、植民地支配についても直接には主題化せず、あくまでヨーロッパ近代にとどまって考察をつづけた。

こうした時代への距離感は、意図的に選択されたものだと思われる。時代の趨勢から微妙な距離を取ることで、フーコーの思想は結果的に、その後明らかになる新しい状況に対して高い説明能力を有することになった。彼は冷戦や福祉国家の危機や植民地支配の罪悪を、あからさまに批判したり攻撃することを自らの仕事とは考えていなかった。それよりむしろ、近代とはどんな時代で、それはどこからやって来たのか、何に注目すればいまにつながる近代の生誕を明確に捉えることができるのかに関心を持った。そのため時代を括るキーワードを無反省に用いることを避け、むしろすぐそばにあるものを凝視することから自前で思索をはじめることを好んだ。

たとえばフーコーはポーランドでの経験を、監視社会というものがどのような装置を用い、また人の思考と行動を作りかえるかを考察するきっかけとした（政府から派遣された文化大使であったフーコーは、冷戦下で事実上の国外退去となってポーランドを後にした）。また、生涯の伴侶となったダニエル・ドゥフェールの誘いで加わった監獄情報グループの活動を通じて、刑務所の収容者たち、そしてその家族や関係者が、何を不快に思い、何を望んでいるかをつぶさに観察した。そして、刑務所における専門家の役割や、裁判制度と行刑装置がそれぞれかなり独立していることも見て取った。こうした経験はすべて『監獄の誕生』に生かされている。

またフーコーは一九五一年ごろ、リール大学で実験心理学の助手をしていた。この経験も、そもそも「実験」的な医学とは何か、医学と心理学の境界はどこにあるのか、あるいは患者とはどんな存在で、なぜ病院に収容されるのかといったさまざまな事柄を問いに付すきっかけとなった。

このようにフーコーは、罪を犯すと裁判にかけられ刑務所に収容されること、病気になると病院に入院すること、あるいは子どもが学校に集められて教育を受けること、大規模工場で効率的な商品生産が行われることなど、当たり前だと思われている事柄の中にこそ、大きな不思議と謎があることを見て取った。しかもそれらはすべて、外交や国家的事業などの壮大な事柄ではなく、私たちの身の回りに起こる出来事、すぐそばにある日常と関わっていた。

たしかにフーコーは身近なものを凝視したが、それをどこに関係づけるかの視野は広く、とりわけ歴史的であった。刑務所で受刑者が何を不快に思うかを理解するために、彼は一六世紀の「ペストの都市」へとさかのぼる。精神医学と病院収容を理解しようとして、ルネサンスの「阿呆船」について調べる。フーコーはこのように、思い切っていまここから距離を取ることで、目の前にあって当たり前だと思っている事柄が、いかに複雑で込み入った歴史を通じて作り上げられたかを読者の前に示してみせた。

こうした微細な歴史の積み重ねによって、彼は近代という時代の像を徐々に作り上げていった。その努力は、最初の著書『精神疾患と人格』（一九五四）から『狂気の歴史』（一九六一）、『言葉と物』（一九六六）『知への意志』（一九七六）を経て、一九七〇年代末の統治をめぐる研究へと結実した。彼の歴史像は寄木細工のようになっていて、一つ一つを見ていると全体がどうなっているかよく分からない。本書では、知と権力、認識と実践、生権力、ベンサム読解、法と規律とリスク、戦争の歴史言説、統治性、新自由主義など、フーコーにとって鍵となる諸概念を軸に、その思想をパーツごと、トピックごとに解説していく。

本書を読み進んでいくと明らかになってくるのは、フーコーが「近代国家の系譜学」を徐々に作り上げたことだ。しかしここにもしかけがあって、フーコーにとって近代国家の歴史を描くことは、既知の国家イメージの解体をつねに伴っていた。つまり読者はフーコーとともに近代国家の新たな見方に接近するにつれ、既存の国家像が揺らぎ、曖昧になるという経験をすることになる。

フーコーは全体を一気に理解できる思想家ではなく、その著作を読み解くためには彼が語っている話題に即してその背景や論理に分け入り、それを通じて部分を相互に関係づけていくことが必要となる。もちろんフーコーを読み解くための視点は、読者がそれぞれ獲得していくものだ。それでも、きっかけとしてどこに着眼するのがよいか、あるいは別々に見えるテキスト群がどのようなテーマでつながっているかを明らかにすることで、理解の手がかりを示すことはできるはずだ。

＊

フーコーを読むことの魅力の一つは、先ほども述べたように、彼の思想が現代を説明する能力に長けている点にある。その意味で、二〇二〇年一月ごろから不穏な兆候があり、そこから一気に世界に広がった新型コロナウイルスの流行は、フーコーの思想が持つ力を再度示したと言えるだろう。伝染病はフーコーお気に入りのテーマで、彼は病への対応、とりわけ「ポリス」の装置による行政権力の市民生活への浸透を、近代国家に巨大化の突破口を与えた大きな原動力であると捉えていた。今回のパンデミックで私たちは、普通ならありえない範囲で自由を制限する強制力を、民主的だと思われてきた諸国家がいとも簡単に行使する姿を目の当たりにした。近代国家が病の統制を通じて巨大な権力を手に入れたというフーコーの見立ては、かなりの説得力を持って迫ってきたのではないか。

私たちは現在については、近代国家の存在を当然の前提として、そこでの公衆衛生や感染症対策、集団的な規模でのワクチン接種などを理解している。一方で伝染病の歴史を学ぶ際には、都市への人口集中によって病気への対策が恒常的に必要となったことをきっかけに、こうした新しい問題に対処する国家の諸装置が作られたと考える。

だが歴史的には、むしろ病気は国家による口実で、はじめから権力の装置を立ち上げるための手段であったと、逆さまに考えてみたらどうだろう。これはたとえば植民地行政について、しばらく前から指摘されてきたことである。病気の蔓延は、植民地政府が現地社会に介入し、すみずみまで支配するためのチャンスだった〔Arnold 1993〕〔飯島 2009〕。伝染病を管理し収束させた国家や植民地政府を評価するのはいいが、その対価として国民や植民地住民が何を差し出したのか、また衛生管理への反発やそれをきっかけとする暴動がなぜ頻発したのかを、同時に考えなければならない。これは生権力の歴史の問題である。

現在に関しては、公衆衛生や感染症対策が、国家の相貌を徐々に変えていくことに注意が必要だ。あらかじめ存在する国家が決まったやり方で衛生管理を行うのではなく、生命、健康、安全などを理由として、国家はその姿や介入様式を自在に変えることができる。つまり、人間の生と死は国家の存在理由、レゾンデタを形づくってきた。これが近代を生権力の時代と見なす際に、フーコーが考えていたことだ。その介入がいかに巧妙になされてきたかは、本書の中で紹介するフーコーの議論から明らかになるはずだ。

＊

本書第Ⅰ部は、主に一九七〇年代前半から半ば、『監獄の誕生』『知への意志』出版までのフーコーの思考の軌跡をたどっている。この頃フーコーは、知、権力、法、規律、リスクなどの用語を使って、一六世紀以降のヨーロッパにおける知と権力の配置転換について語っていた。

第1章は、フーコー思想の鍵概念と言える「知」と「権力」が、いかに密接な関係にあるかを論じている。彼が知について論じるときには、必ず「力の関係」の視点、あるいは背後にある人間たちの相互行為が念頭に置かれている。逆に権力が論じられる際には、それを支える特定の知の編成が意識され、知の配置による後ろ盾のない権力関係はありえないことが示されている。

第2章は、フーコーの生権力概念を整理すると同時に、それが生命をめぐる現代の実践といかに関わっているかを明らかにしている。なかでも性と生殖をめぐる政治の展開は、現代の人々、とりわけ女性に困難な選択や答えのない中での択びを強いるようになった。さらにそうした選択に際しては、近代における生政治と正常／異常の尺度からの圧力がかけられている。このような現状を生権力と生命倫理とが交錯する場面にフォーカスして論じている。

第3章は、『監獄の誕生』という著作が持つ複雑な構造を出発点に議論を展開している。同書は「身体刑から規律へ」の移行という単線的な歴史ではなく、犯罪と刑罰を捉えるさまざまな合理性、理由づけが存在してきたことを示している。その描写の細かさはざっと読むと雑音だらけで、理解と位置づけが難しい箇所が多い。本章では犯罪と刑罰に関する三つの異なる合理性を並列して捉えることで、フーコーの歴史叙述が単純な二項対立や年代順の移行では理解できない構成を持ち、それが彼の近代把握の奥行きにつながっていることを示している。

第4章は、社会を防衛するという発想が、犯罪者を「過去に罪を犯した者」としてよりも、「現在および未来の社会にとってのリスク」として捉えることを促すようになった歴史を扱っている。フーコーはこのプロセスを、一九世紀に展開する異常者についての新たなカテゴリー化と関連づけている。まさに知と権力、認識と実践が手を携えて、新たな社会秩序のモデルを作っていく一例となっている。なかでも興味深いのは、労働事故と補償という、当時民法領域で話題となり、大きな法概念上の転換を生んだ変革が、刑法領域にも移入されたというフーコーの考えである。「ノーマルであること」を基準に人間を測り処遇することに対して、単なる違和感ではなく社会政策のあり方として取り上げるための手がかりに満ちている。

第II部は、主に一九七〇年代後半、つまり七六年のコレージュ・ド・フランス講義で戦争の政治言説を俎上に載せてから、「統治」「統治性」という概念を軸に近代国家の系譜学を展開する一九七八年から七九年講義までを取り上げる。

第5章は、戦争の政治言説という、それ以前、以後のいずれの講義からも独立したテーマを扱った七六年講義を取り上げる。ここでフーコーは何を議論していたのか。それを理解するために、一八世紀に戦争としての政治言説に対抗していた、富と欲望をめぐる新しい道徳の言説と戦争言説との対比を試みる。

第6章は第5章の補遺に当たる。戦争としての政治言説は歴史の活用法を変えたが、そのことは近代の政治闘争においてどのような役割を果たしたのか。これについて、J・G・A・ポーコックの古来の国制論とフーコーの議論とを対比することで明確にする。

戦争としての政治言説は、法的言語を用いて支配の正当性を語る言説と比較した場合、近代における政治の語彙としては一つの裏面、マイナーな言語である。それは王権に対抗する闘争のための武器であった。この事実は、歴史を書き直すことが抵抗のための語りとなりうることを示している。しかしフーコーはこの講義以降、戦争言説に言及しなくなる。その理由はさまざまに推測されるが、この言説がフーコーにとってはあまりに「政治的」であったことも一つの要因であろう。

フーコーは私たちの思考を知らず知らずに取り囲み、カテゴリーを押しつけ、罠にはめ、特定の行為への仕向けるような権力の所作にずっと関心を抱いていた。戦争の言説は、こうした罠を罠であると名指し、そこに取り込まれないための対抗言説を紡ぐという意味で、フーコーにとっては逆側からの政治思想史であった。この貴重な試みの後に、彼は再び近代の大いなる罠である、統治性について論じることになる。

第7章は、統治性についてのフーコーの議論の全体像を再構成した論文である。この章の中で指摘しているとおり、統治性講義は構成も内容も非常に錯綜しており、講義録を読んでもなかなか全貌がつかめない。ここではかなりコンパクトに全体の流れをいくつかのトピックに分けて説明しているため、統治性講義を読む簡便なガイドになると思われる。

第8章は、これまでの各章を念頭に置いて、七〇年代後半のフーコーの思考の歩みを改めて整理したものである。生権力、戦争言説、社会防衛など、フーコーがさまざまな可能性を試す中で、近代を捉える最も有望な概念として統治を取り上げるまでのプロセスを再現している。最後に出てくる自由主義の問題をめぐって、フーコーは例外的に現代の思想を議論の俎上に載せることになる。これが新自由主義の統治性で、本書第Ⅲ部のテーマとなる。

第Ⅲ部は、八〇年代以降の新自由主義の席巻によって注目されるようになった、フーコーの新自由主義論がテーマである。これはフーコーの講義では、一九七九年に集中して論じられたテーマである。

第9章は現代の新自由主義のうち、戦後西ドイツのオルド自由主義論を取り上げている。フーコーが講義で取り上げたもう一つの新自由主義であるシカゴ学派と比較すると、オルド派はあまり知られていない。しかしそこにきわめて包括的な社会構想があったことを、戦後西ドイツが置かれた政治状況をふまえながら、フーコーはクリアに再現している。

第10章は第9章の補遺である。オルド自由主義について集められるだけの資料を集めて書いた第9章の元になった論文を書いてから二五年が経過し、その間におびただしい数の新自由主義についての議論があった。それだけでなく、新自由主義をめぐる言説は、戦中戦後の連続説、日本における新自由主義のあり方といった広範な問題に関わっている。それらについて現時点で回顧的に整理しておくことは、ポスト新自由主義時代を見すえる上でも重要なはずだ。

＊

フーコーの価値顛倒の効果は、現在の読者にどのように響くだろうか。それが案外当然のものの見方のように感じられるとするなら、「フーコー的な」世界の切り取り方がこの数十年の間に浸透したからだと言えるだろう。戦後の混乱の時代に学業をはじめたフーコーは、当時は当たり前だと思われていた事柄の根っこを掘り起こし、それを当たり前でないものにした。その歩みがどのような軌跡をたどったのか、それが時代といかに共振し、時代ごと価値を顛倒させたのかを想像するための一助となる。本書がそんな本になっていることを願う。

I

権力分析の方法

第1章　ミシェル・フーコーにおける知と権力

はじめに

ミシェル・フーコーはフランスの哲学者であり、研究者としてのキャリアは心理学者から出発した人物である。つまり、彼自身は社会学者ではなかったが、その思想は社会学に大きな影響を及ぼした。フーコーはなぜ、英語圏をはじめ日本においても、社会学を研究する多くの人々に読まれ、利用されたのか。その理由の一つとして、彼独特の知 savoir と権力 pouvoir との関係づけ、あるいは社会学理論の刷新を可能にするような知についての把握があったと考えられる。

本章では、フーコーが分析した知と権力の次元の独自性を明らかにすることを目指し、主に「知識社会学」との対比を通じて彼の議論の特徴を示す。そこからフーコーの思想が、現存する社会秩序を批判的に考察するための新しい方法、切り口を提供してくれるものとして、社会学に受容された理由を考察する。

1　社会学とフーコー

まず、彼の思想が一九七〇年代の末頃から、社会学に広く受け入れられるようになった背景を概観しておく。社会学に受容される際、最も重要なトピックとして取り上げられた権力について、フーコー自身がさかんに発言するようになったのは、七〇年代以降のことである。したがって、彼の思想はほとんどタイム・ラグなしに受容されたと言える。[1] 当時の状況を、フーコーは次のようにふり返っている。

出発点として、ここ数年のうちに際立ってきた一連の対立関係を取り上げてみよう――女性を支配する男性の権力への対立関係、子を支配する親の権力への、また精神病者を支配する精神医学の権力への、あるいは人口集団を支配する医学への、そして人々の生き方を支配する管理体制の権力への対立関係などである〔Foucault 1982a, p. 211, 一四頁〕。

フーコーが「ここ数年」（この論文の刊行は一九八二年）際立ってきたとする右のような対立関係は、社会学において、フェミニズムの社会理論、教育社会学、医療社会学、管理社会論などの分野で研究されてきた領域と重なっている。こうした研究諸領域においては、六〇年代の学生運動などのインパクトを受け、七〇年代以降、まさしく「これらの〔権力の〕関係を解体しようとしてなされた抵抗や試みの諸形態」［*ibid.*］の研究が活発になっていた。女性、子ども、精神障害者、身体障害者、そして労働者、人種的マイノリティなどに関して、彼らが抑圧され、支配されてきた歴史とそのメカニズムを明らかにしようとする社会学の潮流が、社会運動と連携しつつ台頭してきたのである。そのため、抑圧される存在、抵抗を試みる存在が、いかにそうした存在として形成されたかという観点から近代史を捉え返すフーコーの試みは、右のような社会学の新たな潮流によって受容されるとともに、さまざまな角度から検討に付されることになった[2]。

こうした時代背景の中で、フーコーは当初「ミクロ権力論」を展開した人物として評価された。そこでは、彼が権力の問題を、国家権力といった巨大機構から徐々に下ってきて個人にいたるのではなく、個人が権力によって掌握される地点自体に照準を定め、扱っていることに注目が集まった。しかしここで、次の点には注意が必要である。フーコーがミクロな権力が作動する個別具体的な場面、個人の身体に権力が直接作用する場面を取り上げたことで注目されたとしても、これには特定のマイノリティや抑圧を受ける側が、個別領域において批判の道具を手にしたという以上の意味があった。この時代以降の社会運動、またそれと連動して構築された新しい社会学理論は、近代啓蒙主義に端を発するとされる「自由で平等な」主体に対する疑念を共有していた。そしてフーコーの議論は、個別領域を横断する問題関心である「近代的なもの」に対する不信感、その規範性や価値への疑念を、歴史的に根拠づけるものであった。それは、さまざまな個別領域でほぼ同時に起こった西欧的近代の「主体」批判に役立ちうる、理論的・歴史的内実を備えていたのである。

フーコーが受容されたもう一つの理由として、当時マルクス主義の有効性が失われつつあった点が挙げられる。近代主義的立場への最も有力な対抗理論として一九世紀以来受け継がれてきたマルクス主義は、労働あるいは生産活動中心に社会の分析、批判を行った。そのため、それ以外の場面での抑圧や差別を論じる手法を十分に持ちえていなかった。ジェンダーや身体性のレベルで、また文化の面での差別を問題化するには、マルクス主義における「階級」とは別の切り口を探す必要があったのだ。

つまりフーコーの「権力論」は、近代主義とマルクス主義がその枠組み自体の限界によって批判の俎上に載せられなかった問題を論じるために、社会学に受け入れられたと言える。近代主義の立場においては主体の定義がきわめて狭く、「財産を持つ健康な成人男性」のみを人間主体として扱ってきたため、そこに含まれない人々の抑圧を無視することになった。また、マルクス主義においては、資本主義社会の批判は最終的にはつねに「階級」という経済的な準拠点へと収斂するものであった。そのため、これらの理論が不可視にする諸問題、結果としてその存在自体を隠蔽してしまう諸問題を取り上げようとする流れの中で、フーコーが受容されたのである。

さらに、階級という視点にとらわれず、人々の日常生活全体を覆う権力の問題を扱おうとしてきた管理社会論の閉塞状況も、フーコー受容に拍車をかけたと言える。管理社会論は、社会全体に広がる管理の網の目を明らかにしようとしたが、最終権力保持者としての国家権力に代表される、巨大な「冷たい怪物」としての権力のイメージを払拭できなかった。それに呼応するかのように、管理を受ける側は抑圧され支配される受動的で一様な「マス（大衆）」として描かれ、こうした二元的な対立図式を脱しきれなかった。その上、脱管理によってもたらされるはずの「疎外された人間性の回復」という目標は、人間性を一義的な内容に固定するように見え、近代主義的主体と結局は同じところにとどまっているかのような印象を与えた。これもまた、フーコーの議論が当時新鮮に感じられた理由の一つと考えられる。フーコーは権力を巨大な最終保持者へと送り返すことなく、権力が作動する個々の場面そのものを取り上げた。そこで人々はマスとしてではなく、権力作用の中で自ら服従＝主体化し、抵抗し、また権力の回路としてさまざまな役割を演じる、多様な主体として描かれたからである。

2　フーコーと「知識社会学」

では、フーコーの「権力論」とは一体どのようなものなのか。知と権力を関連づけて捉えるところにその特徴があることは、よく知られている。だが、知と権力の関係とはいっても、さまざまな関係づけのしかたがありうる。たとえば、知の存立基盤として、社会構造に組み込まれ制度的に保障された権力の問題を取り上げる学問として、「知識社会学」がある。フーコーの議論は、しばしばこの知識社会学と類似した試みと考えられてきた。これは理由のないことではない。両者の知の把握のしかたは、ある点まで共通しているのである。彼らは共に、主体によって意識的かつ選択的に保持される知識をそのまま研究対象とするのでなく、それとは別の水準、あるいはそれよりさらに基底的な層を研究対象とすることで、知識の拠って立つ基盤を明らかにしようとしているからである。

もう少し詳しく説明すると、フーコーは、自らが対象とする「知 savoir」を「知識 connaissance」とは異なる水準にあるとしている〔Foucault 1969 : p. 236–240, 二七五—二七九頁〕。図式的に対比するなら、「知識」が担い手によって意識的に保持されるものであるのに対し、「知」は必ずしも担い手には意識されず、知識の基底をなし、特定の時代に「言いうること」の範囲の決定するような次元にある（〔Hacking 1979 : pp. 42–43, 一九一—一九二頁〕を参照）。人間が用いる言語を音や単語の組み合わせと考えると、言われうることの範囲は本来無限に広がっているはずである。だが実際には、ある時代に言われ、書かれたことは限られており、そこに一定の限界が存在することが分かる。ここで知とは、無限であるはずの言われうることを、その時代に固有の規則性に従って制約する、「言説の可能性の条件」をなす。これは、知識の「存在被拘束性 Seinsverbundenheit」を明らかにしようとする知識社会学において問題とされた事柄と、一見よく似ている。というのは、知識社会学もまた、知識を持つ主体がその内部に置かれている「社会構造」〔Mannheim 1931 : 一五三頁〕を明らかにすること、つまり知識のあり方を決定づけるが、担い手にとっては必ずしも自明ではない、知識の基盤としての社会・文化構造を問題にしてきたからである。

このように、「理論及び思考様式の社会的被制約性」〔*ibid.*, 一五二頁〕を考察しようとする知識社会学においては、既存のイデオロギー論が再検討され、イデオロギーは単なる虚偽や嘘ではなく、あらゆる思考が社会的制約を受け、対立する諸思考との関係の磁場の中で存立していることを明らかにするような概念として捉え返された。ここでのイデオロギー概念の批判的検討は、フーコーがイデオロギー概念に批判を加え、それとは異なるものとして自らが対象とする知の水準を説明する場合と、類似した考え方を示している（[Mannheim 1929] を参照）。知識社会学においては、こうした再検討を通じて、「存在に制約された視座構造」という概念が練り上げられたのである。

だが、右の点では共通しているフーコーと知識社会学の間には、決定的な相違がある。そしてこの相違こそ、フーコーによる知と権力の関係づけの独自性を形づくっているのである。

知識社会学の源流は、カントのカテゴリー論のみならず、知識を社会構造との関係で捉えるという意味では、コントやヘーゲルにまでさかのぼることができるかもしれない。だが、この学問を方法論的に体系化し社会学の一部門として確立したのは、カール・マンハイム Karl Manheim（一八九三―一九四七）であろう。マンハイムの知識社会学は、ドイツ精神史の伝統とマルクス主義との融合として、精神や価値の領域を、下部構造あるいは「生活」による基底性を強く意識しつつ論じるものである。そして、ある「社会階層の視座構造」[Mannheim 1931：一六一頁]を、社会的・政治的構造の布置連関の中に位置づけようとする。ここで対象とされる社会階層あるいは社会集団の単位には、階級だけでなく「世代、生活圏、宗派、職業集団、学派」などの「分化した社会集団」[*ibid*., 一六六頁] も含まれる。二〇世紀前半のドイツにおける、時代への危機意識の中で彫琢されたこうした知識社会学の方法は、その後さまざまな個別領域（特定の学問分野だけでなく、大学組織そのものなど）における知識の存立基盤を批判的に解明するため、国境を越えて受け継がれていった。たとえばピエール・ブルデューは、知識社会学的な手法を用いて「文化資本」などのさまざまな「資本」概念を駆使し、大学人、知識階級の批判的考察を行っている［Bourdieu 1984］。

これらの研究とフーコーの「知と権力」という考えを分かつのは、次の点である。知識社会学が、知を保持する主体の存立基盤、知識の担い手の「存在被拘束性」を問うのに対し、フーコーは知によって構成される主体、知の対象となる主体を中心に議論を組み立てている。

フーコーにおいては、知識を保持する主体、知識を持つことで他者に権力を行使する側の存立基盤の問題は、主体と知との関係としては主たる関心対象ではない。彼の関心は、知がいかにしてさまざまな人間主体を構成し、作り上げるかに向かっている。フーコーが研究対象とする知が広い意味での「人間科学 sciences humaines」に限定されたのは、その関心の対象を「人間主体」の形成に特化していたからである。これこそフーコーの知と権力についての考えを知識社会学から分かち、彼の議論の独自性を形づくる点である。そして、人間主体を構成する知を研究対象としつづけたことで、彼は知と権力の関係という問題系へと導かれていったのである。

3 「知」から権力へ

前節で述べたとおり、フーコーによる分析はすべて「人間」あるいは「主体」を構成するような知を対象としている。この傾向は初期から見られるもので、一九六一年に博士論文の副論文として提出された、カント『人間学』への注釈においてすでに、カントによる人間の概念的把握のあり方に注目している（[Foucault 1961b]を参照）。ここでフーコーは、カントが『人間学』において人間存在をどのように理解したかを手がかりに、のちに『言葉と物』（一九六六）の中心となる、近代主体を特徴づける「経験的－先験的二重体」としての人間というテーゼを提示している（[Foucault 1966] 第一章を参照）。

これよりさらに重要なのが、同年に提出された博士論文の主論文『狂気の歴史』である［Foucault 1961］。彼はここで、近代においていかに「狂人」が「貧民」「浮浪者」「犯罪者」などと区別される特殊な存在として知の対象となったかを示している。その際重視されたのが、古典主義時代における「大監禁」、および近代における医学的「保護院 asile」への狂人の収容である。フーコーは、双方の場合に、監禁がなされる場所において何が行われたかについて、詳細な叙述を行っている。ここではたとえば「近代精神医学」の誕生は、医学の進歩による科学の成立としては描かれない。むしろ、収容施設の建築構造や地理的な場所、あるいは外部との接触のあり方についての議論において、また施設での医師－患者関係を形づくる日々の生活などについての規則が作られていく中で、「精神病者」という対象を形成しつつ、徐々に形づくられてきたものと捉えられている。

こうした、知を実践のうちに位置づけ、しかも知の対象となる特殊な人間主体の構成を中心軸に据えるという分析の方法が、七〇年代以降明確になる知と権力との関係づけを可能にしたものなのである。権力という観点を前面に出しはじめる七〇年代初頭のコレージュ・ド・フランス講義で、フーコーはこれまでの自らの仕事をふり返り、それを改めて位置づけ直している。まず、自らが分析してきた知の水準について、次のように述べている。

これまで行ってきた諸研究は、思考体系を分析するすべてのものの中で、一つの特異な水準を理解するためのものであった。すなわち、言説的実践 pratiques discursives という水準である。ここでは、論理的タイプとも言語学的タイプとも異なる体系性が問題とされる。言説的実践は、諸対象が属する一つの領野を切り取り、知識主体にとって正当なパースペクティブが何であるかを規定する。そして、概念や理論が作り上げられる際の規則を定めるという特徴を持つ〔Foucault 1970–1971 : p. 217, 二九五頁〕。

これはすでに述べた「知」の水準を、「知識」から区別して定義したものである。つづいて、言説を実践として捉えるとはどういうことかについては、次のように説明している。

言説的実践は、単に言説が形成される際の様式のみを指すのではない。それは技術的集合体のうちに具体化され、また制度やふるまいの型、伝播され普及がなされるやり方の中に現れる。さらに言説的実践にとって強制的であるとともにそれを維持するものでもある、教育の諸形態のうちに姿を現す［*ibid.*, p. 217, 二九六頁］。

ここでは「知」がさまざまな制度や技術、フーコーの用語で言うなら「テクノロジー」のうちに現れ、それらの内部に埋め込まれた存在として捉え返されている。さらにこれにつづけて、実践の中にある知というこうした考えを、彼が「精神医学、臨床医学」などの研究を通じて徐々に明確にしてきたことが確認されている［*ibid.*, p. 218, 二九七頁］。

そしてこれらの制度や技術、知がその一部となる諸実践の中で焦点となるのが、そこで形成される主体としての「狂人」「患者」などである。これはたとえば、病院という制度においてある位置を与えられ、医師－患者関係の中に置かれた主体が、自らを「狂人」として構成するといった場面において表れる［Foucault 1984a : p. 719, 二三二―二三三頁］。こうした主体形成の実践は、精神医学という知と、人と人との間に作用する権力関係をつなぐ蝶番の役割を果たしている。

すでに見たように、フーコーはその研究のかなり早い時期から、人間を主体として構成する知の歴史的生成に関心を持ってきた。そして、人間科学に関わる知がいかに形成されたかをたどってゆくうちに、こうした知が人間主体を対象とするという特殊な性質上、主体形成の諸実践と切り離しては理解できないと考えるようになった。さらに、主体形成の諸実践は、人と人との関係、流動的で偶然のものから制度や社会構造によってある程度固定化したものまで含む、諸関係の束を回路として行われていることを見出した。この諸関係の束こそ、七〇年代以降フーコーが「権力」と呼ぶようになる関係の次元に他ならない。こうしてフーコーは、人間主体を構成する知への関心を出発点に、主体形成の諸実践という回路を経て、権力の問題へと至ったのである。

それによって一方で、主体形成を促し、それを導く規則を形づくり、主体形成の実践にいわば棲みつくような存在として、知の編成が位置づけられる。そのため、知はその保持者から切り離され、諸実践の関係からなる網の目の中に埋め込まれる。他方で権力もまた、個人であれ国家であれその所有者から切り離され、主体形成プロセスの中での人と人との関係の次元で捉えられるのである。

主体がどのように構成されるのかが問題になる以上、そこでの人と人との関係、とくにその中で知の客体として構成される主体自身の果たす役割を無視することはできない。ここから、権力についてのいくつかの「テーゼ」が導かれる。権力を所有される「モノ」としてではなく、人と人との関係において作用し機能する現場で捉えること。権力を抑圧としてではなく、生産として捉えること。一方に巨大な権力保持者がおり、他方に抑圧される大衆がいるのではなく、権力の現場で演じられる駆け引きや計略には、そこに関係するすべての人が関わっていると理解すること[3]。

つまり、知によって構成される主体を中心に据えることで、フーコーは知の問題を権力の問題へと結びつけると同時に、それらを共に所有者から切り離し、関係が作られ、作り変えられる現場に照準を定めた分析を行うことができたのである。

したがって、フーコー自身がしばしば知識社会学に見られるような知識の制度上の支えに言及し、たとえば医師免許を与える機関の制度化の歴史を顧みるとしても（［Foucault 1963］を参照）、それを知の所有者としての医師や学者の社会的存立基盤に対する批判や、知識人の特権性の自己批判にのみつなげて理解するのは単純に過ぎる。フーコーの分析がきわだって興味を引くのは、知識層が拠って立つ制度や社会的基盤の分析を、知によって構成される主体の分析、ひいては現実に権力が行使される場面での関係の分析のうちに織り込んだからなのである。ここでは、たとえば医師と彼らが述べる言説は、言説の対象となる主体、たとえば精神医学であれば精神病者、刑罰理論であれば受刑者といった、権力関係の中で作り上げられる主体をめぐる諸実践の一部となっている。

「知識人界」内部の問題ではなく、知が対象として構成する主体に注目することで、フーコーは主体がその中に置かれている関係、すなわち人と人との対面的関係から制度的関係、そして主体が知の中で占める位置関係をも含む、「権力関係」の次元へと導かれていった。それによって、知の形成プロセスも、人と人との関係が規則化、固定化され、支配の状態がもたらされる際の、多様な実践の内部に位置づけられるようになったのである。[4]

こうしたフーコーの知と権力との関係づけから、次のように言うことができる。フーコーによる知の分析は、人間主体を対象とする学問、多種多様な人間を対象とする学問である「人間科学」においてはじめて成立する。したがって、その方法を数学や物理学など人間の主体形成を対象としない学問に適用することはそもそも不可能なのである。[5] この意味でフーコーの方法は、彼が徹頭徹尾人間科学を研究対象としつづけたことではじめて権力の問題へと結びつけられ、斬新かつ有効な批判的視座を持ちえたと言える。

おわりに

以上のように、フーコーによる知と権力の関係づけが、知の担い手の存立基盤を直接問題にするのではなく、知によって構成される主体を媒介していることを見てくると、それが新しいタイプの社会運動、およびそれと連携して展開した社会学に広く受け入れられた理由がさらに明確になる。

パリ五月革命に象徴される、世界中で横断的に広がった六〇年代末から七〇年代前半にかけての学生運動は、しばしば「知識人批判」の運動として捉えられてきた。これは大学に代表される知識階級の巣窟に対してその特権性や権威主義を批判し、さらに学生たちが自ら選ばれた「エリート」であることをも自己批判したラディカルな運動であったと考えられてきた。

フーコーも、これらの運動が有した知識人批判のエネルギーが、七〇年代以降に新しいタイプの社会運動を生み出す原動力となった事実に言及している。だが、その運動をある部分引き継いだ七〇年代以降の運動、たとえば反精神医学運動、刑務所での待遇改善を目指す運動、レズビアンやゲイの権利を求める運動、フェミニズム運動、障害者の自立をめざす運動などについては、知識を持つ側やマジョリティへの攻撃とは別の側面があったことに注意を促している。むしろ、運動の担い手たちが、自らを縛りつける特定のアイデンティティと、それを通じて特定の生き方や生活を強いられることに抵抗を試みたところに注目しているのである。たとえば、彼らがどのような形態の権力に反発して運動を起こしたかについて、フーコーは次のように述べている。

〔彼らが標的とする〕この形態の権力は、日常生活にじかに行使され、個人を諸々のアイデンティティへと縛りつけ、真理という法を押しつける。(…)これは個人を主体にするような形態の権力なのである。ここで「主体」という語は二つの意味を持つ。第一に統制や依存を通じて誰か他人に服従するという意味、第二に良心や自己意識によって自分のアイデンティティへと縛りつけられるという意味である。いずれの意味も、従属化と服従をもたらす形態の権力を示唆している〔Foucault 1982a : p. 227, 一五頁〕(強調はフーコー)。

つまり、自分たちが何をされるのか、どのような主体にされるのか、どのような権力関係の中に置かれ、どのような形態の社会秩序に服することを強いられるのかが、こうした運動の最大の関心事だと考えるのである。そして、フーコーの知と権力についての議論は、「構成される主体」を分析の中心に据えるという特徴によって、こうした運動、およびそれを理論の水準で支えようとする研究において「道具」として役立つようなものとなっているのである。

コラム1　認識と実践

本章は、『別冊情況　20世紀社会学の知を問う』第二期一〇巻四号（一九九八年三月）一二三―一三四頁に掲載された論文をもとにしている。一九九〇年代は社会学でフーコーの人気が高まり、さまざまな理論や実践においてフーコーへの言及、参照があった。とりわけ日本では、一九七五年の『監獄の誕生』以降の著作物、また一九七八年四月九日から二九日かけての来日時の講演や対談によって、フーコーが言語や文学・哲学から権力へと関心を移しているという印象が強まっていた。このときの来日に関わった人たちは、日本にフーコーを紹介したフランス文学・フランス文化研究者が中心であったため、彼の唐突な関心の転換には戸惑いもあったように思われる。来日記録の中で、吉本隆明との対談「世界認識の方法」が抜きん出ておもしろいのも、こうしたフーコーの新しい関心に、吉本の「大衆」と「抵抗」のマルクス的思考がかみ合ったからだだろう。

それから一〇年の間に、社会学や政治学でも徐々にフーコーの新しい問題関心が共有されるようになった。一九八四年の突然の死に際して緊急出版され、七〇年代後半のフーコーの対談やインタヴューを収録した、桑田禮彰、福井憲彦、山本哲二編『ミシェル・フーコー　1926–1984　権力・知・歴史』（新評論）によって、この方向にはじめて触れた人も多かったはずだ。こうした受容を通じて、とりわけ社会学者たちは、フーコーを社会学理論の刷新のために役立つ思想家として捉え、精力的にその著作の応用を試みた。

フーコーは七〇年代後半のある時期、「知‐権力」ということばを、savoir-pouvoir という韻が気に入ったのか、よく使っていた。来日時にも、また先に挙げた『ミシェル・フーコー』所収のインタヴューなどでも、知あるいは真理と権力とを結びつけて理解することの重要性が説かれている。だが、フーコーにおける知と権力とはいったい何のことなのか。この点を考え出すと読者は迷路にはまり込むことになった。このうち「権力」の概念については、それが目新しいものであることは皆が認めていた。ただしフーコーがどういう権力を描いているかは、『監獄の誕生』『知への意志』などから想像される部分もあった。「ミクロ権力論」、日常の人間関係からはじめて社会全体へと一般化していく権力など、イメージだけでも少しは理解できたと思う読者は多かったはずだ。

これに対して、「知」の方は格段に難しかった。何が難しいかというと、『言葉と物』でなされた科学認識論的な知の枠組み分析とのつながりが理解しにくい（その前に『言葉と物』の叙述自体が難しく、フーコーが自ら言説分析の方法を記述した『知の考古学』に至っては、きわめて晦渋である）。そもそもフランス科学認識論（エピステモロジー）を日本に広く紹介した最初の人は金森修で、彼の業績以前には、カンギレムもバシュラールもフランス科学史の小さな世界でしか知られていなかった。そのため、こうした科学認識論的な背景に目配りしながら、なおかつ日本の読者に分かりやすくフーコーの知と権力の関係、またその権力論の特徴を示す必要があった。とりわけそれを、フーコーを有意義に使おうとしていた社会学の研究者に受け入れやすい形で紹介するために、「知識社会学」との比較が適切であるように思われた。知識社会学が以前ほど読まれなくなった現在では、この比較はかえってピンとこないかもしれない。それでもなお、科学認識論における「方法」という難解なテーマに深入りすることなく、知と権力というフーコー独特の着眼を説明している本章は、フーコー権力論、そして本書の導入にふさわしいと思われる。

知と権力の関係は、フーコーにとって研究の出発点から不変の問題関心であった。精神病や狂気、医学や心理学などを取り上げた初期から、人間があるカテゴリーへと分類されること（知）と、その人たちがある装置の中で特定の処遇をされること（権力）を、彼はつねに結びつけて理解していた。知と権力という問題系は、フーコーの思考が立ち上がってきたこうした具体的な場面と切り離して、一般的な「理論」として理解しようとするとかえって分かりにくくなる。彼の出発点は、近代における周縁者のカテゴリー化の実践（つまり周縁者をめぐる知と権力の実践）であり、そこに立ち戻ることでその後の展開の理解が容易になる。フーコーの思想は、研究の主題や対象を大きく変えるたびに断絶しているように見えるが、実はこの点で彼の関心および方法には当初から一貫性がある。知と権力はずっとフーコーの主要テーマなのである。

そのため読者には、本章を読んでこの問題関心を押さえた上で、つづく各章を読み進めることを勧める。途中で話が細かくなって道に迷ったら、本章での方法についての見取り図で議論の立ち位置を確認しながら、再度後続の各章を読んでみてほしい。

第2章　「生のポリティクス」と新しい権利

はじめに

生命倫理 bioethics、生権力 biopower、そして生政治 biopolitics など、「バイオ」を冠したことばを目にすることが増えてきている。生命倫理の問題は、ここ数十年のバイオテクノロジーの発達、つまり生殖に関わる科学技術の進展によってはじめて生じたと考えられることが多い。しかし、そもそもこうした生殖技術の発達と特定のしかたでのその応用を促したのは、近代初期からの生政治の展開であったと考えられる。現在噴出している生命倫理をめぐるさまざまな問題群は、近代の社会秩序を形づくってきた生政治の帰結として捉え返すことができるのである。

本章では、ミシェル・フーコーの議論を出発点に、近代における生政治の展開を、「正常と異常に関わる人間科学」の発展と関連づけながら検討してゆく。フーコーは生政治の系譜を、一六―一七世紀の主権国家成立期にまでさかのぼって捉えており、その頃すでに国家全体の富や繁栄と個人の生活上の幸福や健康とを結びつけるような思考が生まれつつあったとする。そして、現在さまざまな場で生じている「バイオ」をめぐる諸問題を、この系譜上に位置づけようとしている。つまり、個人がどのような生を送るかという一見私的で、個人的な事柄を、全体の秩序や繁栄と結びつけるような仕組みが存在し、それが「バイオ」をめぐる問題群を生み出しているということである。このことを、現代における法や権利のあり方との関連で考えてゆくことが、本章のテーマである。

1 生政治――対象としての「人口」

生政治とは、生（生活／生命）に関わる事柄、生きること、生まれること、死ぬこと、生活することのすべてが、政治の対象となり、生全体が「政治化」してゆくことを指している。はじめに、ミシェル・フーコーが『知への意志』以来行った近代統治に関する研究の中で、生政治をどのように規定しているかを見ておこう。

「これ〔生政治 biopolitique〕は、「人口」を、共存する生き物の総体として扱おうとする。特殊な生物学的・病理学的特徴を示し、そのため特定の知と技術に属する総体として扱うということだ。そして、この「生政治」そのものが、早くも一七世紀に発展した国家の力の管理というテーマのうちに含まれていたにちがいないのである」〔Foucault 1978 : p. 377, 四五一頁〕。

この文章は生政治が生物学的総体としての人口を扱うという部分と、その系譜を一七世紀における国家の力の管理というテーマにまでさかのぼれるという部分の二つに分けることができる。そこでまず、フーコーが生政治の展開の土壌と見なす一七世紀における国家の力の管理について検討する。

フーコーによると、近代国家権力は「全体的かつ個別的」なしかたで働きかけることにその特徴がある。一六―一七世紀に盛んであった国家理性論と呼ばれる政治理論の中で、国家の力をいかに強め、維持するかが主題となっていた。そこでは国家全体の富や豊かさの増大、国家の力の増大は、その中に生きる個人の幸福や健康な生と結びつけられた（[Foucault 1978] を参照）。これは、近代国家が個人を犠牲にしてその力を蓄えたことを意味するのではない。むしろここでフーコーが問題としているのは、全体と個の利害を結びつけ、国家の力と個人の幸福とが相関して増大したり減少したりするようしかたで両者を同時に生み出す、知と権力の枠組みである。

たとえば、健康で衛生的な生活を送ることは、個人にとって幸福であると同時に、公衆衛生や都市の秩序形成に役立ち、また国家の経済的生産性を高めることにも寄与する。そしてこれが単にイデオロギーとして唱えられるのではなく、公衆衛生のための医療の展開や都市計画の徹底など、さまざまな装置を用いた身体への働きかけを伴うことで、個人と国家の健康管理を実現してゆく。こうした個と全体の近代特有の結合を最初に構想した政治理論として、国家理性論が位置づけられるのである。ここで国家理性論は、国家とは何か、その繁栄と秩序維持のために必要な事柄とは何かという問題設定と、個人とは何か、その幸福と安定した生のために必要な事柄とは何かという問題設定とを不可分に結びつけ、その意味で全体と個を同時に対象として構成する知のあり方と見なされている。[1]

そして、国家理性論に見られるような全体と個、国家の繁栄と個人の幸福との結合という問題構成上に、その手法の一つとして生政治が位置づけられるのである。生政治における個人の扱いについては次節で検討することにして、まずはそれが対象とする、集合体に固有の次元である「人口」について述べておく。生政治とは、すでに引用した部分で述べられているとおり、人口を対象とする政治である。ではここで「人口」とは何か。「それは単に多くの人間からなる集団ではない。生物学的な過程と法則によって貫かれ、制御され、支配された生ける者 des êtres vivants である。人口は特定の出生率、死亡率、年齢構成曲線、年齢分布図、健康状態を有し、また危機に瀕したり発展したりする」[Foucault 1976e : p. 193, 四一三頁]。したがって population は、ある特定地域に居住する人口（住民）を意味するとともに、年齢や階層別に分類される人の集合であり、また統計上の母集団、一定地域に生息する生物個体群をも意味する。こうした人口という対象、国家を構成する個人の単なる総和には還元しえず、また人工的構成物である「主権国家」とも異なる、風土、住環境の生物学的条件、人々の相互交通など、社会に固有の「自然性」によって構成される人口という対象の発見あるいは発明が、生政治を可能にしている。

この「人口の発見」は、第3節で触れるように近代思想史や近代の法・政治概念を再考する上で示唆に富むものだが、ここでは後の議論との関係で、統計学および医学との関わりを中心に説明しておく。集合体を人口として捉えるための技術、手法として、近代における統計学 statistique および人口統計学 démographie の発展を見落とすことはできない。国家理性論の中で定式化された国家の力の管理という問題系の中から、国家が有する富を物質的に、かつ量に還元して計測する手だてとして、一七世紀以来統計学が発達してきた。なかでも、一定地域に居住する住民 population の死亡者数や出生者数、また病気や疫病、事故など、死因に関する統計データの蓄積は、公衆衛生を有効に機能させるという要請に応え、公衆衛生としての医療の発展をもたらすのに役立った。

そして、はじめは数字の数え上げ(政治算術)か国家の状態の記述(国情学)でしかなかった統計学は、一八—一九世紀にかけて、さまざまな数字の間の関連づけや年次推移の比較などを通じて、ここでフーコーがいう「人口」に当たるものを発見してゆく。統計学の発展は、単なる個人の総和ではなく、また法令などによって外部から直接規制可能な単純な集合体でもなく、有機体のような複雑さと固有の規則性を有する実体としての人口という認識を促したのである(〔重田 2000〕を参照)。

それによって、それまで要素である個とその単純な和としての国家全体という二つのレベルでしか考えられなかった国家による管理の対象に、集合体に固有のレベルである人口という新しい次元がつけ加わる。これ以後、国家統治はこうした意味での集合体、すなわち「社会」を、要素としての個人に分解することなくそれ自体として扱い、社会を調整することを目指すようになる。[2]したがって、「全体的かつ個別的」な近代統治のあり方の一つとしての生政治における「全体」とは、固有の規則性・自然性を有するものとして認識された社会および人口を指している。この新しい「全体」の発見によって、人間の生のあり方に積極的に介入する権力は、ますます複雑で多様な生の実情に合わせた管理を行うことができるようになるのである。

2　正常な社会と正常な個人

つぎに、こうした集合体としての人口というレベルを対象化し、それを管理し調整しようとする生政治が個人をどのように扱うかについて、一九世紀に頻繁に用いられた「正常性 normalité」という概念を手がかりに考察してゆく。

フーコーは生政治が展開する時代を、ノルム化 normalisation が進展する時代、ノルムが法を凌駕する時代と規定している。では、ここでノルムとは何を意味するだろう。彼は近代医療の歴史について考察する中で、ノルム社会では「社会を支配するのは法典ではなく、正常と異常のたえざる分割であり、正常性の体系をつねに再構築しようとする試みである」〔Foucault 1974a : p. 50, 五九頁〕と述べている。こうした正常と異常の分割、とくに医学において正常なものと病理的なものとを区別する「尺度」への注目は、フーコーがカンギレムから受け継いだものである。[3]「ノルム」の語は規範と訳されるように、法規範と同義に用いられる場合もある。しかし、カンギレムの近代医学・生理学の概念史におけるのと同様、ここでのノルムは法規範一般とは区別される「正常性」に関わる。そしてさらにこの「正常性」は、カンギレム自身『正常と病理』の中で考察を加えているとおり、医学のみならず統計学に関係している。フーコーは統計学－医学－正常と異常－生政治の間の関係を掘り下げて考察していないが、他の文献も参照しつつこれについて整理しておく。

前節で触れたように、生政治の展開の中で、ある人口の出生率と死亡率、生殖能力や罹病率などの全体が、「経済や政治の多くの問題と結びつけられ」［Foucault 1976 : p. 216, 二四三頁］重視されるようになった。これらのデータの集積・分析は統計学の発達によって可能となり、また逆に人口に関わる統計需要の増大は、統計学の技術的、理論的な発達を促した。その統計学が、人口レベルでの生の管理のための公衆衛生医療に不可欠な医事統計を発展させたのであり、「マスとしての人口の管理・調整」を準拠点として、統計学、医学、生政治は一連のつながりを有している。

ここで、正常性は人口レベルでの統治の基準、尺度となる。というのは、社会の大量現象における「率」の一定性（出生率、死亡率、自殺率、犯罪率などの一定性）は、社会に秩序が保たれていることの証左であり、率の激しい変動は、上昇にせよ下降にせよ介入のための指標となるからである。[4] たとえば、出生率が死亡率に比して極端に高い上昇曲線を示している場合には、その上昇を抑える施策が必要かどうかが、政治的・経済的目標との関連で検討される。

このあとの議論との関係で、ここから生じるきわめて重大な帰結について述べておく。フーコー自身は明確には論じていないが、こうした人口や社会というマスのレベルでの正常性を指標とする管理が、人口を構成する個人のレベルに容易に転化することに注目すべきである。このことはたとえば、社会統計学の創始者の一人であるケトレの「平均人」概念の中に端的に見て取ることができる。ケトレ Adolf Quetelet（一七九六―一八七四）は、兵士の身長計測などの結果得られる山型カーブの「理念型」が正規曲線（ノーマルカーヴ）となることを示し、曲線の中央の最も山が高くなる位置に来る人間を「平均人 l'homme moyen」と名づけた。[5] そして、平均人を規範的な存在、理想の人間像として提示し、そこから離れることを規範からの隔たりと同一視した。ここで正常性＝平均＝規範的状態は、現実社会の外にある超越的な規範（たとえば自然法）によって根拠づけられることはなく、特定の社会におけるデータ計測に基づいて得られる数値自体のうちに含まれる。これによって、規範が現にある社会に内在化されるとともに、個人の正常性からの逸脱の度合いが数値によって測定され、それにしたがって分類、階級づけされるようになる。個人はその人が属する社会のどこかに必ず位置を占める。したがって、規範の社会への内在化と数値による計測は、どんな逸脱をも数字に還元して把握できるようにする、「外部のない秩序」を可能にするといえる。

社会統計学が当初から遺伝学や優生学と結びつき、生物として見た人間の正常／異常の分類への関心を併せ持っていたのは決して偶然ではない。正常と異常、正常と病理といった問題系は、統計学のみならず、医学・生理学、生物学、遺伝学、精神医学、犯罪学など多くの分野にまたがっている。もちろん「正常であること」の概念化のされ方はそれぞれの分野に応じて異なるが、それらが正常性からの逸脱の度合いという尺度で個々人の位置を定めるという共通性を持っている。それらが互いに緩やかなつながりを保ちつつ、「正常と異常に関わる人間科学」を発展させていったことに注目すべきである。

社会全体のレベルでの正常性と、その社会を構成する個人の正常性とがこのように結びつけられることは、生政治と、フーコーが『監獄の誕生』［Foucault 1975a］で詳細に分析した、「規律権力 pouvoir disciplinaire」との関係にも示唆を与えてくれる。個人の身体、所作、行動、身振りを細かい規則に合致するよう監視し訓育する規律のテクノロジーは、社会全体のレベルでの正常性の構成要素としての個人の正常性という規範・尺度を与えられ、正常な個人を作り出す技術として利用されるからである。[6]

3　権力の法モデル批判

フーコーは「生政治」における権力行使のあり方を、権力に関する法（権利）‐主権モデルと対比させせている。それによって、前節までで検討した、「対象」としての人口、尺度としての正常／異常とは別の角度から、生政治を特徴づけている。これは「近代をどのように見るべきでないか」のフーコーの立場表明であり、また権力の法モデルに対する批判となっている。

権力の法‐主権モデルというのはフーコー独特の分類である。彼は、「西洋社会において、中世以来、法的思考の磨き上げは主として王権の周囲でなされてきた」とする。王権を擁護するにせよそれを制限しようとするにせよ、「法権利 droit の理論は、中世以来、権力の正統性を定めることを主な役割としてきた。そして、すべての法権利論が組織される際の中心問題は主権の問題であった」。こうした権力の正統性論としての主権論は、現実になされている支配 domination の事実を隠蔽し、それを「主権の正統な（法）権利」と「合法的な服従義務」へと解消してしまう〔Foucault 1976 : p. 24–25, 二九—三〇頁〕。フーコーは近代社会における支配と従属化 assujettissement が実際にどのように機能しているかを明らかにするため、こうした法‐主権‐権力の正統性という図式から脱却しようとする。

この主張の背景には、こうした様式が近代における議会制民主主義という政治体制の根本を形づくっており、近代の政治を語る際、法‐政治の正統性を問うという議論の枠組みを離れることが困難であるという現状認識があったと考えられる。法‐主権モデルの批判を通じて、権力や支配の正統性、合意形成手続きの正統性、主権の正統性などの問いからはじめてそこに戻っていくような思考のあり方から距離を取ること、また社会契約論・議会制民主主義・法の形式主義・公と私の区別の明確化・私的領域での自由放任といった用語で近代を特徴づける傾向から脱却することが目指されているといえる[7]。さらに言うと、これは既存の近代の捉え方を批判し新しい近代像を提示することで、近代批判のあり方自体を変えようとする試みでもある。

そしてこの試みは、「生」をめぐる政治の展開を研究主題とすることと重ね合わせられる。というのは、「古典的な主権理論においては、(…) 生と死への権利はその根幹をなす象徴的事柄の一つであった」。そしてこの権利は「つねに死の側でのみ」行使される「バランスの悪い déséquilibré」権利であった。言い換えれば、生と死への権利とは「死なせるか生きるままに放っておくか」の権利に他ならない。これに対して、近代において新たに出現したのは、「生き「させる」か死ぬままに「放っておく」権力」〔*ibid.*, p. 214, 二四〇頁〕である。個々の身体の調教を行う規律と、マスとしての人口の管理・調整を行う生政治という二つの軸からなるこうした「生きさせる」権力を、フーコーは生権力と呼んでいる。そしてこの見方からすると、生を積極的に産出し管理する生権力が展開する一九世紀は「中立化と脱政治化」の時代どころではなく、新しい形態の政治権力が社会のすみずみにまで浸透する時代として現れるのである。[8]

以上見てきたように、フーコーは一九七〇年代を通じた生に対する権力の検討の中で、それをしばしば法的権力、法的な思考様式、権力の法モデルと対比させた。ここで法的権力は、違反行為に対してのみ行使され、それに抵触しないかぎり個人の生の内容には無関心であるような、禁止と許可の境界線においてのみ作動する権力として捉えられた。さらにこの見方は、近代をフーコーの用語でいう「法‐政治的 juridico-politique」な時代と捉えること、つまり私有財産の所有者としての個人、経済領域への政治権力の非介入、公と私の境界の明確化などによって特徴づけることに対する批判へとつながっている。なぜならこれらの特徴づけの背後には、それを保障する個人主義的、形式主義的な近代法体系が前提されているからである。

4　ノルムとしての法

フーコーの「法的なるもの le juridique」のこうした特徴づけは、生に対する権力の積極性や生産性とのコントラストを強調するためになされていることは明らかである。しかし、われわれが生きる二一世紀までも含む長いスパンで見た近代における法のあり方を眺めてみると、こうした特徴づけは法をあまりに狭く、一面的に捉えているようにも見える。生に対する権力が浸透する時代として近代を見るというフーコーのヴィジョンを受け入れた上で、近・現代においては法もまたその特徴を分け持つ存在として再解釈されうるのではないか。この節では、フーコー自身が示唆した「ノルムとしての近代法」という考え方を、法学史、法思想史の中で論じられている法の変容についての知見を参照しつつ検討し、フーコーが「法的なるもの」として一括したのとは異なる、「生政治の時代における法」の特質を明らかにしたい。フーコー自身『知への意志』において、生権力について以下のように述べている。「生権力の発展のもう一つの帰結は、法の法律的システム système juridique de la loi を犠牲にして、ノルムの働きがますます重要になるということだ」[*ibid.*, p. 189, 一八一頁]。ただし「法が消滅したとか司法制度が消え去ろうとしているとか言うつもりはない。法がますますノルムとして機能し、司法制度がだんだんと調整機能を持つ諸装置（医療や行政機関など）からなる連続体へと統合されていると言いたいのである」[*ibid.*, p. 190, 一八二頁]。ここで言われている「法がノルムとして機能する」とは、何を意味するだろうか。これは、本章第2節で検討した「正常性としてのノルム」が、法の領域にいかなる影響を与えたかという問題として捉え返すことができる。これについては、まず民法領域における「リスク」概念の登場から見ていかなければならない。

この概念についての考察は、フランソワ・エワルド『福祉国家』（[Ewald 1986]）の中で詳しくなされている。ここで簡単にまとめると、一九世紀に入り、産業化の進展によって工場などでの労働中の事故が頻発する中で、これらの事故を当事者（直接事故を引き起こした労働者本人）の faute[9] として処理することへの疑問が生まれた。事故という現象は、当事者の不注意や一回限りの因果的原因によって引き起こされると考えることもできるが、見方を変えれば当事者の過失に還元しえない、社会的な相互行為である特定の労働に不可避の一定の可能性 possibilité あるいは確率 probabilité としても捉えることができる。一九世紀を通じた激しい裁判闘争などを経て、次第に事故がよく起こる種類の職業とそうでない職業との差異や、相対的に危険度の高い職種の存在などが認識されるようになった。そしてこうした動きから、事故を産業社会に固有の社会的「リスク」として捉えようとする考え方が生まれてきた。この「リスクとしての事故」という思考法は、労働者や企業家が不慮の事態に備えて積み立てを行う労働金庫などの互助組織の発展と相まって、またリスクを確率計算によって数値化し、集合体のリスクを正確に割り出す統計学に支えられて、国家規模での広範な社会保障へとつながってゆく。

個人の過失－責任から社会や集団に固有のリスク－保障へのこうしたパラダイムの変化を、エワルドはノルム時代における自然法（権）秩序から社会法（権）秩序への移行として捉えている。[10]また、このパラダイムの変化を、不法行為と損害賠償をめぐる法のあり方についての近年の議論と関連づけて捉えることもできるし、より広い文脈では、現代を「リスク社会」と見なしそこでの人間の行動様式や社会のシステム編成のあり方を分析する社会学の動向と関連づけることも可能であろう。[11]しかしここで注目したいのは、民法領域におけるリスク概念に相当する刑法における新しい概念の登場と、そこから見えてくる「リスク管理社会における個人のふるまいの正常化への強制力」である。このことが、「全体的かつ個別的」な統治の明瞭な具体例となっていると考えられるからである。

民法領域における特定の職種に固有のリスク（職業上のリスク risque professionnel）という考え方[12]は、刑法に持ち込まれ、「危険性 état dangereux」概念へと彫琢された[13]。これは、古典派（旧派）的原則からなる当時の刑法典の改革を目指す、国際刑法連合 Union international de droit pénal という法律家や犯罪学者の団体[14]の会合でプリンスが提唱した概念であるが、フランスへの積極的導入者はサレイユである[15]。この考え方によると、犯罪は事故との類比で社会が有する「リスク」として捉えられる。そしてそれは、違法行為に対する責任という従来の刑法の枠組みに根本的な改変を迫るものであった。「われわれは、犯罪リスクの時代に入っており、責任の時代を乗り越えつつある」[Saleilles 1898 : p. 139]。ここからのサレイユの議論の展開は、社会のレベルと個人のレベルとの結びつき、前者の後者への転化の例として注目すべきである。「犯罪者とは、〔獣のごとく〕狩り出されるのではなく、改善されるべき à réformer 存在である。刑罰は粗暴な武器ではなく、社会的な階級づけをやりなおすための手段である。だからこそ個人に刑罰を適用せねばならないのだ」[*ibid.*]。犯罪をリスクとして捉えるとは、過去に犯した違法行為に対する責任主体を裁くという古典派的な発想を否定し、犯罪を捉える際の視点を個人から社会のレベルに移行させる。しかしこのことは、逆説的に『刑罰の個別化（個人化）*L'individualisation de la peine*』（サレイユの著書名）をもたらす。というのは、すでに決まってしまっている過去の違法行為ではなく、未来の改善可能性とそれを推し量るための犯罪者の生活歴全般を刑罰の基準として採用することで、違法行為を行った者を抽象的、一般的な「人間」としてではなく、個々別々の性質を具えた犯罪者として扱うことを意味するからである。「個別化するためには、それぞれの犯罪者の経歴、習慣、道徳的な性質を検討する必要がある」[Le Poitevin 1914 : p. 491 強調原文]。犯罪を社会が有するリスクとして捉えるという発想が、個人としての犯罪者の性質や危険度、精神異常の度合いなどを知り、それを刑罰の基準として採用しようとする、「刑罰の個別化・医学化」をもたらすのである。ここでもまた、ケトレの「平均人」論におけるように、社会の改善・正常化という目標がその中の「悪い要素」である犯罪者個人の改善・正常化の要請へとつながっており、「正常と異常に関わる人間科学」が大きな役割を果たす場が整えられている（以上については本書第4章を参照）。

社会法の登場、近代法から現代法への変容、特別予防と犯罪者の積極的な矯正の原則に従う新しい刑法学の出現など、一九世紀後半から二〇世紀前半にかけて起きた法学史上の大きな革新とされる事柄は、生政治および正常と異常の科学との関係では、以上のように捉えることができる。

5 生権力の時代における死の問題

本章第3節で検討したように、フーコーは近代において、権力が作動する場面の中心が死から生全般へと移行したと論じている。そして、おそらくアリエスやカントロヴィッチの研究を念頭に、このことを「死が徐々に価値を剝奪されてゆく」〔Foucault 1976 : p. 220, 二四六頁〕過程として捉えている。今や、死に関して「権力が掌握するのは、死そのものではなく死亡率である」。「生を最大化し、事故、偶発事、収穫不足を制御しようとして、〔生のあり方、生の「いかにcomment」という〕レベルに権力が介入しはじめるやいなや、死は生の終着点として、文字通り権力にとっての終点、限界、果てとして現れる」〔*ibid.*, p. 221, 二四七頁〕。

しかし、生に照準を定める政治権力の時代は、逆説的に死への権力行使が強まる時代でもある。前節まででは、ノルムの役割の増大を人間の生を正常化する圧力として見てきた。だが、正常であること自体が異常であることとの対比の中で成り立っており、正常化への圧力は他方に異常の創出、社会レベルでの異常な「率」の設定と、個人レベルでの「異常者」の創出を伴っていることもまた事実である。そして、人間の生が生物学的、医学的なものとして認識されるのと相関して、異常者もまた生物学的、医学的な異常として、遺伝学や優生学によって「科学的に確証された」存在となりはじめる。そうした存在は、正常な人々の生を活性化し豊かにする政治権力の裏面として、病と死に近接したものとされ、病理的なもの、異常なもの、正常化されなければ生きるに値しないものとして扱われる。正常化への圧力は、他方で正常ではないと見なされたもの、正常化できないものを異常者として死へと追いやるような、「死への権力」を伴っている。

こうした正常／異常、生きるべき者／死すべき者の区別を行う思考法を、フーコーは「生物学的人種主義」と名づけている。そしてこの人種主義を、一七世紀以降現れたとされる戦争‐軍事モデルの人種主義（種族主義）と対比させ、特徴づけている。彼は一九七六年のコレージュ・ド・フランス講義において、すでに本章で取り上げた法‐主権モデルとは異なる政治の思考様式の一つとして、戦争‐軍事モデルを検討している（本書第5章を参照）。このモデルにおいては、政治は根本的に異質な二つ以上の陣営間の闘争、戦闘として捉えられる。そこでは、たとえばノルマン対サクソンといった、征服者対被征服者、諸種族 races 間の闘争の歴史が、権力闘争の武器として相対立するさまざまな陣営によって語られ、利用される。「諸種族の戦争に関わるこの言説の中に「race」ということばが早くも登場しているが、もちろんこの語は確固たる生物学的意味を持っているわけではない」。この語はここでは、「地理的に同じ起源を有さない二つの集団、少なくとも起源においては同じ言語を持たず、多くの場合宗教も異なり、（…）暴力という犠牲を払ってしか政治的統一体を形成しえなかった二つの集団の歴史を描く際の、二つの種族」を意味しているに過ぎない〔*ibid.*, p. 67, 七八―七九頁〕。

種族間闘争モデルといえるこうした言説とは異なり、生物学的なタイプの人種主義は、「たった一つの同じ人種を優等人種と劣等人種へと二分する」〔*ibid.*, p. 52, 六三頁〕。ここでは「国家は、ある種族が別の種族に対抗するための手段ではなく、人種の優越性と純潔の守り手となる。人種の純潔という理念が、その一元論的で国家的で生物学的な含意を伴って、諸種族間の闘争という理念に取って代わることになる」〔*ibid.*, p. 70–71, 八二頁〕。劣等人種、変質者（退化した者）dégénéré、異常者といった国家社会の内部における劣った存在の死が、優等な者、正常な者のより健康でより純粋で豊かな生と、直接につながりを持つものとして認識されるようになるのである。

ここでは、一つの人種、一つの社会、一つの国家の統一性と純粋性という理念が、社会や種の内部における劣等者、純潔を汚す存在の除去という理念と対をなしている。社会集団の敵は社会内部に潜んでおり、内側からその繁栄を掘り崩す存在である。そのため、社会のレベルでの人種・民族・国民の純潔や優秀さの確保という目標が、正常な個人の幸福と繁栄、そのための異常な個人の除去という個人レベルでの選別へと直接つながってゆく。ここで純粋さや優越性の尺度となるのは、優生学・遺伝学といった生物学的・医学的な「科学」であり、それらの影響下にある精神医学・犯罪学である。[16] したがって、ここでフーコーが「生物学的人種主義」という際の人種は、「人種差別」という場合の人種（黒人、白人、黄色人種、ユダヤ人などと呼ばれる存在）には限定されない、より広い合意を持つものであると考えられる。ここでフーコーは、たとえば遺伝的見地から、あるいは必ずしも遺伝には限定されない優生的見地から、優等者と劣等者、正常者と異常者を分け、後者を矯正するか、さもなくば排除しようとする考え方全体を、生政治の時代において逆説的に氾濫する、死の政治として示していると理解できる。[17]

全体と個の関係づけ、正常と異常の関係づけについての以上のような見方を前提すると、統計学という学問の一九—二〇世紀における目覚ましい発展が、「正常と異常の科学」を後ろ盾とする生政治を可能にし、また逆に統計学が生政治によって利用されることで進展、普及していった両者の相互補完性を改めて確認できる。

本章第2節で、現代統計学の礎を築いたケトレの社会統計学が、社会における正常性をその構成員である個人の正常性へと転用し、平均人としての正常な個人を理想化したことを述べた。これと対をなす思想として、イギリスでケトレ理論を発展させ、また統計学を遺伝学や優生学と結びつけることでその応用領域を拡大させたゴールトンの主張に、ここで検討を加えておきたい。ゴールトンは、ケトレによる誤差法則の利用に学び、生物、とくに人間の身体および精神的な遺伝の法則性を立証するため、統計的規則性を用いようとした。彼は統計数値に関する回帰や相関といった現象の発見者、命名者とされるが、優生学 eugenics という語を作った人物でもある。ゴールトンの優生思想は、彼がケトレとは対照的に統計分布の中心ではなく両端、変異や例外に深い関心を示したことに色濃く反映している。彼は平均からの偏差がどのように分布するかを研究し、また偏差を作り出す原因として遺伝を重視した。ゴールトンにとっては、遺伝による優等家系や劣等家系の存在を統計数値を用いて「科学的に」証明しようとする熱意は、生まれつき優れた人間を増やすと同時に生まれつき劣った人間の数をできるかぎり減らすという、最初の著作以来見られる優生学的関心と不可分一体のものであった。

統計分布の中心を重視し、そこからずれたデータを例外、誤差として処理しようとするケトレの思想は、それが平均人という理想の個人像の規範化（ノルム化）と結びつくとき、正常性、すなわち過少でも過多でもない状態[18]に個人や社会を駆り立てる圧力として現れる。これに対して、偏差、変異、例外を重視するゴールトンの思想をもとにすると、正常から逸脱したもの、異常なものの原因をつきとめ、それらを減少させ抹消するという発想が生まれてくる。両者は一見すると統計データを全く違ったしかたで捉えているように見えるが、一方の正常化＝規範化への要請と他方の異常な要素の除去という考えは、統計学的な世界観[19]にもとづく正常／異常の分割、どのような属性を持った個人が、あるいはどのようなふるまいをする個人が正常であり、異常であるかの尺度を、統計を用いて設定するという共通の基礎を持っている。

同様の関係を、犯罪原因の「生物学的決定説」と「社会環境説」との間にも見て取ることができる。ロンブローゾを中心とする犯罪学イタリア学派は、生まれついての先祖返り、退化した人間、人間よりも猿に近い存在としての「生来的犯罪者」の学説で悪名高い。ロンブローゾは、身体計測、とくに頭蓋の容積の計測による統計データの分析を通じて、生まれついての犯罪者、生物学的に犯罪を犯すべく運命づけられた、矯正不能、治癒不能な犯罪者という像を作り上げた。この学説は、犯罪原因が社会や育った環境にあるという考えを否定し、それとともに犯罪者の矯正可能性を否認するとして、当時から強い批判を浴びた。しかし、彼らの主張を人権無視の差別主義的言説として過去のものとし、社会環境を重視する学説がその後古典派的刑罰理論と折り合いつつへゲモニーを握ることを、ヒューマニズムの勝利であるかのように考えるのはあまりに安易であろう。

そもそもイタリア学派は、ロンブローゾや、またとくにフェリなどにはっきり見られるように、犯罪原因の社会環境説を次第に容認しはじめ、生来的犯罪者という考えは徐々に彼らの学説の一部に過ぎなくなる。[20] これについては、当時の犯罪人類学会内部でのへゲモニー闘争によって彼らの主張が軌道修正され、穏健化したという見方が一般的である。しかし、「思考の枠組み」の次元で考えた場合には、矯正不能、治癒不能な犯罪者の処刑や終身監禁と、社会に原因を持つ犯罪者の矯正、治療という二つの考えは両立可能なのである。治療しえない異常者を社会から抹消することは、治療見込みのある、すなわち正常化を期待できる残りの逸脱者を矯正し、正常へと近づけることと表裏の関係をなす。犯罪者を医学的、生物学的な対象として扱い、社会集団全体の中での正常度、異常度を統計を用いて計測し、犯した罪の重さではなく社会に対する危険度を測り、犯罪者個人の性格やふるまいを評価しようとする。これらの点で、イタリア学派は生政治の時代における権力行使のあり方にすっぽりと収まるような存在なのである。

異常な者、不治の病に冒された者、治癒不可能な者、矯正可能性のない者に対する、処刑、「安楽死」、監禁、断種、去勢といった措置は、治療・矯正・保護監督などの正常化の諸方策と共存し、支え合っている。正常／異常の区別の設定によって、一方か他方に個人を振り分け、管理しつづけること。このことは、正常な者、健康な者とされた人々のために、異常な者、不治の病に冒されたとされた人々が犠牲にされ、生きるチャンスを強制的に奪われることを含んでいる。しかしそれだけではなく、そうした異常者や病者の設定自体が、何が正常者で誰が健常者かという基準の設定と同時になされており、正常化への圧力と異常者の排除は分かちがたく結びついているということも意味している。正常と異常の人間科学は、まさに「生きさせるか死の中へ廃棄する」権力、生きるに値する生の基準を作り出し、それにしたがって生きることを人々に強いる（生の「いかに」に働きかけ、特定の仕方で生きさせる）か、さもなくば生きるに値する人々のよりよい生のために、生きるに値しないとされる生命を死へと廃棄するような、生政治の支柱となる思考法を土台としている。

6　正常／異常の区別と自己決定

こうした生政治が浸透する時代において、個人の「権利」またその選択や決定はどのような性質を持ち、どんな機能を果たしているといえるだろうか。フーコーは、正常と異常の科学に支えられた生と死の権力、またノルムとして機能する法への抵抗や反発のあり方について述べる中で、新しい形態の「権利」に言及している。「一九世紀にはまだ新しいものだったこの権力に対して、それに抵抗する諸力は、権力が取り込もうとしたのと同じもの、すなわち生および生きた存在としての人間を支えとした。（…）政治の対象である生は、ある意味で文字通りに受け取られ、それを統制しようとするシステムに抗して逆転される。ここでは、権利よりも生の方が重く、政治闘争の賭金となっている。たとえそれが権利の主張を通じて表明されたとしても。生への、身体への、健康への、幸福への、欲求充足への「権利」、あらゆる抑圧や「疎外」を超えて、人がどうあり、どうありうるかを再発見する「権利」、古典的な法システムにはかくも理解不能なこの「権利」は、それ自身主権に関わる伝統的な権利には属さない新しい権力の手続き全体への、政治的な応答なのである」[Foucault 1976a : p. 191, 一八三頁]。ここでの権利は、人がどのように生きるか、自己をどのような存在にするかについての「自己決定」の権利と見なすことができる。

だが同時に、こうした新しい権利の主張は、「個人を主体へと変容させる権力」への抵抗でもある。すなわち、「統制や依存を通じて他者に従属させられる」と同時に、「良心や自己意識を通じて固有のアイデンティティへと縛りつけられる」ような存在へと個々人を彫琢する権力への抵抗として、新しい権利の要求が捉えられている〔Foucault 1982a : p. 227, 一五頁〕。

では、「人がどうあり、どうありうるかを再発見する「権利」」と、いま述べた意味での主体となること、主体化されること assujettissement との間にはどのような違いがあるだろうか。これについて考えるために、個人の自己決定権が生政治における「全体的かつ個別的」な権力と取り結ぶ関係について検討したい。

ここでは個人の自己決定権に関して、子どもを産む／産まないの自由、リプロダクティヴ・フリーダムの問題に限定して、戦後の日本について考察を加える。[21] 妊娠・出産に関する女性の自己決定権は、しばしば「胎児の生命権」と対立するものとして、[22] また生命の選別を容認することで障害者の権利を侵害するものとして批判されてきた。本章では、胎児が生命権を有するか、女性の自己決定権と胎児の生命権が対立するかといった問題について原理的考察を加えることはしない。それとは異なった視角から、「自己決定権」という個人の自由な意思決定を保障するための権利が、前節までで考察してきた、生物学的、医学的な基準にしたがって正常と異常を分割し、それを通じて個別化と全体化、個人の管理と全体の秩序、繁栄を同時に達成しようとする生政治と共鳴し合ってしまう可能性を指摘したい。

日本では、一九四〇年にナチス断種法に範をとった「国民優生法」が制定されたが、実際に「優生目的」による断種が本格的に行われるようになったのは、一九四八年の「優生保護法」制定以降のことである。[23] この優生目的での断種[24]という事実を視野に入れることなしに、優生保護法のいわゆる「経済条項」の「柔軟な」適用によって合法的中絶が行われてきたことについて評価を下すべきではないという指摘がなされている。「一見、個人が自由に妊娠・中絶・出産を選択できるようでありながら、制度的には一貫して優生政策を推進する法の下で中絶が容認されてきた事実」〔斎藤 1997：一四八頁〕をふまえることが、これからのリプロダクティヴ・フリーダムを考える上で不可欠との認識である。

このことを、ここまで論じてきた正常と異常の区分に基づく生政治という文脈で考えてみると、二つのことを指摘できる。第一に、自己決定能力を有するとされる人々の権利や自由が、自己決定能力に欠けるとされる人々への強制と抱き合わせで保障されてきたということ。第二に、自己決定や選択がなされる際の基準が、正常と異常の科学によって構築された両者の分割、何が正常であるかの尺度を再認、強化することに役立ちうるということである。

一点目は、法学の中での自己決定権論が、自律能力および自己決定能力の有無を焦点とし、しばしば自己決定か保護かの「線引き」が中心争点となることとも関わっている。[25] 自己決定能力を有する人々、すなわち正常で健康な人々の「産む産まないを決める権利」は、そうではない存在との区別、線引きによってはじめて可能となってきた。優生保護法下での「経済条項」による中絶の事実上の容認は、その理由が胎児の障害の有無による場合にもそれ以外の場合にも、一方に自分で産む産まないを選択できる人を、他方に自分で選択できない人＝強制的に産む可能性を断たれる人を作り出すことで成り立ってきた。このことは、個人を正常／異常へと振り分けることを「種の繁栄」と結びつける、生政治の作動の一事例として捉えることができる。二点目は、

「健常者」かそうでないかを問わず、自己決定における「健康な子ども、正常な子どもを持ちたい」という願望が、正常／異常の区別によって個と全体とを同時に管理しようとする社会を支え、また逆に、こうした社会における正常性の尺度が選択の根拠となるということである。このことは、当人には「社会対個人」という形では必ずしも意識されないが、家族や親戚、産婦人科医など周囲の圧力、障害を持つ人への漠然とした恐怖心や、障害児を育てることへの不安などとして、自己決定を特定の方向（障害を持つ可能性のある胎児を中絶するという選択）に導く動機づけとして作用しうる。[26]

そして見落としてならないのは、生殖技術の発達が、こうした選択や決定の機会をますます増やし、ますます「手軽な」ものにしてしまうことだ。それによって、自己決定に支えを見出しつつ生政治が増殖してゆくということである。一例を挙げると、妊娠・出産に関連して、超音波検査、羊水検査、着床前診断など胎児の障害を識別するさまざまな医療技術が発達してきたが、最近とくに注目されているのが、母体や胎児への身体的影響が少なく、検査も母親からの採血のみと簡単な「母体血清マーカーテスト（トリプルマーカーテスト）」である。この検査は、高齢出産の妊婦を中心に「説明不十分なまま」診断のルールづくりやインフォームド・コンセント、診断後のケアやカウンセリングについての十分な制度化を待たずに広がりつつあると言われる（『読売新聞』1998）。妊婦の側が、場合によっては「軽い気持ちで」検査を受け、ダウン症、18トリソミー、神経管閉鎖不全症の三種の病気の発生を「確率」によって示す（同年齢の妊婦の平均的確率と併記される）この検査の結果表示を見て戸惑い、また自分が受け取った数字をどう解釈すべきか、解釈に基づいてどう行動すべきか迷うといった事態が生じている（［バルーン編集部 1997］）。

この検査では、特定の個人が特定の妊娠に関して有する「異常の確率」が、統計データに基づく「正常な（平均的な）異常の確率」との対比を通じて直接当事者に数字としてつきつけられる。個人はその数字を拠り所に、どの程度なら「異常へのリスク」を背負いうるかの判断を迫られる。そして、その判断がたとえ「自己決定」としてなされるとしても、そもそも決定や選択の場面そのものが、統計－医学的な「正常と異常の科学」の日常生活への浸透によって準備されたものである。そのためどんな内容の決定がなされる場合にも、こうした科学と結びついた正常／異常の尺度・基準と無関係なものではありえない。この意味で、自己決定は全体と個、つまり社会における正常と異常と個人における正常と異常との間を取り結ぶ役割を果たす。社会的な価値規範としての正常／異常の区別を個人の決定が強化・再認することを通じて、正常な社会と正常な個人との結びつき、前者の後者への転化を保障する装置として自己決定が機能しうるのである。もちろん、決定が正常化する権力に逆らってなされる場合も十分ありうるし、現にそのような選択をする人々も存在する。だが、自己決定はいずれの場合も正常であること、健常であることを旨とする社会規範に強く規定され、そこから圧力を受ける。[27]その意味で、一見近代個人主義の所産であるかのように見える自己決定の原理もまた、全体的かつ個別的な人間の管理を行う生政治との関係で、その内実が問われる必要がある。

おわりに

自己決定が以上で論じてきたような困難を抱えていることは、必ずしもその全否定につながるわけではない。そこで最後に、自己決定の権利をより広い射程を有する理念として構想する手がかりとして、ふたたびフーコーの思想に立ち戻りたい。彼が晩年に中心テーマとした「自己への配慮」の問題系を、「生政治」への応答として解釈することで、自己＝主体とは異なるしかたでの自己、また「配慮」と両立可能な権利について考える糸口としたい。

正常化社会における主体化と連動しうる自己決定に批判を加える場合に、「完全な」自己決定、自律的人格としての個人が一切の圧力から自由に決定を行うというモデルを対置することは、問題を振り出しに戻すに過ぎないであろう。一見自由になされた決定が、その外見に反して社会関係によって規定されているという議論の出発点以前のところに戻っているからである。

こうしたモデルとは異なった仕方で自己決定について考えるためには、自律性の前提とされる人格の同一性や、アイデンティティへの個人の拘束を再検討することからはじめるべきだろう。晩年のフーコーは、「自己への配慮」というテーマを立てることで、自己決定の権利と他者への配慮とを対立させ、どちらかを選択するのとは異なったしかたで、自己について、配慮することについて、また共同体の規範と個人の生き方との関係について考えようとしていた。

とくに、最晩年に当たる一九八四年のコレージュ・ド・フランス講義において、古代ギリシャにおけるキュニコス派の哲学について述べる中で、フーコーは自己と自己との関係や自己への配慮と、自己と他者との関係や他者への配慮とが、キュニコス派の「生の様式mode」の中でどのように結びついているかを検討している（[Foucault 1984]）。それを通じて、自己の生をある様式を持った実践として創造することが、他者との関係の構築、再構築という問題を内に含んでいること、また共同体の規範に対してどのような距離を取り態度を表明するかということが、自己の生き方にとって重要な要素となっていることを指摘している。他者や共同体の中でいかにふるまうかが、自己と自己との関係を創り出し、創り変えてゆくことにつながるような自己と他者と共同体との関係がありうるということだ。こうした関係の一形態を、別の時代に別の社会を生きた人々の生の様式に見て取ろうとする試みが、ある社会に課せられた一律の道徳規範（例えば「正常」という規範）から距離を置いた、またアイデンティティの呪縛にとらわれない多様な生を構想するためのヒントを与えてくれる。ここから、自己決定の権利をさまざまな生のあり方へと開いてゆく方向が見えてくるのではないだろうか。

コラム2　生権力

本章は、日本法哲学会『法哲学年報1997　20世紀の法哲学』有斐閣（一九九八年）一四二―一六九頁に掲載された論文をもとにしている。当初は学会報告で、日本法哲学会一九九七年度学術大会（一九九七年一一月）における、「生のポリティクスと新しい権利――フーコーの統治性研究の射程」のタイトルでの報告をもとに、論文として書き直したものである。

ここでのテーマは、①フーコーにおける法的権力と生のポリティクス（以下、生政治）との違い、②正常と異常の線引きは規律および生政治にどのように関わるのか、③正常と異常の基準を定める統計学的な知のあり方の特徴、④それが生殖（リプロダクション）の場面でどのように適用されているかである。改めて挙げてみると意外に内容は盛り沢山で、一九七〇年代後半のフーコーの議論のうち、とくに分かりにくく整理が難しいところをピックアップし、現実の社会動向との関わりを含めて解説している。

他の章も含めて本書の見通しをよくするために、ここでいくつかの用語について解説しておく。

フーコーは『監獄の誕生』（一九七五）で「規律権力」概念を導入し、これを法的権力と対置した（本書第3章を参照）。翌年の『知への意志』では、ここに生政治が加わり、法的権力‐規律権力‐生政治の三つの類型に分けられた。このうち規律と生政治はまとめて「生権力」と呼ばれた。つまり、『知への意志』においては、法的権力と生権力が大きく区別され、生権力の内部に規律権力と生政治が含まれるという配置になっている。

一九七八年のコレージュ・ド・フランス講義になると、生政治が含んでいた内容は、「セキュリティ（保障）の装置」という語に引き継がれる。さらに、一九七九年の講義では「セキュリティの装置」という語は登場しなくなり、それに似た内容を示す語として「自由主義の統治」が用いられる。一方で、この年の講義タイトルは「生政治の誕生」である。さらにフーコーは講義の中で、「生政治の誕生」について論じるはずが、そのごく一部である自由主義の統治の話だけで終わってしまったと発言している（一九七九年三月七日講義冒頭）。つまり、「セキュリティの装置」から「自由主義の統治」という用語へと引き継がれるタイプの統治は、近代における生政治の主要なあり方、仕組み、アイデアを含んでいるものの、フーコー自身は生政治についてはより広く、あるいは別の観点からの検討も必要だと考えていたと思われる。

とはいえこれは残された資料からの推測にすぎず、このあたりの用語の変遷や異同について、フーコー自身は明確な説明を行っていない。主要タームの用い方に揺れがあり、とりわけ生政治と生権力の関係、また両概念がどのような含みを持つのかについては曖昧な点が多い（彼は一九七八年、七九年の講義では生権力ということばはあまり使わなくなる。そのうえ七八年講義には、生政治と生権力を区別せず併置する用例も見られる（たとえば［Foucault 1978 : p. 23, 二七頁］）。こうした揺れや振れ幅の中で、本章は、規律を含め「死ではなく生に介入する権力」として、広い意味で生政治を理解し、その内実について論じている。つまり、『知への意志』における用例に倣うなら、個々の身体に照準する「規律」と、種としての人間あるいは集団としての人口に照準する生政治を合わせた概念である、生権力に似た概念として生政治の語を用いている。これに近い生政治の捉え方を一九七八年講義の草稿から引いておく。「近代世界における病の地位と医学的知の特権性を検討するには、病院や医療制度の後ろに回り込んで、西欧において生と病を扱う広く一般的な手続き、すなわち「生政治」に注目すべきだ」［*ibid.*, p. 124, 一四九頁］。

もっとも、右に引用した講義の草稿部分が講義録の一部として刊行されたのは二〇〇四年のことである。それよりかなり前に書かれた本章で、広い意味での生に対する介入や関心全般として生政治を扱ったのは、次のような理由による。一つはフーコーが一九七八年、七九年の講義で、規律および セキュリティの装置（自由主義の統治）を含め、生のすべてが権力の関心事となり政治的な権力関係を形づくっていく近代の趨勢を描いていたからである。ざっくり言うなら、フーコーがこの二年の講義で取り上げたのは、人々の生が政治の対象となっていくプロセスにおける、さまざまな事件、数々のエポックメイキングな出来事であった。

もう一つ指摘するなら、本章執筆当時（一九九八年）はまだ「バイオポリティクス」ということばはそれほど日本では浸透していなかった。したがって当時の法哲学会研究大会参加者は、生政治とは何のことで、それは法や規範とどのように関係するのかに関心があった。そのため生政治をできるだけ広い意味で捉えて現代の権力を考察する際に役立つ概念として示すことを心がけた。

当時と比較すると現在では、生をめぐる政治はきわめて重要な思想的、社会的テーマであると広く認識されている。その点では、本章は当時よりすんなり読めるものになっているはずだ。ただ、正常と異常をめぐる基準や線引きはだんだんと大きな話題にならなくなり、検査技術の刷新のたびに思い出したように取り上げられては次第に下火になる、これのくり返しにも見える。技術の急速な進歩とは対照的に、生殖をめぐる切実な問いは置き去りにされ、当事者の苦悩はつづいている。そのため、出生前診断をめぐってこのとき指摘した倫理的課題や困難は、ほぼ同じままで現在も残されているといえる。

生殖医療の発展と診断技術の進歩によって、当事者の置かれる状況は多様かつ複雑になっている。その意味で、倫理的な問いが生まれる具体的な場面は、技術のステージやその応用のあり方に伴って変わってきた。しかし、生命を管理しコントロールする技術が生殖に適用されることによる、命の選別への葛藤や自己決定の難しさなどは、本章が書かれた当時と変わらないままである。情報提供やカウンセリング、インフォームドコンセントの整備などの制度化がなされてきたものの、技術の進歩は日々新たな葛藤を当事者に強いている。この点についてのその後の状況、とりわけ女性が直面させられている困難については、［重田 2019］を参照してほしい。

第3章　近代権力の複層性

ミシェル・フーコー『監獄の誕生』の歴史像

はじめに

フーコーは、近現代史に新しい見方をもたらした思想家である。その「新しさ」はすでにさまざまなかたちで論じられてきた。だが、フーコーが近代を複数の相異なる権力形態から成り立っていると考えていたこと、そしてそこから浮かび上がってくる歴史像については、いまだ十分な検討を加えられていない。フーコーが描いたこの近代権力の複層性は、一九七〇年代後半のコレージュ・ド・フランス講義を通じてはじめて全貌が明らかになる。しかし、すでに『監獄の誕生』で、法的権力と規律権力という相異なる二つの権力形態の対比が打ち出されている。[1] 本章では、この二つの権力の異質性を鮮明にしつつ両者の関係を捉えることをめざし、『監獄の誕生』の読解を中心にフーコーの歴史像を再構成する。[2]

第1節では、『監獄の誕生』においてフーコーが旧体制における身体刑を法的な権力として捉え、一八世紀の刑罰改革を同じ法的な次元での権力の再調整として描いていることを示す。ここで、フーコーが法的権力としてどのような権力のあり方を想定しているかを、『知への意志』などによって明らかにする。第2節では、規律権力が、身体刑が行われたのとまさに同じ時代に別の次元で磨き上げられ広がっていった、法的権力とは別種の権力形態として捉えられていることを示す。ここで規律権力を、一七―一八世紀の西洋世界が直面した新しい秩序問題との関連という広い文脈の中に位置づける。最後に第3節で、法的権力と規律権力の対抗と共存の場である監獄について論じ、フーコーの刑罰史の描き方を従来の刑法史と比較検討する。以上にもとづいて、フーコーが権力形態の複層性を軸に描き出した新しい歴史像を明らかにする。[3]

1　身体刑から刑罰改革へ――法の再調整

『監獄の誕生』には、冒頭のダミアン処刑の例を含め、目を覆いたくなるような残虐な身体刑の光景がいくつも描かれている。しかしこの身体刑についてフーコーは、残忍さや野蛮さよりも、むしろ「身体刑は一つの技術であり、それは法律ぬきの極度の狂暴さと同一視されてはならない」［Foucault 1975a : p. 37, 三八頁］という点を強調する。身体刑が持つ固有の合理性こそ、フーコーが描こうとする対象である。ではその合理性とはどのようなものか。まず裁判は尋問 enquête の手続きに則って行われる。「中世に、尋問の大規模な手続きが徐々に、しかも苦労の末作り上げられたが、以来、裁くことはある犯罪の真実を確証することであり、犯人を究明し、法律上の制裁を適用することとなった。ここでは、法律違反 infraction の認知、責任主体の認知、法律の認知が、裁判行為の基礎を確実にするための三つの条件となる」[*ibid.*, p. 24, 二三頁]。フーコーが古典主義時代と呼ぶ、一七世紀から大革命までの犯罪訴訟はこうした尋問の手続きに則って、判決にいたるまでの秘密保持、文書中心主義、また証拠についての厳密な規則に基づいて進められた。拷問も、尋問における真実探求の一環として位置づけられる。「拷問は、どんな犠牲を払ってでも真実を手に入れる手段ではない、きちんと規定された手続きに従う規則正しい執行であって、たとえば、拷問の時期・時間、使用される道具類、綱の長さ、おもりの重量、くさびの数、尋問する司法官の介入のしかたなど、すべては各種の慣行に基づいて、細心の注意を払って体系化されている」[*ibid.*, p. 44, 四四頁]。

そして、このようなある種の合理性を有した裁判過程は、法律と君主の権利の双方を誇示することを目指す刑の執行によって完了する。古典主義時代において、犯罪は法と同時に君主を傷つける行為と考えられていたので、刑罰は、侵害された法と傷ついた君主の威光の両方を同時に回復するための儀式を伴っていた。「犯罪は、それによる直接の犠牲者に加えて君主＝主権者 souverain を傷つける。法律が君主の意志としての価値を有する点では人格的に、法律の力が王の力である点では物理的に、君主を傷つけるのである」[*ibid.*, p. 51, 五一頁]。そのため処罰には、「君主への分け前」がつねに存在する。フーコーによると、それはローマ法の中で生殺与奪の絶対権力として定められる君主の権利であるとともに、法律の内に含まれる君主の力を示すものでもある。ここでは、君主自らの人格に対する反逆を裁くことと、法的権威への軽蔑に対して報復を加えることが表裏一体となっている。身体刑はまさにそれを体現した刑罰である。「法律を侵すことで、法律違反者は王の人格そのものを傷つけたのであり、その人格こそが受刑者の身体につかみかかって、烙印を押しつけ、打ち負かし、痛めつけた身体を見せつけるのである」［*ibid*., p. 52–53, 五二頁］。法の違反は君主権力の侵害であり、君主権＝主権 souveraineté は法の回復のための身体刑の儀式を通じて、自らの権利、権力を誇示するのである。

法律違反－責任主体－法律を明示しようとつとめ、法のまわりで、法的装置を作り上げながら進展する訴訟手続き。身体刑の儀式において、君主への侵犯行為と法律の侵害行為とを結び合わせる君主権の装置。これはまさしく、フーコーが「法的 juridico-légal」と呼ぶ権力行使の形態に他ならない。[4]

フーコーは、『監獄の誕生』出版よりあとの一九七六年以降、とくに一九七六年のコレージュ・ド・フランス講義および『知への意志』において、法的権力についてさらに一般的な定式化を行う。[5] まず、法的権力をその歴史的出自と切り離して考えてはならない。「中世以来、西洋社会において、権力行使はつねに法権利 droit のことばで述べられてきた」［Foucault 1976a : p. 115, 一一四頁］。そしてそれは、王権の発達とともに磨き上げられた。つまり、「西洋における法権利とは、王の命令の法権利なのである」［Foucault 1976d : p. 94 (1994 : p. 177), 二四〇頁］。法権利を定式化するための技術的・理論的な磨き上げが、王政の絶対権力を基礎づける役割を果たした。中世から徐々に作り上げられた、王権の力を中心とするこの法権利としての権力こそ、フーコーが

「法的」と呼ぶ権力形態である。そして、法権利によって基礎づけられた君主権力は、以下のやり方で行使される。「長い間、君主権力 pouvoir souverain を特徴づける特権の一つは、生と死に対する権利 droit であった」[Foucault 1976a : p. 177, 一七一頁]。「君主は生に対する自らの権利を、殺す権利を実行するか、あるいはさし控えるかによってしか行使しない。(…)「生と死の権利」として言明される権利とは、実は死なせるか生きるままに放っておくかの権利なのである。いずれにしてもそれは剣によって象徴される。そしておそらくこの法的形態を、歴史的な社会の一典型と関連づけて考えるべきである。すなわち権力が本質的に、天引きする審級、窃取のメカニズム、富の分け前を横領する権利であり、臣下からの生産物や財産や奉仕や労働や血を強奪するような社会である。権力はそこでは何よりも、奪い取る権利である。物を、時間を、身体を、究極的には生命を奪い取るのだ。その権力は、生命を奪い抹消する特権において絶頂に達する」[*ibid.*, p. 178–179, 一七二頁 強調原文]。

法権利の用語で基礎づけられ、法的形態で発達した中世以来の君主=主権者の権力。[6] そして、臣下の生命を奪い取ることを頂点として行使される強奪する権力。身体刑を中心に『監獄の誕生』において描かれた権力形態は、この法的権力の具体的・歴史的な形象に他ならない。

つぎにフーコーは、一八世紀に相次いで登場した、刑罰制度の改革者たち(ベッカリーア、セルヴァン、デュパティー、ラクルテール、デュポール、パストレ、タルジェ、ベルガスら)の身体刑批判を、法的権力の再調整として位置づける。彼らの言説は、「人間性」という啓蒙時代の新たな感受性の成果というより、権力の無駄を省き、確実に処罰するために法と司法装置全体を改革するという戦略に則ったものと理解されている。

こうした理解は、フーコーが旧体制下のフランス社会を「諸特権の束」として見ていることから生じたものである。つまり、さまざまな身分・階層が複雑に交錯し、相互の利害がときには対立し、ときには一致し、一元的な序列を組み上げることが不可能な社会である。王権もまた、錯綜した諸階層の対立と同盟の間をぬって、それらを利用しつつ成立し、維持されていた(〔二宮 1977〕を参照)。

このような社会には、それにふさわしい司法装置が存在する。まず、多種多様な裁判審級が並存している。そして、それらの間につねに不連続、重複、軋轢がある。さらに、裁判官の職は官職売買の対象にされ、特権により一般法の外に置かれた大小さまざまの裁判所や法律違反が並存する〔Foucault 1975a : p. 80–84, 八一—八五頁〕。こうした裁判機構と相即して、違法行為もまた身分社会特有のあり方をしていた。「図式的に言いうるとすれば、旧体制下では各種の社会階層のそれぞれについて、違法行為を行う暗黙の余地が与えられていた。それは規則の不履行、数知れぬ勅令や王令への違反が、社会の政治的ならびに経済的な営みの条件だったからである」〔*ibid*., p. 84, 八五頁〕。もちろん、違法行為の黙認という現象そのものはどの社会にも見受けられるであろう。しかし、当時の違法行為はそれぞれの社会層の生活条件を形成するほど深く根を下ろしたものであり、違法行為自体が一種の特権として個人や共同体に付与されていた点で固有性を帯びている。慣習となった違法行為のために、布告された法の中には廃止に追い込まれたり有名無実化しているものも少なくなかった。また、こうした特権としての違法行為は、社会の最下層の人々にさえ何らかの既得権をもたらしており、それがしばしば盗みや殺人などの犯罪行為に結びついていた。

身分の諸特権によって構成される社会特有の、以上のような司法装置、法適用、違法行為のあり方は、一八世紀には疑問視されるようになる。「富の一般的な増大につれて、さらには人口の急増に伴って、民衆の違法行為の主要な標的が、もはや権利ではなく財産に移行する傾向が生じた」[*ibid.*, p. 86–87, 八七頁]からである。農民や小作人、職人が被害者となり、またブルジョアジーの財産を対象とする違法行為に対して、人々は厳しい目を向けはじめる。もちろん、こうした違法行為の変化の背景には、農村社会の構造変化、工業化の進展などによる社会状況の変化がある。それによって、これまで認められていた農民の諸特権（共同放牧権や共有地での枯木拾いなど）や商工業地における些細な盗みが違法行為と見なされるようになり、数少ない黙認された権利を奪われた下層民の生活基盤は動揺する。こうして、犯罪の量的増大と質的変化が同時に生じるのである。[7]

このような状況下で新しく違法行為と認定されるようになった民衆的犯罪も含め、犯罪をもれなく、くまなく、確実に罰するためには、司法機構の大幅な改革が必要であった。フーコーは、一八世紀の刑罰改革を、社会構造の変化がもたらしたこの要求に応えるための、「処罰する権力の再調整の戦略として」[*ibid.*, p. 83, 八四頁]理解すべきであると主張する。ここで重要なのは、この戦略が法的権力という旧体制以来の権力行使の方式に則って、法および司法機構の改革として行われたという事実である。

まず、改革は司法装置の外部で、それに対立する人たちによってではなく、一部の司法官や法律家の手で内部から進められた。君主の超権力を頂点とする身分社会の諸特権の圧力から独立し、法に基づき法に準拠した確実で普遍的な処罰。これを望んだのは、法理論家であり司法官自身であった。そして、彼ら改革推進者が自己を正当化し、既存の司法装置を批判するために用いた戦略として、法にもとづく処罰、人道主義的刑罰の主張を理解することができる。「刑罰制度に関する新しい法理論は、事実上、処罰する権力の新しい「政治経済学 économie politique」と重なりあう」[*ibid.*, p. 83, 八四頁][8]。刑罰の残虐さの批判は、法理論を支えとしつつ処罰権力の機能不全を一掃するという、政治的戦略の一環として位置づけ直されるのである。

『知への意志』の中でフーコーは、古典主義時代にさかのぼるある伝統に言及している。それは、絶対王政の権力の反対者が、その権力を「恣意、濫用、気まぐれ、好意、特権、例外、既成事実の継承」[Foucault 1976a : p. 115, 一一四頁]に結びつけ、法とは正反対のものとして示す伝統である。これはすでに述べた刑罰改革の言説に典型的に見られる、絶対王政批判の手法である。しかしそれは、絶対王政をつねに不法や無法と結びつけてしまい、「西洋の王政が法権利の体系として築かれ、法権利の理論を通じて反省され、法権利の形態でその権力メカニズムを機能させたという、あの最も根本的な歴史的特徴を忘れる」[*ibid.*, p. 115, 一一四頁]ことに他ならない[9]。

フーコーによれば、王の権力を通常の法権利を超出する君主権＝主権によって基礎づけようとする側も、君主権力を限定し法の支配を貫徹させようとする啓蒙主義の法理論家も、法権利の用語で権力について思考するという意味では、権力についての語り方を共有している。つまり、その主張が対立するにもかかわらず、両者は「法的な言説の場」という土台を共有するのである。この意味で、「法権利の理論の本質的な役割は、中世以来ずっと、権力の正統性を確保することだった」［Foucault 1976d : p. 177, 二四〇頁］といえる。法権利をめぐる思考枠組みは、王の権力を正当化し基礎づけるために用いられると同時に、王の超権力を批判し、それを恣意的な権力の濫用として断罪する側にも利用されるものであった。法によらない刑罰の禁止、犯罪の重大さやその性質に見合った刑罰の種類の決定、国家全土に適用される刑法典の整備、裁判審級の一元化など、一八世紀の刑罰改革の諸言説の中で主張された事柄は、すべて法の言語を用いた処罰権力の再調整として理解できるのである。

以上のように、法権利は権力について思考するために西洋社会が中世以来用いてきた伝統的な道具であった。しかし一七世紀以降、西洋社会は法的権力とは別種の権力形態を発展させはじめる。この新しい形態の権力である規律権力について、節を改めて見てゆく。

2 規律権力——新たな秩序問題への応答

『監獄の誕生』第二部の中でフーコーは、監獄への拘禁における権力行使のあり方を一八世紀の刑罰改革論者たちの権力行使のあり方と対比させ、その違いを強調している。改革者たちは、犯罪と刑罰がすみやかに、何の不透明性もなく結びつくことを望んだ。そして、その結びつきを法典の中にくまなく書き込み、万人が普遍的理性をもって道理にかなっていると認めるような処罰を実現しようとした。そのため、犯罪と刑罰をすべての人の「表象」において結びつけようとする。たとえば公開の処罰を見物する人々が、犯罪による利益＝快楽と懲罰による不利益＝不快の間の比較衡量を頭の中で即座になしうるような処罰体系が理想である。さらに、「個人的な矯正は（…）個人に法権利の主体としての資格を再び与える過程を、〔法典に明示される〕記号体系とそれを通じて広められる表象の強化を介して、確保しなければならない」［Foucault 1975a : p. 131, 一三一頁］。犯罪と刑罰を記号体系化された法典の中で結びつけ、万人の理性にかなった法に基づく処罰をすみやかに執り行うこと。これによって、刑の執行を見守るすべての人の脳裏に法典がくり返し想起されると同時に、法を侵犯したことで社会の外に追放された犯罪者は、刑に服したのち、契約に参加する個人として再び社会の中に迎え入れられる。改革を目指す法律家による刑罰機構案を、フーコーは以上のように特徴づける。[10]

それに対して、「〔収監による〕矯正中心の刑罰制度の装置は、全く別のやり方で働く。刑罰の適用地点は表象ではない。それは身体であり、時間であり、毎日の動作や行動であり、さらに精神、ただし習慣のすみかである範囲での精神である。行為を生み出すもとになる身体および精神こそが、いまや処罰の介入に差し出される根本要素を形づくる」［*ibid*., p. 131, 一三一頁］。そして、身体および精神に働きかけ、日々の所作のすべてに関与することで、法権利の主体ではなく服従する主体を形成する。しかもこの刑罰装置は、万人に処罰を公開し、刑罰と犯罪の結びつきをその目で確かめさせるのとは正反対に、服従主体を作り上げるために徹底的に第三者を排除し、秘密裡に処罰しようとする。そしてそこから、「この処罰技術の少なくとも相対的な自立性」が生ずる。つまり、「独自の作用、規則、技術、知を有し、固有の規格 normes〔後出註17参照〕を定め、自ら結論を決めるようになる。それは、有罪を宣告し処罰の一般的限界を定める司法権力に対して、不連続性もしくは種別性を有する」〔*ibid.*, p. 132, 一三二頁〕のである。

しかし、監獄への拘禁が司法権力から自立し、種別性を持つこと自体は驚くにあたらない。なぜならそれは、「実際には、すでに他の場所で磨きあげられた強制機構に、拘禁という刑罰制度を結びつけたにすぎない」〔*ibid.*, p. 233, 二三一頁〕からである。刑罰以外の領域で、監獄において用いられることになる権力メカニズムがすでに発展していたのだ。一九七六年一月一四日のコレージュ・ド・フランス講義で、フーコーはこの権力形態について述べている。「一七世紀から一八世紀に重要な現象が起こった。きわめて特異な手続き、完全に新しい手段、すっかり別の装置を保持する新しい権力機構の出現、あるいは発明があった。しかもその権力機構は、主権の関係とは絶対に相容れないと考えられるのだ」〔Foucault 1976d : p. 104, 一八五頁〕[11]。なぜなら、この権力機構は土地や生産物ではなく人の身体に働きかけ、徴収や賦役ではなくたえざる監視を行い、君主の生身の実在を誇示することより強制の網の目をはりめぐらそうとするからである。「主権形態の外部に存在するこの非主権的権力こそ、規律権力である」〔*ibid.*, p. 105, 一八六頁〕。

では、規律権力は具体的にどのような場所で、どんな社会状況において要請され、「発明」されたのだろうか。『監獄の誕生』第三部では、規律権力の形成を「起源も出所もばらばらの、多くは些細なものにすぎない諸過程の多種多様な集まりとして、さまざまに裁ち直され、くり返し現われ、互いに模倣し合い、支え合い、適用地点の違いで区別され、あるいは相似し、徐々に一般的な方法についての設計図を描き上げた、そうした諸過程の集まりとして」[Foucault 1975a : p. 140, 一四四頁] 捉えようとしている。具体的に規律権力が発達した場所として描かれているのは、一七世紀以来の寄宿制の私立学校などの学校、軍隊や兵営、大規模工場、軍病院をはじめとする各種の病院などである。

これらの場所で規律が要請されたのは、「もともとはさまざまな危険の消去のためであり、無為怠惰あるいは狂暴な住民を一箇所にとどめたり、極端に多数の人々の集まりがもたらす不都合を避けたりする」[*ibid.*, p. 211, 二一一頁] ためであった。具体的には、学校においては貧乏人の子どもの怠惰をなくし、親の悪影響から引き離して浮浪化を防ぐ、軍隊においては掠奪・脱走・反抗を防止する、工場においては規則の遵守と権威者の尊重を徹底し、また盗みや注意力散漫を防ぐ、病院においては不衛生や伝染病の蔓延をなくすなどである。要するに、しばしば無秩序や騒乱の原因となる多くの人々が集まる場所において、いかに秩序を作り出し維持するかが問題なのである。[12] こうした場で生じた不都合は、ときに掠奪や盗難などの違法行為と結びつくにせよ、基本的には法ではなく社会秩序にとっての問題となる。法は禁止事項を決定し、それに抵触しない範囲ですべての行為を許容する。それに対して、社会秩序は日常生活の細部を規則化し、どのように行為すべきかを積極的に定めようとする。[13]

社会秩序に関わるこうした問題は、この時代の西洋社会に新たに出現したものといえる。都市化や人口密集が進み、人とものの交通が増大するにつれ、都市の社会構成は変化し、貧民・放浪者・脱走兵などの周縁的社会層が大量に現れる。この動きに対して、有効な秩序編成原理としてもはや機能しない身分制的秩序構造に代わって、秩序問題への新たな応答として発明されたのが規律の装置だったのである。[14]

規律が法ではなく社会秩序に関わる権力のテクノロジーであるということは、それがポリスpolice（ドイツ語圏のポリツァイPolizei）によって掌握されるという事実に端的に示されている。フーコーは、ポリスを近代権力の系譜を語る上で欠かせない装置として重視している。一般的には王の専制の代名詞のように理解されているポリスであるが、実際には当時の社会秩序に関わる問題を引き受ける機構としても機能していた。フーコーはポリスの仕組みについて、「二重の入口」という表現をしている。「それ〔ポリス〕は、司法装置を回避しつつ、王の意志にじかに応じなければならないが、他方、社会の下層からの請願にも応じる力を持つのである」［*ibid.*, p. 216, 二一五頁］。つまり、既存の司法機構によらずに国王と臣民を結びつけ、福祉と秩序を実現しようとする官僚機構である。フーコーはポリスが有する二重性を、当時の封印状の機能を取り上げて説明する。封印状は、王が政治犯や国事犯などの政治的影響力を持つ人物を闇に葬り去るという役目だけがしばしば強調されてきた。だが実は、家族、親方、土地の名士、地区の住民、教区司祭などの求めに応じて、手に負えない子ども、騒動を起こす徒弟や奉公人、乱暴者や目にあまる不信心者などを拘禁するための手段でもあった。司法装置に訴えるほどではない、あるいは刑罰の対象にはならないような、不品行・放蕩・騒乱などの罪に制裁を加えることが望まれたのである。この封印状は、ポリスの機構と強く結びついており、ポリスを通じてその機能を果たしていた。[15]

以上からポリスの役目は、身分社会の構造によって規定された当時の司法機構からこぼれてしまう、社会秩序全般を対象とするものだったことが分かる。そのため、「それは社会全体と同じ広がりを持たねばならない装置である（…）このポリスの権力は「すべてを」対象にしなければならない」。つまり、「ほこりのような出来事・行動・ふるまい・世論――「起こるすべての事柄」」に関わるのである〔*ibid.*, p. 215, 二一四頁〕。そして、ポリスが生活のすべてに介入するための技術として用いたのが規律であった。社会体全域を覆う、恒常的な監視の網の目をはりめぐらすこと。この目的を達するため、ポリスの機構は各々の閉鎖空間での規律を媒介し、それらの施設以外の場所にも規律を広め、規律空間を相互に結合する。

以上のような、封印状およびポリスによる監禁を位置づけるにあたって、『狂気の歴史』ですでに注目すべき指摘がなされている。ここでフーコーは、法意識と監禁の実践とが別々の系譜を持ち、両者の間に異質性が存在することを示している。「前者〔法意識〕は、法権利の主体としての人格の経験に属し、そこではその人格のあり方と義務が分析される。これに対して、後者〔監禁の実践〕は社会的存在としての個人の経験に属する」。そして、「法権利の主体としての人間は、精神錯乱であるかぎり責任能力を免れている。しかし他方で、社会的存在としての人間は、狂気のために、罪を犯したもののそばに置かれかねない」〔Foucault 1961a : p. 144, 一五〇頁〕。つまり、法的主体としては精神錯乱は資格喪失を意味し、契約などの法的行為を制限される反面、法律上の罪を問われない。だが社会的存在としては、狂人は犯罪者とともに監禁されるのである。法的主体としての資格剥奪は、西洋世界の法の精緻化の中で中世以来問題とされつづけていた（奴隷、らい患者、犯罪者など)。それに対して、社会秩序の対象となる人間、ポリスによって秩序づけられ、封印状によって監禁される主体は、古典主義時代にはじめて対象として構成されたものである。そして、この法的主体と社会的主体という、別々の認識枠組みによって構成された二つの主体の間の相違、法に関わる存在としての人間と社会秩序に関わる存在としての人間との区別が、『監獄の誕生』へと受け継がれるのである。

規律権力は、法の外部で、法的権力とは全く別のやり方で形成され、展開していった新しい権力形態である。それは法よりも社会秩序、法的主体としてよりも社会的存在としての人間に関わり、日常生活の細部に関心をはらい、網の目をはりめぐらそうとする。この権力は『知への意志』において、法的権力と対比される、「生きさせるか死の中へ廃棄する」[Foucault 1976a : p. 181, 一七五頁 強調原文] 権力である「生権力 biopouvoir」の一つとして捉えられている。[16] ここでは、殺すことよりも「生のすべてを包囲する」[*ibid.*, p. 183, 一七七頁] ことの方が権力の最終目標となる。このような生権力の一つである規律権力が、司法の場である刑罰システムに導入されたことによって刑罰に何をもたらすのか。次節では、法的権力と規律権力の双方に関わる「監獄」について検討し、そこから近代権力の複層的特質について考察する。

3　法的権力と規律権力——近代権力の複層性

監獄への拘禁が主要な刑罰となり、法的権力とは全く別種の権力形態である規律権力が刑罰システムの中に導入されたことは、いかなる結果をもたらすだろうか。

それについて述べる前に、フーコーが規律権力を法的権力と異なるものとしてだけでなく、法に対立する「反‐法律」として捉えていることを押さえておく必要がある。規律の一般化の帰結について論じる中で、フーコーはまず社会の法的な枠組みと規律権力との関係を以下のように説明する「歴史的に見て、ブルジョアジーが一八世紀に政治上の支配階級になる過程は、明瞭で法典化された形式的平等主義の法枠組みの設定を盾に、また議会制ならびに代表制の体制の組織化をとおして庇護されてきた。しかし、規律の諸装置の発展と一般化は、この過程の目立たないもう一つの側面を組み立ててきたのだ。原理上は平等主義的な法権利の体系を保証した一般的法形態は、その基礎では（…）規律が組み立てる本質的に不平等主義的で非対称なミクロ権力の全体系によって支えられていたのだ」[Foucault 1975a : p. 223, 二二一—二二二頁]。法は万人の自由意志を主権の根本的審級とし、国家の基本枠組みを構成することに役立つ。他方で規律は、力と身体の服従および効率的利用を保証し、社会体の現実的な秩序と繁栄を生み出すことに役立つ。これによって規律は「形式的・法的自由の地下室」[*ibid*., p. 224, 二二二頁] となるのである。

そして規律は、単に法とは異なるタイプの権力を行使するだけでなく、「一種の反‐法律」[*ibid.*]となる。まず第一に、規律は契約遵守の義務という法的関係とはまったく異なる個別的な拘束関係を作り出す。それは一方の側により多くの権力を与え、立場の不平等や従属関係を再生産しつづける。第二に、「法体系が普遍的な諸規範 normes に基づいて法権利の主体に資格を付与する」のに対し、「規律は個人を等級に沿って配分し、規格 norme のまわりに分割し、相互に階層秩序化する」[*ibid.*, p. 224, 二二二―二二三頁][17]。そして、近代社会が法による権力の制限という一般的な枠組みを持っているとしても、日常生活の細部に広く行きわたり、普遍的な規範ではなく個別的な規格に従って常時非対称性を再生産する規律権力は、それとは別種の秩序を作り出してしまう。

こうした両者の本質的な差異から、規律権力を含んだ監獄への拘禁が主要な刑罰となることは、以下の帰結を生む。刑法典に明示された刑罰を犯罪に精確に適用するはずの処罰権力が規律権力へと変容し、刑罰による法権利の主体の資格再付与が犯罪者の調教に変わる（[*ibid.*, p. 225, 二二三頁]）。これをフーコーは、「規律の機構が法制度を植民地化する」[*ibid.*, p. 233, 二三一頁]と表現する。万人に平等に、普遍的に処罰を行おうとする裁判は、規律のもたらす一方的な服従強制にすりかわっていくのである。それによって、たとえば判決が確定したのちにも、刑務所での受刑者の行状が評価の対象となる。そこでは、どんな犯罪を犯したかではなく、受刑者の生活態度、それを通じて測定される非行性の度合いに応じて刑罰が修正される。このことは、処罰が違法行為そのものではなくその背後にある犯罪者に向かい、過去に犯した法律違反ではなく、個人が未来の社会に対して有する危険度を対象とするようになることを意味する。

「一九世紀法精神医学における「危険人物」概念について」〔Foucault 1978c〕においてフーコーは、犯罪よりも犯罪者に向かい、犯罪者を社会に対する危険度に応じて処罰することが、一八世紀の刑罰改革の理念とはまったく異なる帰結を生むことを指摘する（本書第4章参照）。「なぜなら、近代の刑罰制度は、ベッカリーア以来はっきりと、個人の行為についてだけ社会が介入できる権利を与えたはずだったからだ。法が定める違反行為だけに、制裁が可能なのだ（…）。しかしながら、行為の主体である犯罪者、のみならず行為をなす潜在能力をもつ危険人物を前面に押し出すことで、個人が誰であるかに応じて社会が介入する権利を与えてしまっているのではないか」〔Foucault 1978c, p. 463, 四四頁〕。そしてこうした重心の移動は、一八世紀の刑罰改革論者たちが望んだ、平等主義的で、前もって設定された一般的な法によってのみ規定される刑罰からすると、まさに「法外」なものなのである。[18]

以上のように、フーコーは法的権力と規律権力という二つの権力形態を対比し、両者の異質性と共存の両面を捉えることで刑罰史を描き直そうとした。ここで、フーコーの描いた刑罰史を、従来の刑法史における刑罰思想・制度の変遷と照らし合わせてみたい。

一般的な刑法史では、絶対王政の刑罰体系における裁判は糾問式で、文書中心、非公開、自白のための拷問などを特徴とした。また、個別の犯罪事情に応じた裁判官の自由裁量の余地がきわめて大きく、主要な刑罰は、苛酷で残虐な身体刑であったとされる。

近代の刑罰体系においては、まずこうした絶対王政における刑罰の恣意性を取り除き、市民を法によって権力の専断から保護し、また行為の予測可能性を高める（何が違法行為と見なされるかをあらかじめ知らせる）ため、罪刑法定主義の原則が採られる。そして、刑罰を純粋な応報と考えるにせよ、一般人に対する威嚇の効果（一般予防）を考慮に入れるにせよ、刑罰は犯罪という行為にのみ向けられるようになる。ベッカリーアやフォイエルバッハに代表されるこうした刑罰思想は、旧派あるいは古典派と呼ばれる。[19]

しかし、一九世紀に入り、ロンブローゾら犯罪学イタリア学派などの影響を受けて、ドイツのリストにはじまる新派（近代派あるいは社会派）が興る。新派の主張では、刑罰は個々の犯罪者の改善を目的とし（特別予防）、そのため犯罪者の性質に適合する個別的な刑罰が必要となる。過去の犯罪への応報ではなく、未来の改善に向けての目的刑が志向される。そのため形式的・客観主義的な罪刑法定主義の原則を緩和し、教育的・矯正的な目的に合わせた不定期刑を導入することが主張される。これにともない、受刑者の処遇問題を中心に、刑事政策に力点をおいた刑罰理論が展開される。犯罪よりも犯罪者を、過去よりも未来を志向する刑罰である。

新派の主張の背景には、一九世紀全般にわたる産業社会の発展を通じた社会問題の深刻化、非行人口増大、それに対する既存の刑罰の無効性があったとされる。そして、国によって取り入れ方や時期は異なるものの、西洋諸国でも日本でも、旧派との妥協や折衷の形をとりながら、新派の主張は実際の刑罰体系に徐々に浸透していく。[20]

本章で再構成してきた、法的権力と規律権力の複層性という歴史像は、刑法史のこうした流れに一つの補助線を引くものである。刑罰の変化は一九世紀に突然生じたのではなく、実は古典主義時代以来法の外部で作られてきた、規律権力の延長上にある。従来の刑法史では、普遍性・形式性・抽象性を志向する一八世紀啓蒙主義の限界という認識から、個別性・実質性・具体性を志向する「社会の時代」一九世紀に、刑罰の実質化・社会化を位置づける。だが規律権力という見方からすると、その系譜を一七世紀にまでさかのぼることができる。しかもそれは、社会秩序に関わる諸問題への対応策として、法の外部ではじまった動きの延長上にある。軍隊・工場・学校などの諸施設での規律権力の発達、都市におけるポリスの監視網の整備、貧民・浮浪者・軽犯罪者などの監禁への規律権力の適用、社会のさまざまな領域の規律を通じた秩序化のうちに、その萌芽が見られるのである。さらに、犯罪人類学や犯罪社会学、精神医学や犯罪統計などの一九世紀に勃興する学自体、古典主義時代から展開してきた規律権力を用いた監禁にその成立基盤を見出すことができる。規律という権力の型がこれらの学の土壌をなすのである。したがって、刑罰領域に生じた法体系や制度上の変化は、法的権力と規律権力との交差地点で、両者が交わることで生じた変化と考えることができる。法的権力と規律権力の異質性に注目すると、フーコーの歴史像を従来の刑法史とこのように対比することが可能である。

法的権力と規律権力の複層性と、それがもたらす法の実質化という視点は、対象を刑法という特殊領域から法一般へと広げた場合にも有効だろう。一九世紀を通じて出現する社会法は、それまで法の外部で処理されてきた「社会問題」へと法制化が進んだものである。社会国家・福祉国家における国家権力の肥大化につながるといわれる、こうした生のさまざまな領域での法制化の進展は、生命・生活を対象とする生権力、人々の生活の細部を社会全体の秩序に関わる問題として統治の対象としてゆく権力が、法領域に変容をもたらしたと見ることができるからである。[21]

しかしここで注意すべきは、法的権力とは別種の権力形態である規律権力が徐々に社会体全体に拡大、浸透するとしても、それによって法の領域そのものが消滅するわけではないということである。そこで、法的権力はなぜ現在にいたるまで存続したのか、それはいかにして生き残り、どのような効果をもたらすのかが問題になる。[22] これをフーコーは、法と規律の相互作用の観点から捉えようとしている。

まず、「一方の〔社会全体に広がる〕監禁システムと、他方の監獄への拘禁に際して与えられる法律および判決との大いなる連続性が、規律の機構とそれが実行する決定や制裁に対して一種の法的保証を与える」[Foucault 1975a : p. 308–309, 三〇一―三〇二頁]。法律や判決によって、規律の装置を持つ監獄が合法的なものとして認められると、実際に監獄においてなされる受刑者への権力行使のあり方自体は問題視されなくなる。さらに、社会全体に広がる規律権力の法外さ、非対称でつねに支配‐従属関係を再生産するその現実もまた、規律の場の一つである監獄への拘禁が正当な司法手続きを経た刑罰であることで、前面に出てこなくなる。

このことは、主権理論はなぜ一九世紀以降も存続したかに対する答えとして、一九七六年講義の中でさらに一般的に論じられている。「主権理論とそれを中心とする法典の組織化によって、法権利の体系が規律メカニズムの上に重なり、規律の実際のやり方を隠蔽し、規律の技術に含まれる支配と支配技術を目立たなくすることが可能となった」[Foucault 1976d : p. 105（1994 : p. 187），二五二頁〕。つまり、規律が法の枠組みによって保証を与えられ、権力をめぐる議論が法権利のモデルを想定してなされることで、実際には法権利のモデルでは捉えられない規律権力の行使そのものに照明が当てられなくなる。それによって、規律は権力に関する問いの外に置かれる。法権利の枠組みが存続したからこそ、規律権力はいっそう少ない抵抗で受け入れられ、普及したのである。「政治思想と政治分析において、われわれはいまだに王の首を斬り落としていない」。そのため「法権利という表象に還元しえない」〔Foucault 1976a : p. 117、一一五頁〕権力形態について思考できないままである。『知への意志』において表明されたこの批判は、権力を批判する者自身が法権利の語彙でしか権力を思考できないために、それとは別種の権力形態である規律権力を批判できないという事態を指している。

だがこれは、近代の法的枠組みが規律を背後に隠すための単なる幻想にすぎず、それを取り去ったところに唯一の真の支配様式である規律が現れるということを意味しない。法は規律を隠蔽するためだけに存続したのではない。法理論が作り上げた権利と契約の用語によってはじめて、万人が自らの自由意志に基づいて固有の権利を委任、譲渡することで形成されるという、近代民主主義国家の論理的な正当化が可能となり、そこから議会制民主主義が現実に基礎づけられた。この事実は否定できない。法は主権国家が作られるときにも、それが民主化されるときにも、つねにその理論的根拠を与える認識と思考の枠組みを提供してきたのである。

しかし、近代国家は形式的平等を実現する法の枠組みだけによって成立し維持されたわけではない。そこでむしろこう問うべきである。そもそも主権の民主化が可能になり、形式的な法の支配が実現したのは、その過程が規律のメカニズムに支えられていたからではないか。平等な社会、誰もが人間としての基本的な自由と権利を享受できる社会は、日常生活を秩序化し、家族・学校・工場そして監獄などの小集団内部での支配‐従属関係を形成し、それと同時に個人の身体が潜在的に有する能力と生産性を発揮できるようにするための機構なしには存続できなかったのではないか。法的権力は、禁止と許可の間に一般的な境界を定めることで行使される。そして、許可される範囲とは自由の領域である。絶対王政の横暴を批判した近代民主主義は、法によらない権力行使を否定し、一般化された法の定める範囲内での自由を保証した。しかしその自由は、法的権力とは別種の権力によるたえざる介入があったからこそ、現実的には可能になったのではないか[23]。フーコーの次のことばは、この問いへの答えと考えることができる。「自由を発見した「啓蒙時代」は、規律をも発明したのである」[Foucault 1975a : p. 224, 二二二頁[24]]。

規律権力は、法権利の枠組みが存続したことで社会体のすみずみに広がることができた。逆に普遍的で形式的な法の支配も、個別的で実質的な規律による秩序が現実に存在してはじめて可能となった、フーコーが描こうとしたのは、こうした法的権力と規律権力との相関関係である。法と規律は出自を異にし、その権力行使のあり方が全く異なるばかりでなく、しばしば相対立する。このことから、伝統的な法という介入様式が新たに出現した規律に取ってかわられ、法の時代から規律の時代へと移行するという単線的な歴史観を導き出すことはたやすい。しかし歴史の現実に目を向けるならば、法が規律に取ってかわられ徐々に消滅するのではなく、両者の複層性と相補性、互いに異質でありながら、というよりむしろ異質であるがゆえに支え合ってきたプロセスを分析する方が重要である。そしてこの著作以後、フーコーはこうした着想からさらに進んで、近代社会を形づくる複数の権力形態の系譜学を展開する。[25] そこでは、複数の異質な権力形態がいかに互いに対立し合い、拮抗し合い、にもかかわらず共存することで、全体としてどのような権力の効果を生み出すかが研究の主題となる。『監獄の誕生』は、この系譜学の基本モチーフをなす、法的権力とそれとは異質な社会秩序に関わる権力である規律権力との西洋近代社会における複層性という視点をはじめて示した著作である。その意味でこの著作は、一つの画期をなすのである。

コラム3　ベンサム問題

本章は、東京大学大学院総合文化研究科相関社会科学専攻（現在は国際社会科学専攻）『相関社会科学』第五号（一九九六年）一三―二九頁に掲載された論文をもとにしている。

発表当時はポストモダンがまだまだ熱く語られ、とりわけ哲学や文芸批評から社会や政治への展開に注目が集まっていた。なかでもフーコーの規律権力論は大流行中だったが、『監獄の誕生』の構成の複雑さと、そこで「法」概念が果たす役割の重要性に言及したフーコー研究は少なかった。『監獄の誕生』が身体刑／規律の二層構造ではなく、身体刑／刑罰改革の法体系／規律の三層構造でできていることの意味を明らかにするというのが本章のテーマで、これはのちの『ミシェル・フーコー――近代を裏から読む』［重田 2011］に生かされた。だが、『監獄の誕生』のテキストクリティークを含めた詳細な議論は、本章の中でしか行っていない。

同時期に「フーコーと法」というテーマは法哲学領域で一定の関心が持たれるようになっており、法とノルム、法と規律、社会法、そして保険社会における法などをテーマとする研究がなされていた。たとえばハント、ウィッカム『フーコーと法』［Hunt, Wickham 1994］、ゴールダー、フィッツパトリック『フーコーの法』［Golder, Fitzpatrick 2009］や、日本では中山竜一［中山 1995a, 1995b］、関良徳［関 2000］などが論じている。

本章では、たとえば言説的実践／非言説的実践の区別の是非に言及しており、またフーコー論のスタンダードとしてドレイフュス、ラビノウ［Dreyfus, Rabinow 1982］を挙げている。今となってはその意味では時代性も感じられる。その言説／非言説の区別によって何を問題にしていたのかよく分からないところもあるのだが、当時はフーコーの方法論についての議論がとにかく盛んだった。読んでも理解に資することがない論考が大量に書かれたが、変幻自在に見えるフーコーのやっていることに一貫性を見出したいという要望が強かったことの表れでもある。

　こうしたポストモダンの衒学的雰囲気に呑まれて、皆が右往左往していた。その中で、論じるほど不分明になる方法論的アプローチを避け、歴史に向かうことが得策だと考えていた私自身のスタンスが、この論文にすでに表れている。とりわけ社会を記述し社会規範を吟味する学問の歴史（社会科学の歴史）を参照することが最も有意義だという直感のもとに、本章は書かれている。玉石混交のフーコー論が量産された当時の一種異様なブームの中で、この論文での立場選択は一つの挑戦でもあった。

　本章で論じられている事柄のうち現在も注目されるべきテーマとして、フーコーの思索において『監獄の誕生』以降顕在化する「ベンサム問題」がある（いま勝手に名づけたに過ぎないが）。これはフーコーを読んでいるとさまざまな場面で出くわすのだが、本章で取り上げたテーマとの関連では以下のようになる。フーコーは身体刑に代わる刑罰改革の言説を規律と対照的なものとして描いている。そしてベンサムの刑法論は、刑罰改革の言説と規律の双方に関係している。彼は刑法史上ベッカリーアと同じく「一般予防」論者に分類されてきた。他方で彼がパノプティコンを提案したことは、フーコー自身が描いたとおりだ。さらにベンサム自身はそれらの主張が矛盾なく両立すると考えていた。フーコーにおける両者（一般予防論とパノプティコン）の対立的な描写と、ベンサムにおける両者の共存とをどう理解したらよいのか。また、フーコーは規律を暗い秘密の技術として、身体刑の公開性と対照的に描くが、ベンサムにとってパノプティコンは公開性の原則、「世論の法廷」の道具でもあった。パノプティコン書簡における、ベンサムの「明るい」規律空間の描写には当惑させられる。では規律は秘密のテクニックなのか、ベンサム流の民主化に不可欠な公開性の装置なのか。さらに、ベンサムは刑務所改革を施設運営の採算問題と結びつけて捉えており、経営の視点を重視して刑務所民営化を提唱していた。市場と経営におけるマネジメントを導入するベンサムの発想は、フーコーの規律の特徴づけとは相反するように見える。これをどう捉えればいいのか。より一般的な観点からいうなら、ベンサムは法の役割・機能における「間接性」に注目している。これはフーコーが『監獄の誕生』で論じた身体刑の体系と刑罰改革の表象の体系のいずれとも異なる第三の法の捉え方、むしろフーコーがいう「自由主義の統治」における自由な行為の誘導に近い法の捉え方である。

つまりベンサムには、表象の体系‐罪刑法定主義‐一般予防の考えと、規律の技術についての詳細なプラン、さらには間接立法を通じた行為の誘導という新自由主義にも通じる人のふるまいへの働きかけのアイデア、この三つがあったことになる。これらはフーコーの図式では互いに別々の権力の様式として捉えられているが、ベンサムの中では共存している。このあたりにフーコーの「ベンサム問題」がある。

この点については『統治の抗争史――フーコー講義1978-79』第一〇章でも検討したが、未解決の点が多い。これをテーマとする研究として、[Brunon-Ernst 2012, Brunon-Ernst ed. 2016] [Laval 2011] を挙げておく。これらの研究は、現状ではベンサム研究の土俵からフーコーの議論の不十分さを指摘した内容の論考が多く、フーコーをよく知っている(そしてベンサムをよく知らない)側からするとフーコーの取り上げ方が断片的で不満も多い。しかし、刊行中のベンサム全集との関連、また新時代の統治としての「アーキテクチャー」「ナッジ」型の統治とベンサムとの親和性など、このところブームとなっているベンサム研究の展開におけるこの問題の扱いに注目していきたい。

第4章　一九世紀の社会統制における「社会防衛」と「リスク」

はじめに

近代は、すべての人を抽象的・一般的な「人間」と見なす虚構によって秩序を構築したとされるが、実際には個人をさまざまなやり方で種別化し、管理する方法を発見し駆使することで社会秩序を見出したのではないか。近現代社会において、人間を個人として同定するためにどのような方法がとられているのか。子ども、大人、女性、男性、既婚者、給与所得者、そして犯罪者、精神異常者などのさまざまなカテゴリーへの人間の分類は、いかにして行われているのか。そうした分類によって作られる人物像は、社会秩序の構築・維持とどのように関わっているのか。

フーコーが一九七八年に発表した論文「一九世紀法精神医学における「危険人物」概念の展開」［Foucault 1978c］は、「危険人物」という人間像の出現を例に、これらの問題について考察した論考である。本章では、この論文を中心に *Dits et écrits*（『ミシェル・フーコー思考集成』）に収められたいくつかの論考を見てゆくことで、この時期のフーコーの思想に照明を当ててみたい。

はじめに、この論文とフーコーのその他の仕事とを関係づけ、その重要性を明らかにしておく。まず方法論の面では、この論文は、認識枠組みや思考様式の生成と変容への関心と、権力あるいは人と人との相互行為を秩序づける「型」への関心との双方をつなぐような視点で書かれている。フーコーの思想の展開については、一九七〇年代前半に言語や認識から権力へと重点の移行があったとしばしば言われる。しかし、彼が権力について考えようとする際にも、複数の学問領域の枠組み自体を変えてしまうような特定の概念に注目していることが、その権力分析の独創性を支える重要な要素となりつづけている。概念に注目して認識枠組みの変容を描くというそれまで採ってきた方法を、社会的実践や相互行為の分析に活用することではじめて、フーコー独自の権力分析が可能になっているのである。[1]

この時期のフーコーは、認識や思考の可能性の条件を、人間の行為を整序し秩序づける「型」としての権力の問題と関わらせて思考するようになる。ある概念が社会的実践の編成において果たした役割に注目することで、なぜその概念が特定の時代に強いヘゲモニーを握り影響力を持ったかを解き明かそうとするのである。この意味で、権力の問題と認識の問題を相互に関係づけることで成立する独自のアプローチが明瞭に示されているこの論文は、フーコーの方法論を検討する上で格好の材料となる。

つぎに内容面でも、『狂気の歴史』『監獄の誕生』や「統治性」についての研究において対象とした時代よりも後の時期の社会統制のあり方について論じた、数少ない論考の一つである。これらの諸研究でフーコーは、一七世紀から一八世紀の西洋社会における社会統制のあり方の変容を、「法からノルムへ」というコンセプトで捉える作業を行ってきた。この論文では、こうした枠組みを一九世紀末にまで拡張し、当時現れた新しいノルム化の方法について考察する糸口を示している。

また、この論文は一九七五年のコレージュ・ド・フランス講義およびセミナー（[Foucault 1975]）をもとにしている。さらに、この年のセミナーでの関心の延長上に行われた一九七九年のセミナーで、参加者がさまざまな法領域や社会政策分野ごとに一九世紀末の変化を報告しており、その後ここから多くの成果が生まれている。[2]

この論文の日本語での内容紹介はすでに金森修によってなされているので（[金森 1994：第一〇章]）、ここでは「危険人物」という像が浮かび上がってくる際に鍵概念となった、「殺人偏狂」「変質」「社会防衛」「リスク」の諸概念に的を絞り、それをポリスや社会保障制度など、「法からノルムへ」の変容をもたらした統治実践のための諸装置と関連づけながら分析を加えてゆくことにする。

1　「殺人偏狂」

フーコーは、精神医学が一九世紀に新たな社会編成の基礎を提供する「科学」としての地歩を固めてゆく際に画期をなす、二つの時期に注目している。第一の時期は一八二〇年代であり、第二の時期は世紀末から二〇世紀はじめである。

第一の時期は「殺人偏狂 monomanie homicide」概念の出現によって特徴づけられる。この概念に注目する理由として、まず精神医学者がこの概念を武器に司法機構の中で地位を得、他方で司法関係者の側でも偏狂概念の受け入れを通じて、精神医学の司法への介入を容認しはじめたことが挙げられる。

「殺人偏狂」は、ピネルの後継者の一人であるエスキロールが唱え始めた疾病分類の一項目である。これは局限された狂気、部分的妄想を意味するモノマニー（単一狂）の一種で、特定の傾向、行動、妄想などにおいて病的であるが、他の面では正常な、つまり部分的な狂気である。[3] 殺人偏狂は殺人以外にいかなる症候も示さず、そのため予測不可能な狂気とされた。さらにそれは、非常に残忍な理由なき殺人行為に駆りたてる狂気として、一九世紀はじめにヨーロッパ各地で起きた、いくつかの残虐な近親者の殺人に関連して語られた。つまり、いつ、どこで姿を現すかを予知できないが、家庭などのごく身近な場所に潜み、恐怖の的となるような狂気の像が生まれたのである。

フーコーは『狂気の歴史』で、ピネルらによる「狂人の鎖からの解放」を、それまで非理性の一部であった狂気の認識論上の種別化と、アジール（保護院）への監禁という実践を同時に実現する営みとして記述した。この論文ではこの事実を受けて、テュークやピネルの努力によって苦心の末区別され、別々の場所に収容されるようになった狂人と犯罪者との間に、一九世紀になぜまた近縁関係を見出そうとしたのか、その理由を問うている。

最初の答えは、医学が有する「公衆衛生」としての機能に求められる。当時の精神医学および一八世紀以降の医学全般の発展は、この機能と切り離すことができない[Foucault 1977b]。一八世紀以来、「生存、居住、食料に関して固有の条件を有し、固有の出生率と死亡率を持ち、固有の病理現象(伝染病、風土病、幼児死亡率など)を有する」[Foucault 1978c : p. 450, 二八―二九頁]実在としての「人口」が、社会秩序を構築するにあたって管理されるべき対象として浮上してきていた。そして人口管理のためのさまざまな技術が編み出される中で、医学もまた人口や社会体の健康管理という役割を担うようになる。これによって医師は、とりわけ都市の人口過密地帯において深刻であった衛生に関わる問題を監督し、社会秩序構築を阻む危険の一つである病気を管理する技術者となったのである。ここで精神の病を扱う精神医学者が、社会にとっての危険を管理する専門家としての役割を示すためには、「殺人偏狂」という極端な形態での危険人物のイメージは好都合であった。

第二の答えは、司法装置の一部である刑罰機構の変容に求められる。ここでフーコーは、『監獄の誕生』で論じた、一九世紀初頭の法典編纂の原理と処罰実践の原理との不一致というテーマ[4]を再び取り上げている。監獄への監禁の実践において用いられた「規律」という権力技術は、過去の犯罪に対する処罰よりはむしろ未来に向けての犯罪者の矯正を目指していた。この矯正という目的を達成するために、犯罪者がどんな種類の人間なのか、その性質や性癖に関心が向けられるようになってくる。そのため、精神医学者が提示する殺人偏狂という概念が司法の場で受け入れられるとともに、医師による鑑定が司法装置の中に組み込まれてゆくことになる。

ここでフーコーは、『狂気の歴史』以来くり返し取り上げてきた監禁の諸実践に注目し、そこに見られる社会統制の方法の共通性を指摘している。それによって、近代社会において狂気と犯罪との間にある種の「近接性」がなぜ生まれるかについて、一つの答えを与えている。犯罪者と狂人とは、社会体にとっての危険という共通の要素を持っており、しかもいずれも、その人物の性質を特定した上で長期にわたる治療や矯正を施されるべき客体として、監禁空間で規律に服するような存在である。ここで、保護院と監獄がともに危険人物を管理するための装置であることが、「殺人偏狂」概念を手がかりに説明されている。

2 「変質」「社会防衛」「リスク」

つぎにフーコーは、一九世紀末から二〇世紀初頭の時期を取り上げる。最初の犯罪人類学国際学会（一八八五）が開かれ、プリンスの『社会防衛』（一九一〇）が出版された時期である。

ここでとくに重視されるのは、「変質 dégénérescence」概念である。この概念をはじめて唱えたモレルは、偏狂概念を否定し、それに代わるものとして変質論を展開した[5]。モレルの変質論においては、社会的・後天的な原因も若干は認められるものの、変質者の大半は遺伝によって本能を冒されており、その種は四代目で絶滅するとされた。マニャンはモレルの変質論から宗教的色彩を払拭し、ダーウィン進化論における退化・退行に当たる現象として位置づけ、身体的・心理的な多くの変質徴候 stigmata を列挙した（[Ackerknecht 1957] 第七章を参照）。

フーコーは、変質概念および背徳症 moral insanity や、本能的狂気、本能的錯乱、倒錯などの諸概念がこの時期に果たした役割について、以下のように述べる。まず、殺人偏狂におけるような例外的な残虐行為だけではなく、軽犯罪から重犯にいたるすべてを網羅しうる医学用語が見出された。精神異常者がその狂気のゆえに犯罪を犯すことを示す法精神医学上のカテゴリーが多様化し、屍姦（一八四〇頃）・窃盗狂（一八六〇頃）・露出狂（一八七六）・男色・サディズムなど、さまざまな犯罪行為の原因となる異常が「発見」されてゆく。フーコーは、こうした発見の背景に、一九世紀を通じた警察ネットワークの発達による軽犯罪の摘発の増加、また取締りの強化を要請した社会紛争・階級闘争・武力蜂起の頻発といった「社会不安」の増大があったことを挙げている。[6]

さらに、変質概念が果たした最も重要な役割として、それがイタリア学派の犯罪人類学に直接の影響を与えたことが挙げられる。イタリア学派の創始者ロンブローゾは、人間と獣との雑種、進化の古い段階の遺物である「生来的犯罪者」の学説で著名であるが、フーコーは新しい刑法体系の構築を目指した法学者ガロファロの『犯罪学』（一八八五）に注目し、イタリア学派が古典的な刑罰理論の根本的な枠組みをすべてくつがえそうとしたと論じている。

イタリア学派の刑罰理論の特徴は、次のようにまとめられている。第一に、法的責任概念を完全に捨て去り、行為における個人の自由度（自由意志に基づく行為であったか否か）ではなく、社会にとっての危険度に応じて刑を定めようとする。第二に、責任能力なしと見なされている狂人や異常者が、実は最も危険な存在であるとされる。第三に、刑とは処罰ではなく、社会防衛のための装置である。したがって、責任能力の有無ではなく、改善可能性の有無による区別がなされるべきだとされる。第四にここからの結論として、犯罪への社会の対応には、徹底的除去（死や監禁）、一時的除去（治療）、相対的部分的除去（断種や去勢）の三つのタイプがありうる（[Foucault 1978c : p. 458, 三八頁]）。

ここで、イタリア学派及びベルギーのプリンス、ドイツのリスト（日本では牧野英一など）を含むいわゆる新派刑法学の主張が、古典学派とどのように異なっているかについて整理しておく。[7] ベッカリーア、ベンサム、フォイエルバッハなどの一八世紀の古典的な刑罰理論においては、刑事司法は法－犯罪－処罰のトリアーデによって成立していた。法的責任能力を認められる個人による犯罪行為に対して、法を典拠として処罰が与えられる。背後には自由意志に基づいて行為する「人間一般」の想定があり、刑罰の目的は威嚇・諫止（カントにおいては応報、ベッカリーアらにおいては一般予防）であり、法への違反は社会契約への違反とされた。これに対して新派刑法学は、社会－犯罪者－治療と除去というトリアーデからなる。まず、処罰の根拠は法＝契約の存在ではなく、社会の防衛にある。そして、犯罪行為そのものよりはそれを引き起こした犯罪者の性質の方に関心が向けられる。また、刑罰は行為への報復や一般人への威嚇ではなく、社会に適合できない特定の犯罪者の治療や除去という意味合いを持つ。ここでは、自由意志によって行為する一般的な人間は想定されておらず、犯罪を犯す性向や身体的・心理的特徴を持った特定の種の人間を社会への危険度に応じて処遇することが目指される。
「社会防衛 défense sociale」はここでのキー概念であり、刑罰の根拠・目的、そのあり方のすべてを変容させる中心となっている。社会にとっての危険の一要素としての犯罪者は、精神医学者、犯罪学者、心理学者などのエキスパートが扱う対象となり、彼らエキスパートはすでに現実となった危険への対処（治療や監禁）だけでなく、その予防にも取り組む、「社会の衛生管理」を扱う専門家となるのである。[8]
犯罪人類学の極端な生物学主義、頭蓋の容積や人相・身体的特徴などにまつわる偏見を科学の装いのもとに犯罪者のイメージの中に投げ込むやり方自体は、法学者や犯罪原因として社会環境を重視する学派から多くの批判を受け、その後の刑罰理論において信用を失ってゆく。おそらく、通常の刑法史や犯罪学史においては、犯罪人類学の「似非科学主義」、人権を無視した迷妄は、ナチスの優生政策や犯罪者の染色体異常説などにおいて復活を見せるものの、刑罰の理論と実践の大きな流れはより穏健な古典的法理論との融合に向かってゆくということになるのだろう。だがフーコーは、犯罪が問われる地盤、何に基づいてどのような処罰を行うかの基本的な思考においては、刑罰の理論と実践は現在にいたるまで、犯罪人類学と土台を共有する部分を持っていると考える。社会秩序をいかに構築し、維持するかの方法に関わるレベルでは、われわれの生きる社会は、一九世紀末から二〇世紀初頭の刑罰に関わる議論から出てきた認識枠組みを引き継いでいるのではないかというのが、彼の問題提起である。
これについて検討するため、フーコーは刑法の変容に関わる議論をいったん離れて、この時期に民法領域で生じた思考のあり方の大きな変化に注目する。それは、「事故・リスク・責任の概念」[Foucault 1978c : p. 459, 四〇頁]をめぐるものである。一九世紀における産業化の進展によって、第三者に帰せられるべきリスク（労働者を事故の危険に晒す雇用者、乗客や居合わせた人を事故に巻き込む鉄道業者など）や、現場での些細な過失によって事故を引き起こした当人が民法上の責任や損害賠償を負いきれないケースが目立つようになった。世紀後半には深刻な影響を与えはじめていたこうした事態に対処するため、雇用者や企業経営者に「過失なしの責任」を問えるような民法体系の構築が目指されるようになる。この過程で、社会における営みが不可避に有するリスクの量と性質が特定されることによって、一九世紀は法と責任の社会から保障 sécurité 社会への移行を経験する。[9]

この民法領域の変容が、刑法内に犯罪人類学の考え方を受け入れ可能にしたというのが、フーコーの図式である。自由意志-責任ではなくリスクという用語で事故や犯罪など社会にとって「ネガティヴな」要素を捉えることで、生来的犯罪者や変質者、犯罪者的人格などを、その人間が社会の中で持つリスクとして考えられるようになるからである。フーコーはこうした「民法から刑法への影響」という視点に立ち、刑事司法が犯罪者の存在をリスクとして管理するための枠組みを民法領域から借り受けることで、犯罪が責任能力を持つ人間の自由な行為であるか否かを問うこと自体、回避できるようになったとする。過失なしの責任という民法領域の考えと、自由なしの刑事責任という犯罪人類学の考えが合流するところに、危険な存在である犯罪者から社会を防衛するという、刑罰の基本枠組みが成立したとするのである。

3　統計学的秩序

フーコーがこの論文で述べていることは、だいたい以上である。ただしこの論文は、刑罰領域での変容という限定された事柄を主題としながら、社会編成のあり方の変化、社会秩序構築の新しい方法の出現というより広い射程を有する議論へとつながっている、そのことを示すために、「リスク管理」という発想とこの時代の統計学的認識との関連について述べておきたい。それによってここで論じられていることが、「法からノルムへ」という近代社会編成についてのフーコーの見取り図の一部をなしていることが明らかになるはずである。

事故を「当事者に責任を帰属しえない社会的リスク」として捉える見方が民法領域で普及するにつれて、保険による事故処理が広範に行われるようになった。これを技術的に可能にしたのが統計学の発達である。保険そのものの歴史は古いが、それが日常的な社会生活全般にわたる諸事象をカバーするようになるのは、数理統計学の出現以後のことである[10]。例えば特定の職種や作業状況における事故の頻度（確率）を知るための正確な統計データと、それを解析するための数学的手法が見出されなければ、社会保障の制度化は不可能であった。一九世紀前半から確率計算が社会統計学に応用されるようになり、「大数の法則」をはじめとして社会の大量現象の中に規則性が発見されるようになる。それによって、単なる数字の列挙や数え上げ（政治算術）でもなく、国家の状態の記述（国情学）でもない、数学を用いたデータ処理に基づく社会統計学が成立した[11]。

統計学において社会事象が確率として把握されるようになってはじめて、「民法家たちが、〔過失に代えて〕原因結果に関する確率とリスクという概念を法の中に持ち込む[12]」ことも可能となったのである。

社会防衛という概念は、民法領域においてリスクという考え方がもたらしたのと同じ変化が刑法領域にもたらされたことを示している。犯罪者は自由であろうとなかろうと、犯罪に対する可能性・蓋然性・確率、つまりその人物が持つリスクの度合いに応じて制裁を受ける。事故であれ犯罪であれ、社会が不可避に有するリスクをどのように管理するかという観点から、保障が与えられ、制裁が加えられることになる。

さらに、社会の防衛を目的として人が有するリスクを計測するということは、身体的（生物学的）・心理的に、また社会的にも、基準となる「正常さ」からの偏差 déviation の度合いを計測することを意味する。身体計測から出発した社会統計学は、身体的特徴に限られない人間の行為や性格、道徳性や生活態度に関わる多種多様な統計を用いて、何が正常かを数値として明らかにし、そこからの偏差として異常性の程度を数量化してゆく。

ケトレが兵士の身長と胸囲の計測において社会集団の中に見出した「正規曲線 normal curve」を、最初に「ノーマル」と形容したのは生物測定学者 biometrician・優生学者で『遺伝的天才』（一八六九）の著者ゴールトンであるとされる。彼と「正規曲線」という語を作り出したピアソンとによって、物理量として計測不可能な知能などの領域へと統計学の対象が拡張された（[Porter 1986] を参照）。「危険人物」はもはや大衆の恐怖の的となる例外的怪物ではなくなり、正常な人間像の陰画として、統計分布の左寄り（場合によっては右寄り）に位置する存在となる。それによって、社会集団の内部に、つまり統計データの一部としてその位置を与えられながら、逸脱の度合いを計測され管理されるようになるのである。

一九世紀の統計学史を通じて、集団の計測によるデータ全体が形づくる曲線そのものの正常性（曲線の正規性）についての議論が、個人のデータが分布の中心に近いほど正常（規範的）であるという評価へとくり返し結びついてゆくのが見られる。[13] ここでは、フーコーが『監獄の誕生』で描いた規律化におけるように、与えられた細密な規則にかなった模範的なふるまいという無限遠点に個人を近づけることではなく、多様な個人を正常なもの（＝正規分布の中心）のまわりに位置づけ、そこからの距離を測ることで全体と個を同時に管理することが目指される。

これは規律化とは別の、もう一つのノルム化の方法である。フーコーは法とは別の用語で近代の権力と政治について思考しようとする際、「ノルム」という語に注目し、規律がノルム化 normalisation を通じて実現されることを明らかにした。[14] リスクの度合いの測定による正常と異常の程度の把握は、規律とは別のしかたでのノルムにしたがった統治を示している（［Ewald 1992］を参照）。

フーコーは、犯罪人類学が極端な形で示した「危険人物」像を、一九世紀末のこうした新しいノルム化の方法と関連づけている。リスクとしての犯罪者から社会を防衛するという発想は、統計学による正常性の度合いや事象の異常性・危険度の数値化と結びついている。「前世紀の遺物」となったはずの犯罪人類学の人種主義的、差別主義的で人権を無視した主張の背景を掘り起こしてゆき、それが時代の思考枠組みに根ざしたものであることを示すことで、こうした枠組みが、われわれが生きる現在にもつながる社会管理の方法の一部となっていることが示されている。

おわりに

ノルム化がはらむ問題点を摘出しようとすることは、この論文が書かれた当時のヨーロッパやアメリカにおいて、ノーマライゼーションとソーシャルワークの機能や役割が問われるようになっていたことと深く関係している。非行者や障害者のノーマライゼーション（施設収容や隔離ではなく一般社会における生活の中で保護や指導を行うこと）の展開と、それと相即したソーシャルワークの役割の増大は、ノーマライゼーションの考え方の起源、ソーシャルワークの歴史的意味についての問いを生じさせた。こうした状況の中で、フーコーは非行者のノーマライゼーションを監獄からの「解放」として積極的に歓迎すべきであるという考えには懐疑的であった（[Foucault 1972]を参照）。解放を別の意味での管理のはじまりであるとするなら、そこで採られているのがどのような方法で、いつどういう社会状況の中でどのような要請に対して生まれてきたのかを明らかにすべきだという考えが、「危険人物」論文が書かれた動機となっている。

そしてこうした問いの背景に、近現代を「人間一般」を尊重し、解放する時代ではなく、個人をさまざまな種類に振り分けるための分類法を編み出し、その分類のどれかに含まれるような個人を作り出し、管理し、統制することで社会秩序を構築・維持しようとする時代として描くという、フーコー独特の歴史像が存在している。[15]

コラム4　福祉国家の危機

本章は『現代思想』第二五巻三号（一九九七年三月号）一六四—一七一頁に掲載された論文をもとにしている。本書の他の章との関係がやや複雑なので、ここで簡単な見取り図を提示しておく。

コラム2で示したとおり、フーコーは一九七五年以降、法的権力（主権、死への権利）、規律（監視と処罰）、生政治（セキュリティの装置、自由主義の統治）といった概念を駆使して、近代における統治性の展開史を跡づけていった。このなかで、本章で取り上げた一九世紀の社会防衛論、あるいはリスクの犯罪学の位置づけはどのようなものだろうか。フーコー自身は、規律とは異なる新たな権力のモードを描こうとする際、自由主義経済学が用いるような「自由と欲望の活用」に興味を向けた。この方向は、本章で取り上げた「危険人物」論文の議論とは異なっている。この点は、本書第8章1節でのリスクについての概念的整理、また第7～9章での統治性研究の再現を参照してほしい。

フーコーの「自由主義」への転回は、それまでの彼の興味関心からすると唐突で周囲を驚かせるものだったと思われる。というのは、フーコーは一九七一年の「監獄情報グループ」（このグループについては［重田 2011］第一三章で紹介した）結成あたりから、刑務所とそこでの監禁に強い興味を抱き、一九七一年一一月二四日にはじまるコレージュ・ド・フランス二年度目の講義タイトルは、「刑罰の理論と制度」であった［Foucault 1971-72］。この年から四年にわたり、「処罰社会」（一九七三年一—三月）「精神医学の権力」（一九七三年一一月—一九七四年二月）「異常者たち」［Foucault 1975］（一九七五年一—三月）という、『監獄の誕生』および『知への意志』とテーマを共有する講義がつづく。これらの講義においてフーコーは、フランスおよび近隣諸国での「異常者」とその処遇をめぐるさまざまな言説と実践を取り上げた。このように周縁者の歴史を発掘する中から、規律権力の登場を描く『監獄の誕生』のアイデアが形をなしていったと思われる。

「危険人物」論文のもとになるトロントでの講演は一九七七年に行われたものだが、とりわけ「モノマニー（殺人偏狂）」と「変質」概念を軸に精神医学における異常者の析出を二つの時期に分けて論じる構成は、「異常者たち」講義の図式を踏襲している。ここでフーコーは、一九世紀半ば以降の精神医学の展開に注目し、そこから二〇世紀にいたる周縁者の管理と統制のあり方を展望しようとした。つまり「異常者たち」時点でのフーコーは、「規律権力」論の延長上に現代を見通すことを試行していたことになる。

ところが彼は、一九七八年にはこれとはかなり異なった歴史像を提示する。フーコーが注目した時期は一八世紀半ばで、このころ決定的に新しい統治スタイルが現れたと考えるようになるのである。そこではもはや、周縁者、異常者、犯罪者、病人などに限定された議論がなされるのではなく、「人口」と呼ばれる、国家を構成する人々の集合体、あるいは国民全体の統治が取り上げられる。その意味で、「危険人物」論文のテーマや、七〇年代前半の講義のうち『監獄の誕生』でも『知への意志』でも取り上げられなかった部分については、その後の展開へと引き継がれないまま中途で残されたといえる。

しかしこのテーマは、記事にならなかった単なるスクラップ帳ではない。というのも、当時フーコーの周囲で研究を進めていた、コレージュ・ド・フランスのセミナー参加者たちを中心とするグループは、フーコーの一九七〇年代前半の講義および『監獄の誕生』での問題提起を、「福祉国家の危機」をめぐる同時代フランスの状況と結びつけて理解していたからだ。このことは彼らを、福祉国家の思想史のたどり直しの作業へと誘った。その成果が、フーコーの精神医学への関心に近く、精神病者の扱いの変化をリスク概念と関連づけて示したカステル『リスクの管理』[Castel 1981]、雇用の激変の中での賃労働およよび貧困問題を扱った『社会問題の変容』[Castel 1995]、福祉国家を「職業的リスク」および「労災」概念の出現と関連づけて捉えるエワルド『福祉国家』[Ewald 1986]、共和制が社会問題にいかに対処してきたかをフランス革命から連帯主義を経て同時代の福祉国家の危機にいたるまでたどったドンズロ『社会的なものの発明』[Donzelot 1982]などである。この中に最近になって日本語に訳された著作が複数あることからも分かるとおり、これらの研究には、現代を捉える射程の長い優れた業績が数多く含まれていた。

こうした著述家たちは、フーコーの統治についての講義を参照しながらも、彼らの眼前の問題だった「福祉国家の危機」に立ち向かうため、新自由主義よりむしろ福祉国家の系譜学を企てた。そしてそこから、現代を捉える鍵概念として「リスク」が浮かび上がってきた。ではその際、フーコーの議論はどのように生かされただろうか。その一つの道筋が、本章でも取り上げたエワルドによるノルム概念の再検討であった。エワルドはノルム概念を、個人を規律化する「尺度」としてのノルムと、集団のリスクを管理する「基準」としてのノルムに二分し、一九世紀以降後者の重要性が高まったと指摘している[Ewald 1992]。

フーコー自身は「危険人物」概念に関連して、ここまではっきりと二つのノルムの違いについて述べてはいない。彼が規律的な介入と集団的リスク管理の違いを明確にするのは、一九七六年の講義「社会を防衛しなければならない」と、同年出版の『知への意志』においてである(本書第8章5節を参照)。それ以前の講義内容に基づいて行われた「危険人物」についての講演では、こうした区別よりもむしろ、ある特定の個人が社会にとって危険な存在とされる場合に用いられた、さまざまな異常者のカテゴリーが話題の中心となっている。つまりここでフーコーは「集合的リスク」を、法/規律/自由主義の統治の三分割を基本とする自身の権力についての理論のうちに明確に位置づけているとはいえない。その後も自由主義の統治と、ここで危険人物との関係で取り上げられたリスク概念とがどうつながっているかについて言及することはなかった。その意味で「危険人物」論文は過渡期にあたる考察である。フーコー自身はその先に進むことなく自由主義とセキュリティへと考察の中心を変えたが（ただし、一八八〇年代以降の社会防衛論についてのフーコーのセミナーが、一九八一年にベルギーで行われている。本書第8章註3参照。）、フランスでフーコーの周囲にいた若い研究者たちは、『監獄の誕生』や七〇年代前半の講義の枠組みに各々の現代的関心を結びつけ、福祉国家の危機、ポスト福祉国家時代における人々の生と労働と救済の問題を論じていった。

彼らが行き着いた先が、リスクのコントロールを通じて人々を統治する現代社会像であったという意味では、フーコーとポスト福祉国家の論者たちの間で、たどった道は異なるがその先に描き出す社会像には共通するところも多かった。フーコーによる自由主義の検討は「ネオリベの席巻」の時代に大いに参照されたが、新自由主義への懐疑が強まりそれに代わる経済政治体制の模索がある種のトレンドとなっている現在では、やや状況が異なってきていると思われる。むしろ、本章で取り上げたようなリスク概念と周縁者との関連づけや、それを前提としてフーコーの影響を受けた研究者たちによって八〇年代以降に公表された福祉国家史の見直しに、再度注目する必要があるのではないだろうか。

「社会的なもの」と市場との関係にはさまざまなバリエーションがあり、そこに多様な統治が展開してきた。福祉国家におけるリスクの扱いと「第三の道」路線におけるその修正、あるいは自由主義の統治に倣った「自己責任」「自発性」「自律と競争」の取り込みなどの試みを、集合的リスクを管理する多様なあり方の一つとして捉えることができるだろう。世界中でグローバリゼーションと自由化路線への不信と反撥が起こっているものの、かといってそれらへの反動としてのナショナリズムや保護主義には多くの問題があり、現在の世界は取るべき道を見出せず混乱のなかにある。

いま、混沌とした時代における未来へのヒントを過去に求めるとするなら、福祉国家の形成とその危機への対応の概念史は、とりわけ多くの示唆を含んでいると思われる。

II
近代国家の系譜学

第5章　戦争としての政治　一九七六年講義

はじめに

フーコーの「権力」研究について、私はこれまで次のような見取り図で考えてきた。『狂気の歴史』〔Foucault 1961a〕から『監獄の誕生』〔Foucault 1975a〕にいたる一連の研究の中で、フーコーは徐々に近代権力の「実践（相互行為）」の側面を意識するようになる。そして『監獄の誕生』において近代権力の一タイプとして「規律権力」を見出し、また『知への意志』では抑圧の仮説を批判し、権力の生産性と「生きさせる権力＝生権力」を定式化するにいたった。同時に『知への意志』ですでに、規律権力とは別タイプの権力として、生政治の存在をほのめかしていた。そして、規律権力と生政治の二種の権力が、一九七八年以降、統治という概念の内部に位置づけ直されることになる。

しかし、『知への意志』における生政治についての唐突な言及の背後には、一九七六年のコレージュ・ド・フランス講義全体を費やした、「政治を戦争の用語で語ること」の検討があった。そしてこの講義には、nation 概念の組み替えに関する重要な解釈が含まれている。おそらくこれが、一九七八年、七九年の「統治性」についての講義が生まれる直接の契機となった。つまり、彼の近代権力研究の到達点である統治性研究が生まれてくる思考過程において、戦争としての政治についての考察が鍵となる役割を果たしていたわけである。

したがって一九七六年講義は、『監獄の誕生』から統治性研究への彼の思考の深まりを知るうえで欠くことができないものである。それだけでなく、戦争としての政治という見方にフーコーが与えた両義的な評価は、彼の近代権力についての考え方全体を理解する上でも一つのポイントになる。

フーコーが戦争としての政治言説を代表する思想家として最も重視したのは、アンリ・ド・ブーランヴィリエであった。そしてそれに対抗する新しい nation の言説として、彼は主にシエイエスを取り上げている。

本章では、ブーランヴィリエの「政治的」nation 論をくつがえした思想家として、シエイエスではなく、ブーランヴィリエよりやや年少の英国人、デイヴィッド・ヒュームを取り上げたい。ヒュームの思想がいかなる意味でブーランヴィリエの nation 論をくつがえすというよりむしろ無効にするかを見てゆくことで、一八世紀中葉の西欧世界における政治の言語の根本的な変容が明らかになるはずだ。これによって、フーコー自身は明示的に述べなかった一九七六年講義と一九七八年・七九年講義の関係について、一つの理解が得られるはずである。

さらに、これまでもっぱら政治思想よりは経済思想としての先駆性が注目され、経済と社会の観点から当時のヨーロッパを理解した人とされてきたヒュームが、その独特の政治論と経済論の配置を見るかぎり、それまでの政治思想に強烈なダメージを与え、政治の領域と用語を変革したことを示したい。この論考はあくまでフーコーの行った研究に寄り添いつつ、その一つの解釈を示すものである。だが一方で、ヨーロッパ政治思想史研究の流行から距離を置いて強靭な思考を展開したフーコーを導きの糸とすることで、一九七〇年代以降「コンテクスト主義」の政治思想史が流行させたスコットランド啓蒙の解釈枠組みについても新たな見方ができるようになる。これらを通じて、「現在を照射するための政治思想史」を企てる可能性が開けるのではないかと考えている。

1 「恐怖する人」の法言説

一九七〇年代半ば以降、フーコーは「法的主権 la souveraineté juridique」の用語で権力と政治を捉えることを強く批判していた。このことは、『監獄の誕生』における法的権力と規律権力の区別、また『知への意志』における法的権力と生権力との対比を通じてすでに知られている[1]。だが、彼が法の用語の特異性を明確な形ではじめて示したのは、一九七六年講義においてであった。この講義で、戦争と闘争としての政治、つまり「クラウセヴィッツの原則をひっくり返した」〔Foucault 1976 : p. 41, 五〇頁〕ものである、「政治とは別の手段でつづけられる戦争に他ならない」〔*ibid.*〕というテーゼの歴史的系譜が検討された。フーコーによると、このテーゼ自体は早くも一七世紀には流通していたもので、むしろクラウセヴィッツの方がすでに広まっていたこの原則を、「戦争とは、結局のところ、政治の継続に他ならない」〔*ibid.*〕という形に言い換えたに過ぎない。

ではこのテーゼ、つまり政治を戦争、闘争、対立、抗争によって捉える思考の系譜をどのようにたどればよいのか。戦争と政治と聞くと「すぐに思い浮かぶのが、ホッブズの名前である」〔*ibid.*, p. 77, 八九頁〕。たしかに、ホッブズの主著のタイトル『リヴァイアサン』には戦争のイメージがつきまとってきた。聖書のヨブ記などに出てくる海の怪物から取られたというこの書名自体、恐怖や戦争を連想させるに十分である。しかもそれが国家（コモンウェルス）の別称であることを知り、さらに現在でもよく知られている口絵の図像を見ると、巨大な人造人間が武器と権威によって支配する国家という、戦争における勝者、征服者としての政治的支配者のイメージがいやが上にも強まってくる。さらに、自然状態についての記述がある。『リヴァイアサン』第一部一三章で展開された自然状態論においてホッブズは、共通の権力を持たない（自然状態における）人間たちは、つねに万人の万人に対する戦争の状態にあるとした。

しかしフーコーは、ホッブズを戦争の思想家とは真逆の存在だという。むしろ「ホッブズの言説は、戦争に「否」を唱える」〔*ibid.*, p. 84, 九七頁〕ものである。このことを示すため、フーコーは

『リヴァイアサン』の中から二点に絞って検討している。一つは、ホッブズ国家論全体に占める自然状態の位置であり、もう一つは国家（コモンウェルス）の性格である。

まず自然状態の位置づけであるが、これについてフーコーは、ホッブズ解釈の中でも長い間論争がつづいている問題を取り上げている。それは、コモンウェルスが設立された後、つまり社会状態 civil state において、自然状態が完全に払拭されているかどうかという問題である。フーコーは、『リヴァイアサン』第一三章で自然状態のリアリティを経験的に証拠立てようとした、ホッブズの有名な例を引き合いに出す。ホッブズが挙げる例は、旅に出るときに人が武装すること、また家にいてさえ金庫に鍵をかけることである。さらにホッブズは現存する自然状態として、アメリカの「野蛮人たち」の関係、そして主権者間の国際関係の例を挙げている。

ホッブズが社会状態においても自然状態の暴力と恐怖が残存すると考えたか、あるいは国際関係が永遠の自然状態であると考えたかを、ここでこれ以上追求する必要はない。戦争としての政治言説との関連で注目すべきは、ホッブズが自然状態における戦争の要素をどのように処理したかである。

フーコーは、ホッブズの自然状態における戦争は、現実の戦闘を指し示すものではないという。それは「武器にも拳にもよらず、解き放たれた原初の力にもよらない」もので、「血も死体も存在しない」［*ibid.*, p. 79, 九二頁］。ホッブズは、社会契約が締結されそれが有効でありつづけるための条件としてのみ戦争を考えた。そのためここには、戦争の「表象、表明、しるし、強調された表現、計略、嘘」［*ibid.*］だけが存在すれば事足りる。つまり、実際の戦闘や現実の戦争ではなく、戦いが起こる可能性を皆が思い浮かべる状態、他者が自分を襲ってくるかもしれないというおそれ、他者もまた自分をそのように考えるであろうという予測だけで十分である。このため、フーコーのホッブズ解釈では、「戦争状態を特徴づけるのは、本質的に平等な敵対関係の中での無限につづく一種の外交」[*ibid.*, p. 80, 九三頁] なのである。

ホッブズは自然状態論の同じ箇所（第一三章）で、戦争の状態を実際の戦闘のみならず戦争への意志が存在するところすべてに見出している。この部分はしばしば、ホッブズが自然状態をきわめて広く捉え、たとえば武力を後ろ盾とするあらゆる国際関係を戦争状態と見たことの例証とされてきた。あるいは市民が武器を持って自衛を試みるすべての場合を戦争状態に含み込むような、戦争を遍在させる世界観の表れとしても見られた。だがフーコーは、この部分を全く違ったしかたで理解する。フーコーにとっては、ホッブズは通常の外交を戦争に引き寄せて考えたのではなく、逆に戦争を外交へと還元したのである。したがって、社会状態の中に自然状態における戦闘の延長を見たというよりは、自然状態における戦争の中に一種の社会性、外交と交渉のきっかけとなる「戦いの表象」を見たということになる。つまり、社会の出発点たる自然状態において、リアルな戦争、実際の戦闘がなされる必要はなく、人間の思考、表象のレベルで作用する戦争の予期だけで十分なのである。

二番目に、ではこうした戦争の予期としての自然状態から、いかにしてリヴァイアサンが生み出されるのか。ここでもフーコーは、ホッブズが国家の起源としての戦争と征服を回避していると指摘する。まず、国家形態のうち最もよく言及される「設立によるコモンウェルス」（『リヴァイアサン』第一八章）においては、戦争の回避は明白である。人々は戦争と掠奪に対する疑心暗鬼の状態に終止符を打つため、自分たちとは独立の第三者人格に、自らをフィクションによって代表 represent してもらう。[2] ここでは平和と保護を得るために、統一体としてのコモンウェルスを設立する意志が明白に表現されている。

問題となるのはむしろ、獲得によるコモンウェルスである。ここでは、リアルな戦闘を伴うように見える征服がすべてのはじまりで、征服者が支配者、被征服者が服従者となる。ところがホッブズが注目するのは、征服者が支配者として定立されるプロセスである。ここで被征服者は、服従を拒否するならば戦闘をつづけることができたはずである。そうしなかった場合にのみ、獲得によるコモンウェルスが成立する。「ここにもまた主権の関係が存在するのはなぜか。被征服者が生と服従の方を望んだなら、それによってまさに主権を再構成したのである。征服者を代表者とし、戦争によって打ち負かされた主権者に代わって、新たな主権者を再び打ち立てたからである」〔*ibid.*, p. 82, 九五頁〕。この場合も、殺されることの恐怖が戦闘への意志を上回る場合にのみ戦争の回避が選択され、それによって主権者が据えられる。設立によるコモンウェルスとの違いは、「自分たちの主権者を選ぶ〔設立によるコモンウェルス〕人々は、互いへの恐怖によってそうするのであって、彼らが任命する人〔主権者〕に対する恐怖によってではない。だが、今の場合〔獲得によるコモンウェルス〕には、彼らは、自分たちが恐れるその人に服従するのである」〔Hobbes 1651 : p. 163,（二）七〇頁〕。だが、恐怖から信約を結ぶという点で、両者は共通している。[3]

つまり獲得によるコモンウェルスができるプロセスにおいても、服従への意志が主権成立の条件とされることで、その前に存在したはずの戦争と征服という事実がかき消される。ここでフーコーは、ホッブズによる征服と戦争の消去の論法に注目している。「征服という問題は、したがって、一方で征服の前にある万人の万人に対する戦争という概念〔自然状態における戦争の表象〕と、他方でその後に来る恐怖に駆られた被征服者、戦闘後の夕べにおける彼らの法的に有効な意志〔獲得によるコモンウェルスにおける服従の意志〕とに分解されてしまう」〔Foucault 1976 : p. 85, 九八―九九頁〕。こうして、リアルな戦闘、歴史のある時点で特定集団と別の集団とが戦い、血を流し、死者を出し、征服者と被征服者を生み出す戦争は、ホッブズの政治体構成の論理から姿を消す。フーコーにとって、ホッブズはどこまで行っても社会契約と主権の用語で思考する法学者であり、国家を正当化する言説の担い手であった。つまり、フーコーがそこから離れることをきわめて強く意識していた、法と権利の用語で権力を思考する理論家だったのである。

フーコーは、これ以上ホッブズの批評に深入りすることなく先に進んでゆく。だがここで有体に言ってしまうなら、ホッブズの描く人間は臆病者である。片手に剣（軍事力）、片手に笏杖（王の権威）を持って屹立するリヴァイアサンなしには、隣人に掠奪され殺されるかもしれないという恐怖に駆られ、征服者には徹底抗戦ではなく命と引き換えに自らの意志で服従を選び、リヴァイアサンが作られれば処罰の恐怖に打ち震えて法と正義を遵守する。もちろんホッブズは一方で、人間が憎悪や嫉妬に満ちており、他人を陥れ自らは栄誉に浴することを望むといったさもしい情念に取りつかれているため、平和と安全が自然には訪れないことを、執拗に描写している。これは、人間本性と秩序に関する一種のペシミズムとも受け取れる。だが、コモンウェルスができるまでの論理構成を見ると、こうした燃え立つ情念を抱えた人間像は、強大なリヴァイアサン設立を正当化する要因として作用していることが明らかになる。放っておくと奪い合い、蹴落とし合い、最後には戦争をはじめてしまう人間たちという像は、リアルなものとしての戦争を際立たせるためではなく、戦争が起きることへの恐怖の情念を呼び起こし、戦争を避け、平和のための信約を結ぶことの呼びかけとして機能している。自然状態における虚栄に満ちた人間たちが政治社会成立の直接の原因となるという意味で、ルソーが述べたように、ホッブズの自然状態にははじめから社会性が入り込んでいる。[4] そしていずれにせよ、死の恐怖は虚栄心に打ち勝つのである。

私はここで、ホッブズのこうした人間像を「ブルジョア的」と捉えるつもりはない。というのも、ホッブズの人間は後で見るようなブルジョアジーの積極的な構成要素を備えていないからである。[5] ホッブズの人間は大した違いのない他者との比較における上下関係でしか自己を捉えることができない空疎な人間である。ただし、次に見る戦争の言説と比較するとき、ホッブズの人間は勇気や気概、戦闘心といった「戦士の徳」からはほど遠い臆病者であり、その意味で「近代人」なのである。

2 「戦う人」の歴史言説

1 法的言説と戦争の言説

フーコーが一九七六年講義で主要な対象とした戦争の言説とは、ホッブズがその法‐主権的な言説構成を用いて迂回 contourner しようとしたものである。これについてフーコーは、「ホッブズはこの戦略的な対抗言説 discours vis-à-vis stratégique を論駁したかったのではなく、消滅させ、不可能にしてしまいたかった」[*ibid.*, p. 84, 九八頁]という。ここでフーコーが、「vis-à-vis stratégique」という奇妙なことばで考えているのは、次のような事柄だろう。

フーコーは言説分析を行う際、共通する規則に従う言説群の存在に注目した。ある言説と別のそれとが一つの事柄をめぐって対立し合うなら、二つの言説は同じ土台を共有しているといえる。たとえば、ホッブズの社会契約論とモナルコマキ(暴君放伐論)とは、「君主が古き正義の原則に従わないとき、主権者たるその人物を追放することには正統性があるか」という事柄に関して、対立した見解を示していた。しかし、この対立が成り立つ条件について考えてみると、彼らはともに「正統な支配とは何か」「正義とは何か」「主権はどのような場合に、いかなる方法で制限されるか」といった、法と契約と主権に関わる政治の用語を使って思考していることが分かる。このように、一連の用語が共通の土台の上で用いられることではじめて、ある言説と別の言説との同一平面上での対立関係が成立するのである。[6]

ところが、ホッブズの法‐主権的言説と戦争の言説とには共通の土台がない。用いることば、あるいは同じことばであってもそれが置かれる文脈が全体として異なっているため、両者は同じ平面上で対立し合うことができない。そのため、ホッブズは自らの言説の一貫性の中で戦争の言説を消去することはできても、それを同じ土台の上で論駁することはできないことになる。

フーコーはホッブズの理論とは異質なこの戦争の言説の登場を、「一種の歴史的パラドクス」［*ibid*., p. 41, 五〇頁］だとしている。なぜなら、中世から近代初期にかけて、実際の戦争においては徐々に中央集権化が進んでいったからである。それを通じて、戦争は国家の占有物となり、国家内の個人対個人、下位集団対下位集団の私的な戦争は消失し、国家に属さない武力や軍隊もなくなっていった。ところがその過程に逆行するかのように、新しい言説が生まれた。この言説が新しいとされるのは、それが「社会についての最初の歴史‐政治的言説」であり、既存の「哲学‐法的な」言説とは全く異なっていたからである」［*ibid*., p. 42, 五一頁］。さらにこの歴史‐政治的言説は、永続する社会関係としての戦争、権力関係の基礎としての戦争の言説でもあった。

フーコーはこの言説が、一七世紀イングランドにおける政治闘争の中ですでに明確に定式化され、次いでルイ一四世治世末期のフランスに見出されるとする。イングランドではこうした言説は、エドワード・コーク、ジョン・リルバーンなど、ブルジョア寄りあるいは民衆寄りといったさまざまな立場から、王権に対抗し議会や民衆の尊重を訴えた人々に担われた。一方フランスでは、貴族の権利回復を主張したアンリ・ド・ブーランヴィリエに利用されたが、一八世紀の終わりには全く逆に、ブルジョアジーの政治的権利を要求したエマニュエル‐ジョセフ・シエイエス

Emmanuel-Josephe Sieyès（一七四八―一八三六）らによって用いられた。つまり、戦争の言説は意図も目的も異なるさまざまな陣営に利用された。にもかかわらず、そこには共通するものの見方、ことばの使い方が存在するのである。

これらの言説の特徴を、フーコーはホッブズの言説と対照させながら説明している。ホッブズにおいては、戦争を終わらせるために、あるいは仮想の戦争が終わるところに主権が打ち立てられ、法と正義に則った政治がはじまる。ところがこれらの言説においては、国家とその法は、現実の戦闘における勝利と敗北、殺戮や征服から生まれ、「法の下においても、あらゆる権力メカニズムの働きの内に、戦争は猛威をふるいつづける」［*ibid*., p. 43, 五三頁］。制度や秩序は平時にも戦争によって動かされつづけるのである。万人の万人に対する闘争を終わらせるための統一されたコモンウェルスは存在しない。その代わりに、対立する二つの陣営、武力を持ち敵対する二つの集団が据えられる。社会は永続する戦争によって分断され、統一的な階層秩序はすべて幻想、まやかしであるとされる。われわれの権利と彼らの権利は永久に融合することなく、一つの普遍的な権利への統一はなされない。

さらに、ホッブズは情念を統一的主権の設立と存続の要因として無害化したが、ここで情念は戦いをつづけさせるもの、永続する戦争へと人間を駆り立てるダイナミックなエネルギーとして作用する。偶然に晒された歴史の中で、どちらかの陣営について戦う非合理的な情念のうちに、歴史と社会の真理が発見されるのである。

2　一七世紀前半のイングランド

フーコーはイングランドにおける戦争の言説として、権利の請願（一六二八）へと結実する、エドワード・コーク Edward Coke（一五五二―一六三四）に代表される議会派の主張を最初に取り上げる。コークは、外国人による支配（ステュアート朝）に対抗すべく、中世以来イングランドで用いられてきたとされる「サクソンの法 droit saxon」（コモンローあるいは基本法）を持ち出し、その正当性を主張した。これが一七世紀はじめの国王（ノルマン）と議会（サクソン）の対立へと重ね合わせられ、権利の請願における国王行為の制限の主張へとつながってゆく。議会派は、国王はノルマン人の末裔であるが、サクソンの地と民を支配する以上サクソンの王権の継承者でもある、したがってサクソンの法の遵守を要求することは、歴史によって保障されたイングランド人民の正当な権利であるとする。ただしここでは、サクソン人の権利を正当化するため、古来の法、諸身分の慣習的権利、コモンローの歴史的妥当性といった弁証方法が取られており、国王の行き過ぎを正し、古くから存在する諸身分間の調和とバランスを取り戻すことが重要であった。その意味で、法解釈学の用語に依拠すると同時に、諸身分の調和という中世的な秩序観念の延長という側面を有していた。

その後の動乱期をなすピューリタン革命期におけるレヴェラーズやディガーズになると、その立場はいっそう民衆寄りのものとなる。[7] 敵対と戦争の言説は、一一世紀のノルマン人による征服以降に作られた、あらゆる法の廃止の要求にまでつきすすんでゆくのである。彼らは、征服者こそ正統な支配者であると主張する王権に対抗するために、同じ征服という事実から出発する。だが彼らにとって征服は、絶対王政（ステュアート朝）における諸法の正統性ではなく、サクソン人がノルマン人に打ち負かされ、古来の法が失われてしまったことを示す出発点となる。「法は罠である。というのも、法は権力の限界であるどころかその道具なのだから。法とは正義にかなった統治を行うためではなく、〔支配者の〕利益に奉仕するための手立てなのだから。ここから革命の第一目標は、直接間接に「ノルマンの軛《くびき》」をもたらしている、ノルマン人の征服以降のすべての法を廃止することに行き着くのである」〔Foucault 1976 : p. 93, 一〇七頁〕。

フーコーはこれに加えて、レヴェラーズの代表的人物であるジョン・リルバーン John Lilburne（一六一四―一六五七）による、現存の財産と所有権もまた、征服による財産没収や掠奪によって生まれたもので、すべて無効であるという考えを示している[8]。さらにディガーズにおいては、一般民衆は征服者による財産の掠奪に抗議し、しばしば反抗（すなわち戦争）を企ててきたという歴史的な主張がなされる。そして、征服者と被征服者の戦いの中で、法と権力と政府が作られ、作りかえられてきたのである。ここで戦争は、ホッブズにおけるように法と政治権力の前に、あるいはその欠如として、それを必要とする初期条件としてではなく、法そのもの、政治そのものとして捉えられている。戦争こそが政治であり、政治とは敵と味方との間で、彼らとわれわれとの間での永続する戦いに他ならない。

ここでフーコーが強調しているのは次の二点である。まず、彼らの主張がノルマン対サクソンという、王党派対議会派の対立の中で培われた用語法の延長上にあること、つまり敵と味方を二分する闘争の言語で政治史と政治権力を捉えようとしていること。第二にそこから、司法装置と政治権力についても「誰が何のために」という敵味方関係における戦略の中で理解しようとしているることである。つまり、彼らの急進性は、すべての法と政治権力の背後に権力闘争を読み込む方向に進んでいったのである。ここで法は、異なった部族間の対立を調停する約束事（諸身分の調和を保障することば）から、征服者や権力の簒奪者による捏造物という地位に貶められることになる。

3 フランスにおける戦争の言説

フーコーは、中世からルネサンスにかけてのフランスでは、自分たちの来歴を語る次のような物語が流布していたという。すなわち、フランス人とはフランク族の末裔であり、そのフランク族は、古代ギリシャ人たちによって攻められたトロイ人たちがトロイの町を捨て、ドナウ川沿いを逃げ、つづいてライン川に沿ってゲルマン地方に至り、最後にフランスに到着し、ここを祖国とした種族である。これをフーコーは、フランスの起源を語る際、ローマやローマ支配下のガリアをすっぽり抜き取ってしまうことで、フランス王国はローマ帝国の一部ではなく、ローマ同様トロイからの直接の分枝であると主張し、ゲルマンの皇帝が支配する神聖ローマ帝国からの離脱を正当化するための戦略であったとする。では、トロイから一直線につながっているフランス人という、この伝説を壊したのは誰なのか。

古代から間断なくつづく王朝の正統性という、中世・ルネサンス期の物語に終止符を打つ歴史叙述は、フーコーによると、宗教戦争のただなかに出版された一冊の書物にはじまる。すなわち、聖バルテルミの虐殺の翌年に出版された、フランソワ・オトマン François Hotman（一五二四―一五九〇）の『フランコガリア』〔Hotman 1573b〕である。[9] この本の著者オトマンは、当時ユグノーの代表的論客として知られ、また、「一六世紀最大の法学者の一人」〔佐々木 1973：三三頁〕とも言われる人物であった。『フランコガリア』においてオトマンは、フランスにおける王国基本法の正統性を歴史的に弁証するというヒューマニスト的な手法を用いて、カトリック王権による新教徒弾圧を絶対王政による暴政へと読み替え、穏健君主制こそがフランスの伝統であると説いた。

『フランコガリア』の叙述の中で、フーコーがとくに重視するのは最初の数章である。そこでは、まずローマによる征服以前のガリア人の生活、次いでローマの侵入、そしてフランク族によるローマの追放が描かれている。ここには直接宗教的な事柄は描かれず、むしろ「フランス人の起源は、どこから来た何人、何族で、それはどのような歴史的事実に基づいているか」という民族史的な視点が前面に打ち出されている。これは、イングランドでカトリックの王と新教徒の人民という対立が、ノルマン対サクソンという種族の対立として把握されたことになぞらえて理解することができる。当時、宗教的対立や宗派の相違を、教義上の正統性の問題としてではなく、民族的なルーツに結びつけて理解する言説群が存在したということである。

オトマンによると、フランス王国の起源はトロイにはない。フランス人はトロイの末裔ではなく、ガリアの地に住んでいたのはガリア人であった。彼は、ローマ支配以前のガリア人の生活を、古代ローマに残された言い伝えを主要な引用源としながら描き出してゆく。当時ガリアの地はいくつかの地域に分割統治されていた。ガリア人はティラニーを嫌い、一人の王や一つの地域の支配に服することなく、すべての地域が参加する集会を有していた（『フランコガリア』第一章）。また、ガリア人は独自の言語であるガリア語を話した（第二章）。つづいて、カエサルの侵攻によって最終的にローマの属州となったガリアがいかに隷従を強いられたかが描かれる。オトマンによると、ローマ人たちは、経済的搾取、ローマ法の強制、ローマから派遣された行政官 magistrat による統治という、三重の従属をガリアの人々にもたらした（第三章）。こうしてローマ人の支配下に置かれていたガリアの地にやってきたのがフランク族である。オトマンはフランク族がトロイの末裔であるとする説を斥け、その起源はゲルマン系であるとする。そのフランク族が、ガリアの地をローマ支配から解放するのである（第四章）。ここからオトマンは、フランク族による「解放」後のガリアがいかに巧みな法制度を有し、選挙王制による混合政体を維持したかを描く（第五章以下）。

つまり、フランク族はもともと種族的に近しい関係にあるガリア人を、ローマという異国人の支配から解放した。そして両種族は共同で、調和と秩序に満ちた政治体制を作り出したのである。オトマンの時代のフランス王は、こうした古き伝統を忘却していることを、非難されているのである。ローマ的ティラニーは異国からの輸入品に過ぎない。オトマンの主張は、ローマ的ティラニーによって破壊された王と人民の古い絆を回復し、フランスに再びフランコガリア流の調和と秩序をもたらすことにあった。ガリア人とフランク族は「同じ nation」［Foucault 1976 : p. 106, 一二二頁］に属するのである。

この意味で『フランコガリア』は、フランス王国における種族の分断と闘争を描くことを目的とした書物ではない。むしろ種族間の調和的統一を理想としている。しかしこの本の中にすでに、ガリア人、ローマ人、フランク族、王国基本法、王権のローマ化、ガリアの言語、長髪で戦争好きのフランク族、ゲルマン諸族のコンスティテューショナリズム、五月野会など、のちにブーランヴィリエが「敵対の政治」を語る際の登場人物、トピックの多くが出揃っているのである。

こうした登場人物を、オトマンとは別のしかたで配置し、フランスにおける nation の分断と闘争を描いたのが、アンリ・ド・ブーランヴィリエ Henri de Boulainvilliers (Boulainviller)(一六五八―一七二二)であった。ブーランヴィリエは由緒ある伯爵家の主で、膨大な分量に上るその家系図によれば、ブーランヴィリエ家の祖先はシャルルマーニュの時代である「八世紀にフランスにやってきた」[Simon 1941 : p. 10]。ブーランヴィリエ家は古い家柄ではあるが困窮状態にあり、その財政事情に彼は生涯苦しめられたという。また、五人の弟妹のうち三人が幼少時に死去している。自身も最初の妻との間に四人の子があったが、二人の息子はいずれも一〇代で死に、また、四人目のお産で妻にも先立たれた。再婚後は子どもができず、公的にもその教養に見合った栄誉を受けることなく不遇であったという。こうした境遇の中、彼は歴史のみならず、哲学や占星術といったさまざまな領域に知的好奇心を持ち研究と執筆に励んだが、著作はいずれも死後刊行である。[10]

ブーランヴィリエの学問的背景として重要なのは、彼がスピノザ哲学、とくに『神学政治論』に強い関心を示していた点である。ブーランヴィリエはスピノザ同様、現世の事柄に神の摂理が無法則に介入してくる奇跡信仰を否定した。その結果、此岸の政治における力の要素を重視することになる。さらに彼は、力の衝突としての政治という見方を、古代以来の支配と征服の歴史の中に投影してゆく。以下、フーコーが「戦争と闘争の政治」のラディカリズムを徹底させた人物とするブーランヴィリエの歴史像を、フーコー自身の叙述に拠りながら示してゆく。

フーコーが注目するのは、ブーランヴィリエがその歴史叙述を敵対の政治かつ nation の政治として描きつづけた点である。ブーランヴィリエの時代、nation という語はどのように用いられていただろうか。フーコーは、「この時代の nation とは、領土の統一性や、何らかの〔ローマ的な〕帝国 imperium への従属システムによって定義されるものではなかった」とする。「nation は国境も、定まった権力システムも持たず、国家を持たない。（…）La nation、というより «les» nations とは、身分規定 statut を共有し、習俗、慣習、何らかの特殊な法、国家法というより身分規定上の規則としての法を共有する、諸社会、人々の集まりであった」〔Foucault 1976 : p. 117, 一三四―一三五頁〕。そしてこうした nation、固有の風俗習慣を共有する人の集まりとしての nation が歴史を語りはじめるときから、歴史には「誰が語るのか」という問いがついて回ることになる[11]。ブーランヴィリエはきわめて自覚的に、貴族による、貴族という nation のための歴史を語ろうとした。それを出発点として、フランス史のあらゆる事柄が再解釈されることになる。ブーランヴィリエの立場は、反絶対主義であると同時に反ブルジョアジーであった。その点からすると、封建貴族の擁護者として彼は反動であったが、フーコーはこうしたウルトラ反動の中に、政治を闘争の言語で語る最もラディカルで先端的な表現を見出すのである。ブーランヴィリエにとっての nation とは、フランク族に他ならない。フランス人とフランク族は同義なのである。では、オトマン以来フランスの「素材」となってきた、フランク族よりはるか昔からこの地に住みついていたガリア人はどう扱われるのか。

ブーランヴィリエによると、ローマ支配はガリア社会の基本構造を徹底的に破壊した。ガリアに侵入したローマ人は、自分たちに対立する唯一の軍事力であったガリアの戦闘的貴族制を非武装化しようとした。そのために取ったのが、ガリアの貴族と平民の平等化という方法であった。独裁を実現するため優越者を劣った立場に貶めることを、平等化の美名のもとに実行するのは、ローマでなされたのと同じ手口であるとブーランヴィリエは考えている。こうした平等の名の下での独裁に反対したガリアの貴族たちは、カリギュラによって殺戮されてしまう。これを機に、ガリアの貴族は、非軍事的な存在、単にガリアの富をローマ人が収奪するために利用しうる行政的貴族へと堕した。ブーランヴィリエにとっては、支配層へのローマ法やラテン語の浸透は、文明への同化といったローマ的解釈とは全く異なり、絶対主義と独裁体制の証左に他ならない[12]。

こうしてローマ化されたガリアは、ブーランヴィリエによると内部から腐敗していた。ガリアの貴族は非武装化されていたため、ローマ人はゲルマン人の侵入に直面して傭兵を用いるしかなかった。ガリア人は傭兵として雇われるとともに、そのための費用も徴収された。こうして経済は疲弊し、傭兵の例にもれず軍紀は乱れ、国土は荒廃した。ガリアの地が数の少ないフランク族の侵入に容易に屈したのは、こうした内側からの弱体化によるところが大きかったのである。ここにはローマ人の盛衰に関する、法的ではなく社会経済的、そして政治的な分析が見られる。

一方、四―五世紀にガリアに侵入し、その地を征服したフランク族とはどんな人々なのか。ガリアの地に入ったあと、初期フランク族支配時代の「フランク族の nation の状態」についてのブーランヴィリエの叙述には、彼がこのころのフランク族社会に見出した理想状態が表現されている。ブーランヴィリエによると、フランク族はローマ人がガリアの地から消滅させようとしたもの、すなわち戦闘的な貴族制を有する種族であった。傭兵とは正反対の、自ら武装するこの貴族戦士たちは、王に限定的な役割しか与えなかった。戦争の時には長 chef を置きその指揮に従ったが、平時における王は文民の行政官 magistrat にすぎず、しかも戦士集団全体の同意によって選出される選挙王制であった。「つまり、少なくとも平時には、権力が最小で結果として自由が最大の社会だった」[*ibid.*, p. 131, 一五〇頁] のである。

フーコーはフランク族の戦士たちにおけるこの自由を、以下のように特徴づける。「ここでの自由は、独立の意味での自由ではなく、根本的な点で他者を尊重するような自由ではない。ゲルマンの戦士が享受した自由とは、本質的にエゴイズムの自由であり、貪欲と戦闘好きの自由、征服と掠奪の自由であった」[*ibid.*]。フランクとは、残忍であること féroce を意味し、ここからニーチェの「自由とは残忍さである」という定義が出てくる[13]。ブーランヴィリエは「フランクの戦士」という大柄な金髪の野蛮人を、ヨーロッパ史の主役として登場させたのである。ブーランヴィリエによるとこの獰猛な野蛮人たちは、ローマ帝国型の統治形態を拒絶した。彼らは戦時の長に平和のときにも強大な権限を付与することを否認し、ガリアの地に住みついた際、それぞれが土地の一部を自分のものにした。これが封建制のはじまりとなる。こうしてガリアの地で、戦う人たるフランク族、耕す人たるガリア人という役割分担が生じ、封建的農奴制が成立する。

次にブーランヴィリエが描くのは、こうした理想の封建制がいかにして崩壊していったかである。このプロセスは、一方で強大化する君主権力、他方でそれを支えるための軍隊の傭兵化と、王の知的な擁護者となった古いガリアの貴族たちによって進展する。本来フランク族においては、戦時の長と平時の magistrat は同じ人でなくてもよかった。また、magistrat は複数でもよく、むしろ nation たる戦士たちによって選出されることが重要であった。ところが、ヨーロッパの他地域同様王権の世襲化によって、戦時の長と平時の magistrat の区別がなくなり、一人の王が世襲によって受け継がれるようになる。それにともなって、王は他の封建領主たちの反抗を抑えるために傭兵を雇い入れ、他方で自らの権力基盤を強化するため、教会に逃げ込んでいたガリアの貴族たちのラテン語とローマ法の知識を利用して、王権のローマ化を行う。これによって、ラテン語を知らず、ローマ法にも興味を持たないフランク族の戦士貴族たちは、徐々に王権を正当化するローマ的知の支配によって周縁へと追いやられる。土地も権利も王の周りにはりめぐらされた知と権力の集積によって簒奪されるのである。

フーコーは、このようなブーランヴィリエのフランス史を、「教会とラテン語と法的実践という抜け道を通じて、いかに戦士的貴族制を飛び越した君主制と民衆との同盟ができあがったか」[*ibid.*, p. 136, 一五五頁] を描くものとしている。かつてガリアの地を闊歩した独立自尊の野蛮人、従属を受け入れず自らが主人である以外の生き方を知らなかったフランクの戦士たちは、王とのちにブルジョアジーとして台頭してくるガリア人たちとの同盟によってその支配の足下を崩される。そして貴族たち自身が受ける教育も、徐々にラテン語やローマ法といった王権寄りの知になり、また此岸における生の意味は彼岸の救済との関係でのみ与えられるというキリスト教化された世界観に染められてゆく。ブーランヴィリエにとっては、騎士とは財産も権力も剝奪された貴族の残骸であり、十字軍は始祖たちが征服した大地を捨てエルサレムへと赴く、貴族のなれの果てに過ぎない。

フーコーは、以上のようなブーランヴィリエの言説の特徴を、法対戦争、自然対歴史という対比を用いて説明している。ブーランヴィリエにおける戦争は、法の一時停止、非常事態ではない。むしろ現存の法の歴史をたどるとき、そこにあるのは他者の権利の簒奪、ごまかしや詭計、権力闘争の痕跡である。つまり戦争が終わって法が成立するのではなく、法とは戦争そのもの、法の歴史とは戦争の歴史なのである。あらゆる法の中に戦争を読み込むことで、ブーランヴィリエは秩序の基礎を法から戦争へと移してしまう。戦争があり、征服があり、支配者と被支配者が生まれ、支配が正当化され、転覆が企てられ、それが抑え込まれ……、そうした闘争のプロセスすべてが法に書き込まれているのだ。

一方、法学的言説が好んで立ち返る自然は、歴史へと置き換えられる。原初の権利、原初の法、自然な法、あるいは神から授かった法権利は、すべて此岸における人間の歴史の産物へと読み替えられる。ブーランヴィリエは、あらゆる支配以前に自由で平等な人間がいることを原理的には否定しない。しかし、その出発点が自然であるとしても、自然は歴史によって消滅させられることになる。「この〔原初の〕自由は弱々しいものにすぎない。というのも、それは抽象的な虚構にすぎず実質的内容を欠いているため、不平等をもたらす別種の自由が持つ歴史的な力の前に消滅するしかないのである」[*ibid.*, p. 139, 一五八頁]。自由とは、誰も支配されないという意味の平等ではなく、他者を支配し、力によって服従させる、根本的に不平等で非対称な関係のうちにあるのだ。

3 「交換する人」の経済言説

1 その後の闘争としての政治

ブーランヴィリエが描いた「金髪の野蛮人」による戦闘的社会像は、その強烈なイメージと一貫した歴史描写により、彼の死後著書が出版されるや、すぐに反論にさらされることになった。たとえば、フランク族は侵入者ではなく、ブルグント族やゴート族の侵入に手を焼いたローマ人が助けを求めてガリアの地に招き入れたのだ。したがって、数も少なく文明を持たないフランク族はすぐにローマ化したのだが、そののち王の官吏たち（フランク族）の権力濫用によって、王の土地の私物化、すなわち封建制が起こったという説（Dubos, Moreau）。あるいは、フランク族はガリアの地に、貴族制ではなく民主制をもたらした。だが、ガリアの地を手に入れた途端に彼らはその重要性を理解しなくなり、土地簒奪を容易にするため王への権力集中を促し、王権の絶対化を自ら招来してしまったという説（Mably, Bonneville, Marat）。また、フランク族を悪しき野蛮人とする一方、よき野蛮人たるガリアの末裔がわれわれ都市のブルジョアジーであるという説（Bréquigny, Chapsal）[14]。こうして戦争としての政治を語る言説は、「誰が語るのか」に応じて歴史の変奏を無限に生み出すことになった。それらが相互に自らの正しさを主張し合うとき、歴史言説を通じた権力闘争、歴史を語り、物語を作り出すことによる政治闘争の場が生まれる。フーコーはこうした歴史をめぐる闘争、「闘争の歴史を通じた闘争」という伝統は、近代以降も途切れることなくつづいたと考えている。たとえばフランス革命の時代には「第三身分こそが nation である」という主張が現れ、歴史の語り手は革命の主体となる。マルクスの階級闘争史観においてもこの構図は引き継がれ、今度はプロレタリアートが歴史の語り手となる。民衆史、社会史、ナショナリズムの歴史など、歴史的知はそれを一元化し正史へと統一しようとする「われわれ」の歴史と、そこから排除された別の語り手によって発見される「別のわれわれ」の歴史とのダイナミックな衝突、運動として展開しつづけるのである（近年では性的・人種的マイノリティの語りがこれを反復している）。

フーコーの一九七六年講義は、こののち、大革命期におけるブルジョアジーの革命言説、そして現代の人種主義と生権力の言説の分析に向かい、それらを戦争としての政治言説のヴァリエーションとして位置づける。ここでは、最後はかなり駆け足で現代までたどり着く一九七六年講義をさらに追ってゆくのではなく、これまで述べてきた戦争の言説を無効化してしまう別種の言説として、デイヴィッド・ヒューム David Hume（一七一一―一七七六）の政治経済論を取り上げたい。つまり、法と権利の言説、戦争の言説に次いで現れた、政治を理解するために経済社会を参照点に据える「第三の言説」の存在を指摘しておきたいのである。

2 ヒュームの社会契約批判

まず『道徳政治文学論集』所収の論文、「原始契約について」[Hume 1752a] を取り上げ、ヒュームが社会契約論と戦争の言説を同時に無効にするような位置をいかに確保したかを明らかにする。この論文の中でヒュームは、王権神授説と社会契約論をまさに一刀両断に切り捨てている。彼は、一見真っ向から対立するこれら二つの学説が、「自然法」「契約」「信託」といった共通する用語と思考に則っていることを見抜いており、それらの土台自体を揺り動かし、事実無根であることを指摘する。そして自身は、まったく違った土台に立って、結果的には同じ程度に、あるいはいっそう安定した秩序と支配の根拠を示そうとするのである。

ヒュームはしばしば無神論者であると言われるが、「原始契約について」では理神論を前提に議論を進めている。つまり、奇跡のように人間の目に見えるしかたで神が此岸の歴史プロセスに介入することは認めないが、自然法則や宇宙全体の次元では何らかの意図や目的を認める立場である。[15] この立場からすると、あらゆる権力や支配は一般的な意味では神の企図に由来する。だが、王の権力、しかも特定の王権だけが特別なやり方で神から委託されたという王権神授説の主張を裏づける根拠は、ヒュームによると何一つない。つまり、神と主権者の直接の契約に基づく権威などというのは、根も葉もないでたらめなのだ。地上の権力が神と関係しているというなら、山賊や海賊の権力すら王権と同じく神の一般的な企図の下にある。王権神授説はこうして、きわめて辛辣な比較によって脱神秘化されてしまっている。

一方、王と人民との間の契約を主張する者たち（社会契約に基づく暴君放伐論あるいは人民主権論）は、人間の生来的平等と、治者と被治者はともに約束に縛られるといった説を唱えている。それによると、君主が正義を行い保護を与えるかぎりで人民は君主への服従義務を負うが、ひとたび君主が約束違反をするや、服従義務は消滅する。ヒュームはこの説を、王権神授説よりも入念な議論によって、なおかつ同じくらい徹底して事実無根の絵空事だという。啓蒙と人権の世紀とされる一八世紀に、社会契約をここまで完全に否定する議論が、しかもスコットランド啓蒙の中心人物によってあからさまになされているのである。

まずヒュームは、最古の未開社会における権力の起源を考えると、そこに何らかの意味で多数者の合意があったことは否定できないとする。人間の持つ物理的な力の差があまり大きくないことを考えると、多数者が納得しない統治は長続きするはずがないからだ。ただしその社会の未開性（「文明史」的な視点から見て未開の段階であること）から、この種の約束は紙に書かれたり明文化されることはなかった。さらに、この黙諾が未来永劫子孫を拘束するなど考える者がいたはずもない。現にそのような原初の契約なるものを、事実として見聞した者に出会ったことはないとヒュームは断言する。

ひるがえって現実の支配者を見れば、契約に基づく権利義務などに構っている君主になど、お目にかかったことがない。逆に被治者を自分の財産だと主張する君主や、絶対服従は当然の義務だということに何の疑問も抱かない臣民になら、至るところで出会う。君主のみならず臣民を見れば、服従義務には対価としての権利が伴うだとか、現在の政府に不満であれば他の政府を選ぶ権利があるだとか、そんなことを考えたこともない人々ばかりである。そもそも「貧しい百姓や職人が、外国語や外国の生活習慣も知らずわずかな賃金でその日暮らしをしながら、自分の国を離れるかどうか自由に選択できるなどとまじめに言える人がいるだろうか」[*ibid.*, p. 451, 一三九頁]。こんな事実に反するばかげた思弁を相手にする必要はない。したがって「もし政治的関係は自発的な同意や相互の約束に基づくものだなどと説こうものなら、世界中の大半の場所で、そんなばかげたことを強弁するのは気が変だと友達にあわてて幽閉されるか、それが間に合わなければ、為政者が煽動的で服従を弱めるとして投獄してしまうだろう」[*ibid.*, p. 446, 一三二頁]。つまり、少なくとも現存する政府に限っていえば、神の直接の授権によらないのと同様、君主と臣民の契約にもよってはいないのである。

3　征服と暴力から社会的利益へ

では政府の起源はどこにあるのか。「現存する、あるいは記録に残っているほぼすべての政府は、もとを正せば権力簒奪か征服か、あるいはその両方によって築かれたもので、人民の公正な同意や自発的服従といった見せかけはなかったのである」[*ibid.*, p. 447, 一三三頁]。つまり、歴史に照らしてみると、政府を作るのは「力と暴力」[*ibid.*, p. 448, 一三四頁]であって契約や同意でないことは誰の目にも明らかなのだ。

ここでヒュームは、ブーランヴィリエと同じ歴史へのアプローチを行い、そこからきわめてよく似た結論を引き出している。ブーランヴィリエとヒュームはともに、法と権利と契約の言語で政治的支配を正当化し基礎づけるタイプの言説を、歴史の事実を論拠に全面否定する。王と人民との契約などどこにも発見できない。しかも、誰もそんなものを信じてもいなければそれに依拠してもいない。ただ、強迫的に一つの考えに固執する哲学者連中だけが、こうしたありもしない虚構を信じているに過ぎないのである。闘争と征服、血と暴力、恐怖による服従を「史実」として強調し、一般の社会通念が正しさを証すと主張することで、ヒュームは王権神授説から社会契約論へとつづく法学的素養を持った哲学者たちの思弁を攻撃する。このやり方は、ブーランヴィリエが開いた反法律、反自然権の歴史叙述を継承したものである。

実際ヒュームは「原始契約について」の中で、ブーランヴィリエに直接言及している。[16] 彼は『フランスの国家』〔Boulainvilliers 1727–1728〕第三巻への参照を指示し、ブーランヴィリエがルイ一四世の後継ぎをめぐって、「国民の同意」の存在を主張するブルボン公らの「原始契約の主張をあざ笑っている」〔Hume 1752a : p. 459, 二九二頁〕と述べている。とくに彼らが、ユーグカペー朝が国民の同意によって設立されたと主張しているのに対し、ブーランヴィリエがユーグカペーも他の王朝同様征服と簒奪によって王位についたと言っている点を挙げている。「ブーランヴィリエ伯は著名な共和主義者であったことが知られている。だがこの人は、学があり歴史に精通していたので、こうした革命や新政府の設立に際して人民が相談を持ちかけられることはまずなく、時間の経過だけが、いずれも当初は力と暴力によって築かれたものに権利や権威を授けることをよく知っていたのである」〔*ibid.*〕。

ヒュームの議論が興味深いのはここから先である。ヒュームは、ではいったいどのようにして、合法的な君主、正統な支配者を決定すべきかと問いかける。この問いは、長い間王位継承をめぐって血みどろの権力闘争がくり広げられてきた当時の英国にとって、きわめてアクチュアルな問題であった。ブーランヴィリエであれば、正統な支配者は「最初の」征服者、戦士の勇敢さを持ってガリアの地を支配した金髪の野蛮人、フランク族とその子孫となる。だがヒュームは、そのような考えを決して受け入れることはない。たしかにヒュームにとっても、支配の根拠は契約や同意ではなく、戦争と征服、力と暴力である。だがそれを歴史の事実として認めはしても、そのまま政治の原理として承認するならば、永遠の闘争になることは分かりきっている。ブーランヴィリエは自らの血統を絶対的な支配者の証しとした。フランクの戦士貴族こそフランスのnationなのである。だがヒュームにとっては、nationとはこれとは全く別のものである。なぜなら、ヒュームが生きた一八世紀の英国は文明化されており、金髪の野蛮人が武力でもって政治闘争をくり広げるような状態にはないからである。ヒュームにおけるnationは古き血統を継ぐ者ではなく、文明の担い手、国家と人民を富裕化させる原動力として理解されている。

ヒュームによると、政府が新しく樹立された際、人々は「恐怖と必要とから」[*ibid.*, p. 450, 一三八頁] それに服従する。ここでの彼の考えは、ホッブズのコモンウェルスへの恐怖に近いように見える。しかし、いったん支配が安定し存続するようになると、恐怖は後景に退き別の要素が前面に出てくる。まず、支配がつづいているという事実の承認そのものが、それを受け入れる素地を作り、多くの人がそのことを当たり前だと感じ、黙認するようになる。しかしこの黙認が維持されるためには、それが社会的利益によって支えられていることが必要である。政府に対する服従義務は、「それがなければ社会が存続できない」〔*ibid.*, p. 456, 一四六頁〕という理由によって、また多くの人が熟慮によってそれを知っていることで成立している。つまり、政府の存続は「社会の一般的利益や必要」〔*ibid.*〕に支えられているのである。では、この一般的利益や必要とは何であり、それにふさわしい政府とはどのようなものか。ここでヒュームの文明論、すなわち当時の経済社会をめぐる彼の思想と価値観を参照することが不可欠となる。

4　商業、文明と政治

ヒュームにおいては、国家権力と王位、そして専制や自由政府といった政治のあり方の問題は、国民あるいは人民とは別の次元に据えられている。もちろん政治体は、一般的には多数の人々に、たとえ黙認や消極的賛同であれ支持されなければ存続できない。しかしたとえばヒュームが当時の英国における王位継承について、テューダー家とステュアート家のどちらに軍配を上げるべきかを論ずる際、あるいは自由政府と専制政府のどちらが国の発展に寄与するかを考察する際、彼は、国民一般の生活とは別次元にある政治が、国民の生活にどのような影響を与え、プラスあるいはマイナスに作用するかという問い方をする。こうした問いが成立すること自体、「どちらの nation が政治権力を奪取するのか」というしかたで、政治闘争の主体として nation を据えるブーランヴィリエとは一線を画していることの証左となる。言い換えれば、国民生活と政治とは互いに密接な関係にあるものの、政治とは別次元に、経済活動を中心とする「厚み」を持った国民生活という実体が存在するのである。そして、むしろこちらの方が国家の基底にあって、国家の強さや国際関係における有利不利を生み出す母胎となるのである。

このことを考えるためには、「原始契約について」と同じ論集に収められた、「商業について」[Hume 1752b] の叙述が重要である。ヒュームは、「ある国家の強大さと臣民の幸福とは、(…) 商業について考えると通常分かちがたいものであることが認められている」[*ibid.*, p. 288, 一〇頁] という。この論文はその理由を説明したものである。ヒュームはまず、ある一つの国 state を観察すると、大部分の人々が農業かマニュファクチュアに従事しているとする。だが余剰労働力が増えるほど、後者、なかでも「生活洗練 luxury に関わる技芸 art と呼ばれる」[*ibid.*, p. 289, 一一頁]、よりきめ細かな finer 技能を要する仕事に多くの人が従事するようになるという。それによって国家の幸福は増大する。というのも、こうした人々が生み出すさまざまなぜいたく品、さらには農業工業技術を改善するような研究、芸術や学問の成果は、それらを得たいという人々の欲求あるいは情念を刺激し、ますます熱心な生産者および購買者とするからだ。そして、労働意欲の刺激を通じて起こる余剰生産物の増大は、交易を活発にし、国の富裕と幸福を増大させる。さらには、こうした豊かな国は軍事や公務に携わる人を多く残すだけの余裕を生み出し、結果として主権者をも強大にするのである。

ヒュームは人々の愛国心を商工業ではなく軍事的な奉仕へと向けさせるスパルタ型の国家を、

人間の自然な性向に反していると考える。こうした国家は、ある種の無知な民、すなわち快楽も利得も工業生産も知らない人民によってのみ維持される。こうした古代型の軍事国家は、ヒュームにとっては「暴力的」で、「事物の自然で通常の成り行き」〔*ibid*., p. 291, 一四頁〕に反したものであった。したがって、「文明化された civilized 政府」〔*ibid*., p. 293, 一八頁〕のもとではこうした不自然な政策は行われるべきではなく、生産活動、商業、交易を通じた生活の洗練や富裕化、さらなる労働意欲の刺激という正の循環を通じて、その余剰から軍事力を徴募してくる方がずっとよいのである。

ここでヒュームは、「勇ましい精神や公共善への情熱」〔*ibid*., p. 294, 二〇頁〕といった軍事的な情念と、「貪欲や生産活動や技芸や生活洗練に向かう態度が活気づける別の情念」〔*ibid*.〕とを対比している。後者は前者よりも人間の自然に合致しているため、それを刺激することで同じ目的を達する方がずっと容易である。ヒュームはつねに古代の質実剛健と近代の華美洗練とを比較して後者に軍配を上げ、野蛮や残忍さ ferocity を斥け、穏和と洗練 refinement を好んだ。この意味で、ヒュームの価値観は反ブーランヴィリエなのである。

一般人民の生活洗練と富裕は国家の強大化をもたらすが、同時に彼らは増大した富がある程度平等に行き渡ることを望むようになる。そのため、少数者の手に過大な富と政治権力が帰すのを回避しようとして、自由な政府を要求する。こうして、経済的豊かさと政治的自由が手をたずさえて進むのである。王位継承や議会への国王や貴族の干渉、官職売買といった一連の政治的な騒乱は、ヒュームの文明史的な視点からすると、着々と進行する英国の富の蓄積と一般人民の富裕化、労働意欲の高まりと生活洗練といったプロセスと比較するとき、海上に泡立つ波のようなものに見えたであろう。ヒュームにとっては、軍事的な強大さも王位継承の正統性も、また一七世紀以来外交の基本として是認されてきた勢力均衡の原理も、すべては生産のあり方の変化と国民の富裕化、それに伴う生活様式の洗練という絶対善としての文明化との関連で、それを推進し阻害しないかぎりで正当化され是認されるものなのである。

ヒュームにおいて、人間は第一に経済的な存在である。彼らは労働し、その対価によって商品を購買し、商業と交易に従事し、余剰労働力はさらなる生産性向上のための工夫に振り向けられ、学問や芸術は発展し、軍事力の担い手も現れる。そこで人は、ホッブズにおけるようにつねに恐怖の情念に苛まれることはない。他者との比較によって自らの価値を定める点ではホッブズの人間と共通するが、ヒュームの文明人は他者と交換するための商品を持ち、購買するための貨幣を持ち、会話を交わし社交に加わることで人間的な喜びを得るといった内実と後ろ盾を持っている。人はさまざまなものを交換し、所有し、他者とのつながりを作る交易、交通、会話、社交を通じて、その自然的欲求を満足させるのである。その意味で、ホッブズの人間のように空疎な虚栄心と恐怖との狭間で苦悶する必要はない。ヒュームの社交的経済人は、欲望の満たし方を知り、満たすための活動を知っている。ヒュームの人間はまた、ブーランヴィリエにおけるような残忍さも勇敢さも持ち合わせないが、経済的豊かさと生活洗練を求める戦いにおいては、彼らは自分たちの「社会的利害」を熟知しているために力強い勇者ともなりうる。彼らが政府を転覆し革命を起こすのは、それが文明の進歩という「事物の自然な成り行き」にとって本質的な障害になる場合だけである。また、勢力均衡政策によって強国をのさばらせず、隣国との間に同盟と戦争をくり返すのも、強大な一帝国の成立が他国にとって平和と自由と富裕の敵であるからだ。

このように、文明化と商業と生活洗練という新しい価値観の台頭を、政治的騒乱の下部に位置する抗しがたい歴史の流れ（自然な成り行き）として据えることで、ヒュームは、法的言説とも戦争の言説とも異なったしかたで政治を語る、新しい言説空間を開いたのである。

5　情念を飼いならす

フーコーの一九七六年講義には、ヒュームと自由主義経済学の話は全く出てこない。すでに述べたように、nation 論の組み替えとしての革命の言説に見られるブルジョアジーの政治闘争の言語のうちに、征服と戦争がどのように反映してゆくかに言及がなされるのみである。だが、フーコーが分析するブルジョアジー擁護の言説、とくにシエイエスの「第三身分こそが nation である」という断言の背景には、nation としてのブルジョアジーの活動についてのヒューム的な認識があった。シエイエスは、国家の実質を担う農工商の産業および公務や軍事といった機能は、ほぼすべて第三身分によって担われているという。それなのに彼らが、政治的な権利と代表を全く持ちえていないという、社会と政治、経済と政治との間での不均衡と不平等こそ、是正されるべきなのである。たしかにシエイエスの議論は、貴族こそが nation であるというブーランヴィリエによる「貴族のテーゼ」を意識しており、同じことばを用いてその内実を転覆させるという政治的な意図を持っている。しかし彼は、ブルジョアジーが現在の社会において果たす役割と未来の展望を支えにして、貴族や特権層の過去に基づく政治的支配を全否定することができた。これは、歴史が過去の栄光ではなく未来に向けた文明化の過程として捉えられ、現在と未来を担うのは経済社会に活動の場を持つ nation であるという信念によってであった。ブルジョアジーは貴族なしでも自活できるが、貴族はブルジョアジーに寄生しなければ生きてゆけない一種の外国人、nation への寄生者となったのである。[17] これから先、nation の経済活動とその自然な発展を無視して政治を語ることは無意味となる。

もちろん、闘争の主体としての nation の言説が消滅するわけではない。むしろ、既存の nation-state を支える国民神話を打ち破る別の nation といった形での、nation 論の終わりなき分裂と抗争は、一九—二〇世紀全体をとおして戦争と紛争について回った。また法と主権の言説も、支配と権力の正統性を語ることばとしてひきつづき参照されてきた。しかし、ヒュームに見られる第三の言説、経済社会と文明化と国民の生活様式を基点とする言説が、政治を語る言語に与えた衝撃の大きさは、これら二つの言説に比して、いまだ十分に解明されているとはいえない。

フーコーは一九七六年講義のあと、一年のサバティカルを経て一九七八年から二年にわたって、近代における「統治」をめぐる斬新な講義を行う。ここで彼が「国家理性論から自由主義へ」という大きな構図の中で描き出した「統治」という政治の一次元は、ヒュームが発見した経済社会と文明の自然性の次元と深い関わりを持っている。ヒュームが人間の自然な性向や欲求と関連づけた商工業の発達や生活洗練は、実際にはどのような政治と政策を通じてもたらされたのか。nation の生活全般に関わる意識と習慣、生活様式 manners の変化は、実際には規律化と「自由の管理」によって担保されていたのではないか。

もちろんフーコー自身は、こうした関連づけを全くといっていいほど行っていない。一九七八年の冒頭講義では、唐突といえるしかたで自由主義を特徴づける、「セキュリティの装置」の説明がなされる。だがこれ自体、まさしく市場の自然性、市民社会の自然性、経済活動の自然性を前提とする知が誕生し、その領域に関わる政治がどのように展開してゆくかを描くという内容なのである。さらに、一九七六年講義のはじめには、フーコーは「ここ五年ほどの間、規律を研究してきた。次の五年は、戦争、闘争、軍隊だ」〔Foucault 1976 : p. 21, 二五頁〕と言っている。ところが実際には戦争の研究は早々と切り上げられ、彼は統治をめぐる考察に向かう。これは一方で、戦争や闘争として政治を語るモデルがどこまでもネガティヴなしかたで権力関係を捉えるため、権力の生産性や関係の積極性を捉え損なうという認識による。[18]だが他方で、政治をめぐる「第三の言説」、あるいはその裏側でどのような権力と管理のテクニックが作動しているのかを分析するという、新しい目標が一九七六年講義をとおして設定されたからこそ、彼は統治の研究、しかも自由主義の統治が有する射程を測る方向へと進んだのではないか。

フーコーは、ブーランヴィリエの言説に明らかにシンパシーを寄せていた。貴族の擁護でありながら、忘却され、抑圧された者すべての歴史につながり、王権の連続性と調和を自賛する言説に対抗し、秩序転覆へと向かう革命性を持った言説だからだ。『監獄の誕生』末尾における裁判官と少年ベアスとの対決シーンに見られるように、フーコーは敵対と闘争としての政治に、現存秩序が僭称《せんしょう》する普遍性と絶対的な善の仮面を剥ぎ取る可能性を感じていた。だが、彼にとって危急の問題は、そうした権力の敵対性、対立する二者がぶつかりあい優劣がたえず逆転する永遠の闘争としての政治が、いかに無効化されるか、どのようにして隠蔽され、別のものに置き換えられるかにあった。

ヒュームの人間は、「飼いならされた情念」を有益な活動に振り向けることができる。有名なルソーとの喧嘩別れのエピソードにおいては、被害妄想に駆られる理不尽なルソーに対して、ヒュームはどこまでもお人好しで振り回される「善良なデイヴィッド le bon David」だったことになっている。しかし考えようによっては、ルソーの方が「かわいそうなジャン・ジャック le pauvre Jean-Jacques」だったのかもしれない。ヒュームは世論と常識を味方にし、中庸と慣習を尊重する自らのまともさを堂々と公開することができた[19]。彼の哲学は、理性は情念の奴隷であるといういかにも過激なフレーズとともに記憶されている。だがそんなことが言えたのは、ヒュームの情念が飼いならされた利害にしか向かわず、理性の支配に服さなくても大した悪さもしないような、たかが知れたものだったからではないか。その情念の激しさではブーランヴィリエにも匹敵したであろうルソーは、理性は情念の奴隷であるなどとは決して言えなかっただろう。

こうしたヒュームの情念、生産と社交に振り向けられるような有益な情念はいかにして近代の価値として広められ、安全と平和、経済的繁栄へと結びつけられたのか。ここにこそ、フーコーが「統治性研究」に着手した際、心に抱いていた政治的な関心があるのだろう。

コラム5　徳vs欲望

本章は『現代思想』第三一巻一六号（二〇〇三年一二月臨時増刊号）一八四―二〇五頁に掲載された論文をもとにしている。いままで私が書いたフーコー論の中では、最も政治思想の王道テーマに近い論考である。表題の通り、フーコーの一九七六年コレージュ・ド・フランス講義を題材にしている。規律から統治への展開の中間の時期にあたるこの年の講義については、以前から一度取り上げたいと思っていた。しかし、ブーランヴィリエのようなマイナーな思想家が出てくる上、途中から現代の人種主義や生権力の話に移行して全体像が見えにくく、どのように取り上げたらいいか、なかなか切り口が見出せないままだった。

フーコーという思想家は、政治思想の現状を刷新するために新鮮な視点を提供してくれるが、それを政治思想分野の人たちに示すことの難しさも感じていた。政治思想の語彙とフーコーのことば遣いはかなり異なっており、両者を何らかのやり方でつなぐための突破口が必要だった。フーコーは経済や社会領域の中にある政治性に着目する思想家として読めるはずなので、経済と社会が政治から未分化だった時代を政治の側から取り扱う、コンテクスト主義の政治思想史（主にケンブリッジ学派）からヒントを得ることを思いついた。ケンブリッジ学派の思想史の方法はフーコーとは異なるものの、いずれも政治と経済が交錯する時代と場面に関心を持っており、話題としては共有できるものが多いように思われた。

本章では、一九七六年のフーコーの講義を、一八世紀の「富と徳」をめぐる論争の中で出てきた新しいボキャブラリーとの比較を通じて再現するというアイデアによって、「法の言説」対「戦争の言説」というフーコーの二項対立図式に、「経済言説」という第三の参照軸を持ち込んでいる（ただし、フーコー自身が七六年講義で、裁判官‐書記の知と官僚‐行政機構の知を区別しており、後者は内容上（政治）経済言説の系譜に位置づけられる。これらの知については、第6章で触れる）。それによって、二年後に統治の問題系において中心的となる「欲望する経済人」のモデルが、一九七六年講義の法（主権）対戦争の図式では前面に出てこないものの、とりわけ戦争言説における「勇猛なる戦士の徳」にとって、隠れた対抗言説となっていることを示した。

フーコーが七六年講義で全く言及していないヒュームの議論を対立項として取り上げるのは奇妙なようだが、二年後の統治性の講義を見越して考えればそれほど突飛な対比ではない（彼は一九七六年の講義で「社会経済的」な言説としてフィジオクラシーに言及している）。ヒュームが批判し無効化しようとした戦争と血と人種の歴史言説は、ケンブリッジ学派が「シヴィックな」伝統と呼ぶ政治思想の潮流に近いところにある。フーコーが七六年講義で中心的に取り上げた戦争としての政治言説は、シヴィック・ヒューマニズム、古来の国制論、伝統としての基本法を重んじる政治論、田園貴族の称揚、戦士の気概と古き円卓会議の理想化、混合政体と農本主義的コスモロジーの擁護など、ケンブリッジ学派が復活させた近世の政治の言語と相通じるものを持っている。そうなると、ケンブリッジ学派の思想史が描き出した、古き良き徳の擁護に取ってかわろうとする、富が新たな道徳と社会性を生み出すという文明化と進歩の言説が、フーコーの議論の中では七六年以降、自由と欲望の経済学説として取り上げられるという理解につながる。

本章は、フーコーは講義で権力を語る新しい言語である戦争言説の利用可能性について検討したが、それがあまりうまくいかないことに気づき、戦争としての政治モデルそのものを放棄するという筋書きになっている。結果だけ見ればそのとおりなのだが、そもそもなぜこの言説に興味を持ったのか、しかもなぜ早々と手放したのかが、フーコーの口からはっきり語られることはなかった。

だが、彼が同時代の政治思想史の関心に最も接近しているのはどう考えてもこの年の講義なのだ。その二年後に、自然法論でもシヴィック・ヒューマニズムでもなく、あえて「国家理性論」と「自由主義経済学」を選んでヨーロッパ近代における国家の成り立ちに再度挑んだことを考えると、やはりフーコーは政治言説に正面ではなく斜めからアプローチする方が好みだったのだろう。そこから翻って見てみると、七六年講義での戦争としての政治言説の取り上げ方も十分に斜めからの切り込みになっており、シヴィック・ヒューマニズムと戦士の徳の言説を再考するためにも刺激的な見方を多分に含んでいるように思われる。

こうした論点を掘り下げるため、本章の後に一章を設け、古来の国制論や『フランコガリア』をめぐる政治思想史の議論とフーコーの論じ方との対比を、主にポーコック『古来の国制と封建法』[Pocock 1957] を比較対象として試みることにする。

第6章　戦争・法・社会構造　古来の国制と『フランコガリア』をめぐって

はじめに

この章では、前章につづいて、フーコーのコレージュ・ド・フランスにおける一九七六年講義という、前後の年との関係づけが難しい講義を扱う。それを政治思想史のコンテクスト主義の手法や歴史叙述と対比することで、その特徴を示すことを試みる。この年フーコーは、政治思想史が扱う題材へと最も接近する。そこには「法‐政治」という政治を語る際に主流となってきた言語に対する批判が込められていた。別の政治の語りを求めて、歴史‐戦争言説をクローズアップしたフーコーは、期せずしてコンテクスト主義の政治思想史の代表的論者である、J・G・A・ポーコックと同じ時代、同じ素材を扱うことになった。両者の歴史叙述のあり方、テーマの抽出方法などを比較することで、フーコーと政治思想史というテーマに迫ってみたい。

1 政治思想史の流行と七六年講義

政治思想史という学問分野において、一七世紀は「ホッブズの時代」として理解されてきた。このように、一つの時代を一人の代表的思想家によって捉えること自体、「通史」が主流の従来の政治思想史のあり方に沿ったものだった。こうした見方においては、一七世紀は度重なる戦争への恐怖と反撥から、平和を求めて社会契約論が構築された時代ということになる。たとえ強大な主権者への全権委任になろうとも、平和を求めて武器を捨てた人々は、自らの意志によって「可死の神」リヴァイアサンを生み出す道を選択するのだ。

ロック John Locke（一六三二―一七〇四）は一七世紀人であるが、名誉革命体制たる一八世紀を基礎づける統治論を示した、新しい時代の思想家として理解されてきた。[1] つまり、イギリスの一七世紀はホッブズによって代表され、一八世紀はロックにはじまる経験論の時代である。一方で、一八世紀に社会契約論を完成し、人民主権を理論化したのは大陸のルソーだということになる。

こうした政治思想史においては、ポーコックが『古来の国制と封建法』[Pocock 1957]『マキャヴェリアン・モメント』（一九七五）などで取り上げた、人文主義、シヴィックな政治の言語、共和主義、また古来の国制や封建制などの話は出てこない。日本では福田歓一『政治学史』（一九八五）がこのような通史の代表である。[2] ただし、福田の叙述は通史としては相当に目配りが効いており、一七世紀の共和主義者ハリントンにも言及がある。だがここで重要になってくるのは細部ではなく大枠で、こうした通史においては、思想史の「主流」「傍流」を分けて論じざるをえない。そのためポーコックのような、一点を突破することから全体へとダイナミックに視野を広げていく描き方にはどうやってもならない。やたらと細かい歴史的背景や、聞いたこともない人同士の論争を延々と読まされるコンテクスト主義の政治思想史が魅力的なのは、ポーコックに見られるようなアクロバティックとも言える歴史の転覆、新たな歴史像の提示による。

ハリントンを、マキャヴェリ的な歴史－時間意識を備えた共和主義の一つの到達点と見るポーコックの歴史は、一七世紀をホッブズの社会契約論に代表させる枠組みからすると、遠近法が狂っているようにも見える。ポーコック自身は『古来の国制と封建法』以来、コモンローの伝統やルネサンス人文主義の歴史意識など、マニアックな思想史と哲学とを融合した独自の作品を送り出しつづけてきた。その意味で「ブレない」研究者なのだが、コンテクスト主義の流行は、政治思想史の風景そのものを変えてしまうようなインパクトを持つことになった。

フーコーが七六年講義の時点で、たとえば前年に出版された『マキャヴェリアン・モメント』の存在を知っていたかどうかは分からない。講義録の編者註には原典の引用について参照指示がつけられている。だが編者によると、これがフーコーの「直接の読書なのか何かの二次文献によるのかを知ることは実際には不可能だ」［Foucault 1976 : p. 261, 二八六頁］。フーコーは書誌情報を記した引用メモを大量に作っていたが、それらはテーマ毎に分類されていたため、たとえばある年の講義に使われた参考文献を特定するといったことは困難なようである。講義録編者は講義での話題と関係があり、なおかつフーコーが当時利用可能であった著作を、あとがきに当たる「講義の位置づけ」の中で挙げている。しかしこれらはテーマ別の参考文献（たとえばブーランヴィリエについての研究書）で、フーコーが講義で示したアイデアそのものの源泉を示唆するものではない。つまり、戦争と血と暴力の言説を法と主権の言説と対比させることで、近世ヨーロッパに出現した歴史意識と集合的アイデンティティの自覚、そして言説を通じたその表明（ポレミーク）を明らかにするといった着想を、フーコーがどこから得たかは不明なままなのである。[3]

直接の影響関係が不明で、なおかつこれまでその相互作用や共通性の指摘を見たことがないものの、七六年のフーコー講義と『古来の国制と封建制』でのポーコックの議論には、対比して論じたくなるような話題の共通性が見られる。また、フーコーが論じなかった事柄やポーコックとの強調点の違いが、暗にフーコーの好みや狙いを示すという効果もある。たとえば『フランコガリア』［Hotman 1573b］を著したオトマンについて、フーコーはその議論の特定部分を強調して論じている。それについて見ていくことで、七六年講義でのフーコーの歴史叙述の特徴や、それが現代の政治思想史の中で置かれるべき文脈が明らかになるだろう。

2　古来の国制の「フランス的」序曲

『古来の国制と封建法』は、一七世紀イングランドにおける歴史意識の目覚めと発展をテーマとする著作である。ポーコックには、「有限の時間を生きざるをえない人間存在が、一回限りの歴史的運命の中で、どのような言説を紡ぎ自己を規定するか、また歴史意識を背景として人はいかに行動するか」という終生変わらぬテーマがある。そのため彼は、「古来の国制」をめぐる一六世紀イングランド人の思索の「序曲」として、ブラクトン（一三世紀）やフォーテスキュー（一四世紀）などのコモンローの発見者たちではなく、フランスのオトマン（一六世紀）を取り上げる。

ポーコックによると、オトマンは『アンチトリボニアン』[Hotman 1567] において、古代ローマ社会で生まれた法を編纂したユスティニアヌス法典を、社会条件が異なるフランスにおいて研究することの意味を問うている。この問いは、「フランスは非ローマ的な起源を持つ」という主張を含んでおり、歴史意識に基づいてローマ法大全＝普遍的成文法体系を批判する試みであった [Pocock 1957: p. 15]。ちなみに、タイトルの「アンチトリボニアン」は反トリボニアヌスを意味する。トリボニアヌスは東ローマ帝国の法学者で、ユスティニアヌス一世（四八三―五六五）の下で法典編纂に従事し、「学説彙纂」「法学提要」の編纂に主導的な役割を果たした人物である。つまり、オトマンの著作はタイトル自体がローマ法（主義）批判を意味していることになる。

では、フランスの非ローマ的起源とは何か。オトマンはこれを、ゲルマン人の侵入と結びつけている。「ローマ法が非現実的で不十分だという主張を強固にするために、オトマンはローマ法を慣習法および封建法と対比する」[Pocock 1957: p. 14]。そして、もしローマ法しか知らない人がフランスの法廷にやってきたら、まるで「アメリカの野生人」の中にいるように感じるだろうと言う。オトマンにとっては、「書かれた」法であるローマ法が固定されており、時間の経過とともに古びてしまうのに対して、「野蛮人」の慣習法は口伝あるいは判例の形態を取るため、融通無碍で古びることがない。過去と現在を分断し、それによって過去に関する「伝承」に歴史的観点からの批判を加える人文主義の手法を用いることで、オトマンはローマ法の一元的支配に異を唱えると同時に、フランスが非ローマ的起源を有する封建社会であることを明らかにした。

ただしオトマンは、フランスの現実を全く無視してこの国が全面的に非ローマであると言ったわけではない。当時のフランスは、慣習法が適用される地域とローマ法が適用される地域に分かれていた。「フランスの国制主義者 constitutionalists は、この土地の法が全体として太古の慣習であると断言することができなかった。というのも、「書かれた法の地域 pays de droit écrit」では事情が異なるからだ」[*ibid.*, p. 25]。les pays de droit écrit は les pays de coutumes と対比され、フランス南部 midi（ただしリヨン近辺のローヌ＝アルプおよびジュネーヴ隣接地域を含む）を指す。つまり当時のフランスには、慣習法地域と成文法地域が混在していたことになる。そのためオトマンの叙述は複雑になり、フランス法の現状についての観察から、ローマ法、慣習法双方の成立過程に批判的・歴史的な検討を加えることになった。

ローマ的なものとゲルマン的なもの、書かれた法と伝承された法、帝国の支配と封建制といった対比は、オトマンの歴史叙述の特徴となっている。こうした二要素の分断と対立の歴史像は、イングランドでは一七世紀初頭のコークのうちに見出される。コークによるコモンローと古き議会の擁護は、オトマンの構図とよく似ている。意志、命令、立法者を重視するローマ法に対して、慣習法では伝承や判例を通じて徐々に制度が成熟し、またそのときどきの社会状況へと適応していくからだ。そのためポーコックがオトマンというフランス的「序曲」の次に取り上げるのが、コモンロー主義の代表的人物コークである。

3 コモンローと議会

イングランドにおける「コモンローの発見」は、すでに挙げたブラクトンやフォーテスキューに見られるように、一六世紀末から一七世紀初頭のコークの時代よりかなり前に行われていた。現代から見れば、そもそもコモンローの発達自体がノルマン征服による「コモン」の形成、つまり部族ごとに異なる慣習を一般化・共通化することと関係している。また、それにつづく法律家の専門職化によるところが大きいという意味で、コモンローは単なる征服以前の「古き慣習」とはいえない。また王の専制対コモンロー主義者というコーク的な対立軸も、実際のコモンロー成立過程における王と臣下の複雑な関係史とは切り離して考える必要がある。つまり、ノルマン征服以前からイングランドにはコモンローの伝統があり、それを征服者が変質させ絶対的な統治を行ったといった歴史像はある種の神話で、その代表的な唱導者がコークなのである。

イングランドで王権に対立する人々が依拠する歴史的事件として、ノルマン征服は長い間最も重要な歴史の転換点として論争の軸を形づくってきた。「ノルマンの軛《くびき》」は合言葉のように語られ、現代でも「イングランドはサクソン人の国なのか」といった議論が時折見られる。またたとえば、二〇一一年には『ノルマン征服からEUまでのイギリスの話』というタイトルの本が出版されている。ノルマン征服はイギリス人（少なくともイングランド人）にとって、大いなる転換点、歴史の分水嶺として理解されつづけているのだ。

ポーコックに戻ろう。彼によると、コークはコモンローをイングランドで唯一の法と見なす。ただし、それは明確な作成者を持った法ではなく、裁判官による「慣用 usage」によって磨かれてきた。コモンロー以外のイングランドの法は輸入されたもので、それに対してこの慣用、「判事が作った法 judge-made law」は、個人の考えや恣意的な運用とは無関係である。「判事が作った」には作為の含意はなく、「何世代もの知恵を体現している。それは哲学的反省によるのではなく、経験の蓄積であり洗練の帰結である」[Pocock 1957 : p. 35]。コークのこうした主張は、慣習の不変性と、本来はそれと正反対であるはずの法の変化とを、伝統主義者の摩訶不思議な論理で結びつける典型ともいえる語法である。伝統は、その上に歴史という何かつかみどころのないものが堆積していって変化することで重みを増すと同時に、永久に不変なのだ。

ここからコークは、議会派の論拠となる主張を繰り出す。それは、ノルマン征服前に議会があり、そこに庶民 commons の代表が参加していたというものだ。「騎士と市民が召集される summoned 議会が、征服者の支配の前にも後にも存在した」[4]。ノルマン征服以降の騎士とは、王から直接封土を与えられた貴族 barons に対して軍事奉仕を行う代わりに、自活できるだけの土地の使用を許された身分を指す。つまりは王の臣下の臣下（江戸時代の藩士あるいは藩臣に近い）である。また、市民とは Burgesses のことで、これはフランス語の burgeis から来ることば、のちのブルジョア bourgeois である。ポーコックによると、征服以前に市民の議会参加があったと主張する際のコークの論拠は、騎士に関しては、ウィリアム一世による土地台帳 Domesday Book に、（諸侯）領地の tenants（封土保持者）（これは征服後の騎士に当たる）の存在が記録されていることにある。記録があるということは、騎士身分は記録される以前にすでに成立していたとコークは推測する。庶民に関しても同じ論法で、彼らがノルマン征服以降に議会出席を免除されたということは、それ以前は議会に出席していたに違いないという推測である。

コークの主張は、ノルマン王ウィリアム一世によって持ち込まれた新しい法はイングランド社会を変えることはなく、サクソン時代の法や制度がそのまま継承されたというものだ。この仮定によるなら、悠久の慣習とコモンローは太古の昔から変わることなくイングランドを支配しつづけていることになる。ここから「ウィッグ史観」と言われる「古来の国制 ancient constitution」論が生まれるのは見やすい。イングランドでは、法や慣習の古さは根本的・基本的であることと同一視され、古来の国制は根本法あるいは基本法 fundamental law と結びつけられる。コークが行ったように、法の古さは庶民院の古さの主張へと接続され、一六八八年の名誉革命時には、征服以前の庶民院の存在、貴族院とは異なる議会の存在が王権に対抗する形で持ち出され、まさに政体変更の賭け金となる。

ただしこの主張には、伝統には客観的な証拠が少なく、それが本当のところどの程度古く不変なのか明確にすることが誰にもできないという弱点があった。しかし他方で、長きにわたってイングランドに根づいてきたコモンロー信仰に依拠した、こうした「伝統の言説」を突き崩そうとするなら、法や議会の古さに対抗して王権の古さや征服の破壊力を強調するだけでは不十分だった。慣習と征服の関係を明示するために、そもそもイングランドの慣習自体がどのように成立したのか、そのことの再考が必要であった。

4　封建制と庶民院

ポーコックは、イングランドで封建制についての歴史的探究が始まる以前に、フランスのキュジャス Jacques Cujas（一五二二—一五九〇）、スコットランドのクレイグ Sir Thomas Craig（一五三八—一六〇八）などの人文主義法学者が、封建法の背後にある所有関係や社会経済的な状況に関心を抱くようになっていたとする。キュジャスはスコラ的なバルトルス Bartolus de Saxoferrato（一三一三—一三五七）の法学とは異なる歴史的手法をフランス法学に導入し、クレイグはスコットランドとイングランドの比較を通じて、ブリテンへの大陸封建法の移入について検討した。それによって、イングランドの封建制が太古の慣習ではなく、大陸の封建制の影響を受けているという、大陸とイングランドの制度的な比較の視座を与えた。

こうした中でイングランドに登場したのが、ノーフォーク生まれの古代研究者 antiquary で、征服以前にさかのぼって教会会議の資料を編纂したスペルマン Henry Spelman（一五六二（六四?）—一六四一）である。スペルマンはコーク的な太古の神話（「擬似歴史的思考」[*ibid.*, p. 102]）に依拠することなく、ポーコックによると初めて真に歴史的な方法でイングランドの諸制度を考察した。

それによって、イングランドの封建制がノルマンの封建制から大きな影響を受けていること、つまりイングランド法が大陸の市民法や教会法からの影響の下に発展したことを示した。教会に残された資料を用いて、スペルマンはイングランドの刑法システムが封建制の社会関係をもとに作られており、また封建制そのものが一時的なものから一代限りのもの、そして永代の封土‐忠誠関係へと進展していったとする。はじめは戦闘その他の必要があるたびに約束を結んでいたが、だんだんと主君と臣下の人格的関係となり、やがてそれが世襲化され固定していくというプロセスである。こうして完成された封建制において、貴族（封建領主、諸侯、封臣、直臣）barons は、君主の諮問機関である議会の構成員となった。スペルマンはノルマン征服後のマグナ・カルタ（一二一五）の時点では、王と直接の封臣関係（土地を通じた奉仕の関係）にある貴族以外の、騎士や市民は議会に召集されていなかったとする。ここで彼は、庶民院が征服以前、サクソンにおいて太古の昔から存在するというコークの説を否定し、plebs（人民）がその後の歴史の中でいかにして議会の構成員となっていったかを明らかにしようとした。

「議会について」という晩年の作品の中で、スペルマンは自由土地保有者 freeholders と小直臣 lesser tenant in chief との区別がつかなくなった時点で、封建制が終焉を迎えたとする。そして自由土地保有者が議会に召集されるようになると、議会は封建的な関係によって結ばれていた王と直臣との相談機関という性格を失う。こうした歴史像によるなら、イングランド議会の起源は征服以降のノルマン的封建制ということになり、議会が古いか王が古いかの論争では、議会を召集したのだから、召集者である王の方が古いということになる。また、封建制が解体していく過程で王が諸侯（直臣）および教会に対抗するために、彼らから没収した土地を与えた自由土地保有者としてのジェントリ、あるいは土地保有農民となったヨーマンリーなどが議席を持ったのが庶民院の起源であるという説によって、庶民院＝議会をノルマン征服以前の太古のサクソンの伝統に求めるコークの歴史像をくつがえした。

こうしたスペルマンの見方は、コモンロー主義に立つ議会派とは全く異なる。古来の国制も太古の慣習も、あるいは古すぎて起源を明確にできない議会も否定し、大陸的起源（ノルマン）とそれ以前の法制度（サクソン）との混合としてコモンローを捉え、議会についてはノルマン王が召集したものとする。しかし、一見王権の側に立つように見えるこのスペルマンの封建制論は、封建制を王と直臣との封土－忠誠関係によって基礎づけ、庶民院の登場をこうした封建的な土地所有の衰退と中小の自由土地所有者の勃興と結びつけた。それによって、ハリントン James Harrington（一六一一―一六七七）のユートピア、理想の農本主義的共和政体の構想に近いところに到り着くことになった。

イタリア都市国家と異なり、封建的な伝統を有する農業国イングランドにおけるマキャヴェリ主義者、シヴィック・ヒューマニストとして、ハリントンは市民の小土地所有だけが自ら武装する市民軍と結びつき、共和制を可能にすると主張した。彼はノルマンの封建制を、土地を通じた王への従属であると考え、こうした封建制＝従属のシステムに代わる自由と独立が、土地を保有する耕作者による農本主義的な共和主義によってもたらされるとした。土地と引き換えの約束によって王に加勢する封臣は、王の私的な利益におもねる軍隊に過ぎない。自らを養い武器を自己調達する土地所有者である市民だけが、公共的な共和国を形成し、国のために戦うことができる。

ポーコックによると、コークからハリントンにいたるこうした歴史像はきわめて一七世紀的なものだった。ロック以降、哲学的・論理的なボキャブラリーで社会を説明するやり方が主流となることで、封建制の理解を焦点とするこのような社会論は時代遅れとなった。しかしそれは、「古来の国制」「太古の議会」そして「原始契約」の主張と結びつき、ウィッグ史観のうちに残響を宿すことになる。ヒュームが「原始契約について」で展開したウィッグ批判も、こうした一七世紀の議論を念頭に置くとかなり理解しやすくなる。

5　オトマンのフランス史

ポーコックとフーコーのこのテーマについての叙述を比較する前に、オトマン『フランコガリア』について、フーコー以外の典拠から少し確認しておきたい。イングランド人文主義者による封建制の叙述と類比されるべき歴史認識が、オトマンの中に見られるからである。

『アンチトリボニアン』から『フランコガリア』にいたるオトマンの歴史の捉え方を、秋元真吾「フランソワ・オトマンの議会構想――封の構造、貴族の叛乱」〔秋元 2015〕に依拠してふり返っておこう。この論考は、『アンチトリボニアン』『封建法論』〔Hotman 1573a〕『フランコガリア』を一体として捉え、それらの中でのガリア人の国制と封建法、そしてあるべきフランス国制についてのオトマンの理想を描き出している。[5]

『アンチトリボニアン』がフランス法源の複数性を示唆し、ローマ的なもの以外にフランス社会の基礎を見出すことができると示したことは、ポーコックに依拠してすでに述べた。次に取り上げるべきは『封建法論』なのだが、秋元によると、これは北イタリア、ロンバルディア地方の部族法を集めた書物である『封建法書』(ロンバルティア法書)の研究を通じて、ユスティニアヌス法典(ローマ法)ではなくゲルマン法が支配したはずの、フランス封建制の制度探究を行った書物である。オトマンの見方では、封建制においては封王と封臣の人的関係が社会の基本構造を形づくっている。これは封王による庇護と厚情に対して、恩恵を受けた封臣が軍役によって奉仕するという基本的な封建関係からなる(江戸期の「御恩と奉公」に似ているが、双務性に少し異なるところがある)。さらにこの軍事奉仕者は、王と直接「封」の関係を取り結ぶ上位者たる「王臣」と、王臣から封を受ける中位の封臣、さらに中位の封臣と約束を取り結ぶ下位の封臣の三層からなる(これはスペルマンの記述を彷彿させる)。ここでの土地をめぐる法的関係は、所有者は封王で占有者が封臣であると整理される。

これらを前提にオトマンは、封王と封臣が「叙任」という授封の儀式を執り行う際に臨席する集団、また訴訟においてその主体となる集団として、封王と封臣からなる合議体の存在を示唆する。そしてこの合議体は、王の廃位の決定さえなしうる強力な組織であったとする。

以上をふまえて『フランコガリア』の叙述を見ていく。『フランコガリア』はフランスを舞台とするので、サクソン対ノルマン、コモンロー対成文法、土地の慣習対外国支配といった二項対立で語られるイングランドのケースとは異なっている。オトマンによると、ケルト人の一部族であるガリア人（ゴール人）が住んでいたフランスの地に、まずローマ人という支配者がやってきてこれをローマ帝国の一部とした。そののちゲルマンの地からフランク族が襲来してローマを追い払うのが、フランスにおける征服の歴史とされる。つまり登場するのは、ガリア、ローマ、フランクの三つの種族である。

ガリア人の地としてフランス史のはじまりを描いた最初の人は、パキエ Étienne Pasquier（一五二八（二九?）―一六一九）であると言われる。パキエは王によって第三身分から引き上げられた法服貴族として、王と法服貴族による統治の原型をガリアの国制に見出そうとした。そのため「ドルイド僧」というガリアの特権階級による裁判を重視した。つまり王とその取り巻きによる少数支配である。これに対してオトマンは、ガリアの全部族の王（小王）が参加する議会を重視した。これは当時のフランスでいうなら、封の関係にある王の直臣たる大貴族たちによる対等な合議体ということになる。

こうした対比をふまえるなら、『フランコガリア』の歴史叙述は次のようになる。ガリアの地に存在していた王と封臣の双務的関係による統治は、カエサル『ガリア戦記』に描かれたローマの侵入によって終わり、ガリアはローマの属州となる。しかし、ローマ支配に抵抗するガリアの部族たちは、ゲルマン人を金で雇ってローマを駆逐しようとする。この過程でガリアの地に招かれ、やがてはローマからの自由を勝ち取ったのがフランク族である。ガリアは古き国制における部族の割拠構造に、フランク族の封建的秩序を組み入れた。オトマンはここにも、王の選任を担う王臣の合議体を見出す。さらに誰が王臣になるかの選定も、王・貴族・平民からなる三部会によって果たされる。

つまりオトマンは、ガリアの地がローマの支配から解放されたことで生まれた「フランコガリア」のうちに、王の直接の臣下たる大貴族（封建領主）に主導され、なおかつ三部会において平民にも支持された、合議体による支配を見出したのである。彼の目的は、「封」を通じた土地、人的関係によって結ばれた王と王臣の関係を基礎とする、王国の多元的で非中央集権的な支配を際立たせることであった。フランク族とガリア人はともに、王とその宮廷によって支配される都市的で中央集権的なフランスとは対極にある、田園的で互いに独立した支配者の連合体に基づく、部族構造を基礎とする封建関係を形成する主体として描かれた。

6　法の正統性から種族の戦争へ

以上をふまえて、フーコーの種族の歴史言説への言及の特徴、そしてフーコーが何を重視し何を取り上げていないかを考察する。

まず、フーコーの議論は、王権や国家の連続性と正統性を主張する「哲学‐法的」言説への批判というモチーフに貫かれている。歴史への目覚め、闘いの歴史、抵抗の歴史、転覆の歴史と、それが対抗する隠蔽の歴史、欺瞞と横領の歴史、圧政 oppresion の歴史という二項対立が、いつ、どうやって、誰によって持ち込まれたかが重要なのである。フーコーは、一七世紀に生まれた歴史を用いたこうした対抗言説は、当時王権が利用した二種類の知のあり方への抵抗であったとする。歴史の知が対抗したのは、一つは法と正統性の知、あるいは裁判官と書記の知で、もう一つはアンタンダン（地方長官、代官）と王の官吏の知であった。

前者は一六―一七世紀のパルルマン（高等法院）とその巡回裁判の知、あるいは法服貴族の知である。この知は法律の専門用語を用いることで、王権の正当性を非専門家からの異論の余地を与えずに弁証する。つまり、法言説の場と制度そのものを独占するような知である。後者は、王によって任命された地方役人、つまり土地に根ざさない中央任命の官職の知である。これは近代において国家官僚の知、行政機関の知として発展していく［Foucault 1976 : p. 111-117, 一二九―一三三頁］。つまり両者は、王の法律家と王の官吏によって担われた知ということになる。都市の法服貴族と王が任命する地方役人が、封建貴族あるいは中世に出自を持つ由緒ある田園貴族を甘言によって破産させ没落させせつつあることは、貴族たちに広く知られていた。土地に根ざした富を取り上げられることは、貴族にとって自らが生きる根となる大地を失うことを意味する。それは単なる財産喪失ではなく、田園貴族がその封建的、自律的生活様式のすべてを失うことに他ならない。

フーコーによると、法の下に戦争を、王朝の連続性の下に断絶を、法の支配の下に暴力と詐欺を見出すために歴史に訴える言説を最初に明確に打ち出したのは、前章で取り上げたブーランヴィリエである。フーコーはもちろんこうした事態の背景にある貴族の没落を意識しているのだが、それをもたらした重要な変化として、「国家が戦争を独占する」という一七世紀に進展した状況を指摘している。封建貴族の独立を保証したのは土地の所有（あるいは「封」の関係に基づく土地の占有）であったが、それは言い換えれば武装権の独立でもあった。貴族の反乱が宗教的対立と結びついて激化した宗教戦争の時代に、王にとって貴族とは外敵から自分を守ってくれる臣下ではなく、自らを脅かす存在になっていった。国王は独自の行政装置を通じて都市の掌握と中央集権化を推進したが、それはまた王による武装権の独占、戦争を遂行する近代的な暴力装置としての常備軍の獲得過程でもあった。

戦争を取り上げられ、決闘や自力救済の手段を奪われた貴族は、牙を抜かれた獣同然であった。こうした貴族の窮状を訴える言説が、歴史の背後に戦争を見出す歴史＝物語 history、つまりブーランヴィリエに見られる種族の抗争史なのである。フーコーはこうした歴史が、「法的な普遍性と対比するなら、一方の側に偏った法権利」［*ibid.*, p. 45, 五四頁］を主張すると指摘している。

このことは、ブーランヴィリエのような言説において、法や権利が問題にならないのではなく、その用い方が従来とは異なることを意味する。実際、アンシャン・レジーム期の権力闘争の多くは、法と権利の言語を用いて行われた。またすでに「古来の国制」について見てきたように、コモンロー、ロンバルディア封建法、ユスティニアヌス法典、教会法など、伝統と慣習を重視して王の専断を批判する言説の多くは、法を典拠とし、その位置づけや理解をめぐって議論を展開していた。

本書でくり返し指摘するとおり、フーコーはしばしば「法対規律」「法対統治」「法と規律と生政治」といった対比を用いて、近代の権力を「法的ではないもの」の側に置いてきた。ではそのこととここでの法の問題は、いったいどうつながっているのか。フーコーが法や法的権力としてどのような権力を想定しているかは文脈によって異なるものの、ここでの歴史言説については次のように理解できる。「もちろん、おそらく彼〔歴史言説を語る主体〕は法権利の言説を保持し、法権利を主張し、それを要求する。しかし彼が要求し、主張するものは、あくまで「彼の」法権利である」[ibid.]。つまりここで法は、背後に戦争と暴力を従えたやり方でのみ理解されている。彼らは、法が普遍的な真理や哲学的な理論から生まれるのではなく、二つの陣営の権力闘争と戦争のさなかで、自らの側に権力を引き寄せるために作られ、地位を守り権勢を誇るために利用されると考えるのだ。このように、法の背後に権力闘争を見出し、法を権力や暴力へと送り返す見方は、ポーコックの、法をめぐる言説の対立を見ていくと社会闘争あるいは権力闘争に通じるという見方に近い。

フーコーは戦争の言説を、「哲学的‐法学的言説」に対抗する、「西洋においておそらく最初の、もっぱら歴史的‐政治的な言説」であるとする［ibid., p. 49, 五九頁］。その出現の時期を彼は、まず一六三〇年代革命期のイングランド、次にルイ一四世治世末期の一六八〇年代のフランスに定める。フーコーによると、これが種族の戦争言説のはじまりである。前者は王党派に対立する議会派、またホッブズが消去を試みた歴史‐戦争の言説、サクソンの優位あるいはノルマンの軛、コークによるコモンロー擁護、セルデンのサクソン国家の理想化、レヴェラーズ（水平派）とディガーズによるそれらの主張の先鋭化といった事柄すべてを含む[6]。

そして後者の一六八〇年代以降のフランスについては、ブーランヴィリエの戦争言説がその端緒とされる。ブーランヴィリエの言説の詳細、そこに登場するガリア人、ローマ人、そしてフランク族の役割については、前章で論じたとおりである。ブーランヴィリエは貴族の怨恨の象徴のようにも見えるが、フーコーは戦争と敵対と二項対立の歴史言説が、没落を運命づけられた貴族階級の自己弁護としても、次の世紀を先取りする貧農たちの私的所有批判としても用いることができた点に注目している。戦争の言説はさらに担い手を変え文脈を変えながら、一九世紀には一方に階級闘争の言説を、他方に人種闘争の言説を生み出す。両者が二〇世紀にスターリン主義とナチズムという恐るべき支配の言説に転化することを示唆した上で、フーコーの議論は現代の生政治へと向かう。

講義におけるこうした歴史像の中では、コモンロー主義とコークの議論は初期の戦争言説として位置づけられていることがわかる。このことは、ポーコックがイングランド法学史との関係でコークの歴史叙述を詳細に見ていったのと比べると、単純化された像のようにも見える。

7　ガリア、ローマ、フランク

では、オトマンの扱いはどうだろう。『フランコガリア』をめぐるフーコーの議論はやや錯綜している。講義での叙述から読み取れるのは、どうやらフーコーはブーランヴィリエの「新しさ」を強調するために、オトマンを過渡期に当たる言説に分類していることだ。

フーコーは、「中世のはじめから、おそらくルネサンスに至るまで流布していた」[*ibid.*, p. 101, 一一七頁] フランス人の物語 récit として次のようなものを挙げる。それによると、フランス人はトロイの末裔である。ゆえに、同じくトロイから脱出したローマ人とは兄弟に当たる。したがって、フランス人にとって兄弟の法であるローマ法、とりわけその集成たるユスティニアヌス法典を用いるのは当然のことである。ローマの兄弟たるフランスは法をとおして古代ローマのごとく人々を支配する。オトマンは、王の正統性を保証し、歴史の断絶や差異をすべて消去する、こうした創設の神話に対抗するような別の物語を語ったのである。

そのためにオトマンが連れてくるのは、右のような物語には全く出てこないガリア人であり、またローマを滅ぼしたゲルマン人である。フーコーはオトマンが持ち出す「ゲルマン説」を、当時のハプスブルク帝国に流布していたものだとする。帝国の視点からすると、ガリアの地に侵入したフランク族がゲルマン起源であるなら、フランスもハプスブルク帝国の一部だという理屈になる。ここではガリア人が、ゲルマン系のフランク族によって征服された被支配者とされる。

オトマンは、こうしたゲルマン説の登場人物の役割に変更を加えることで、トロイ起源説とは異なるフランスの起源を描こうとした。彼の議論はすでに紹介したとおり、ローマ支配に苦しむガリア人を助けたフランク族が、ガリア人とともにフランス王国を作り上げたというものだ。これについてフーコーは、「侵略によって(…)諸国家は滅び、また別の国家が誕生するという根本的なテーマ」[*ibid.*, p. 104, 一二〇―一二一頁] の表明であり、国家の起源に不連続あるいは断絶をもたらしたとする。フランク族の侵入は、ここではイングランドの「ノルマンの軛」に相当する。そのためオトマンにおいては、ハプスブルク帝国のゲルマン説とは異なり、ガリア人とフランク族が兄弟だということになる。この二種族が共同して作り上げたのが、「フランコガリア」つまりフランスの礎というわけだ。

フーコーはここで、プロテスタントのオトマンがカトリック強硬派による迫害に抗するため、ローマ人を正統派カトリックに、ライン川の向こうからやってきたゲルマン系のフランク族をプロテスタントに擬していることを指摘する。歴史的背景を少し述べると、オトマンが『フランコガリア』を執筆した一五七〇年前後は、フランスでユグノー戦争といわれる宗教戦争がくり広げられ、それが七三年の聖バルテルミの虐殺を生んだ最も激しい抗争の時期である。オトマンは穏健派カトリック（ポリティーク、寛容派）とプロテスタントがともにフランス君主の下に統治される立憲君主制的な国政を望み、この本を執筆したと考えられる。

その後の経緯としてフーコーは、オトマンの歴史像、議会によって制御された王権という像は、王の勢力伸長に危機感を抱くカトリックにも流布し、そのため王権側はゲルマン説を打破するための別の物語を生み出したとする。こちらの物語では、ゲルマン人はガリア人の一部であり、フランク族も「原ガリア人」の子孫とされる。ヨーロッパのすべての民はガリア人とつながっており、したがってフランス王国がローマ法を用いることには明白な正統性がある。王の意志－ローマ法－王権の正統性という連続体によって、封建制における双務性、貴族による議会とそこでの合意、原初の約束、対等な盟約、後からやってきた征服者といった断絶や多元性の要素を打ち消そうとしたのである。

フーコーの考えでは、「ゲルマン主義」対「ガリア中心主義」ともいえるこうした対立の磁場を変えたのが、ブーランヴィリエの歴史叙述だった。ブーランヴィリエは、種族の対立、敵と味方、戦争をつうじてフランスに国家が作られたと見なす。法や伝統の継承（王権側）でもなければ融合的な制度の確立（オトマン）でもなく、戦争、征服、支配と被支配の事実そのものが、国家を作り出し歴史を動かすのである。

フーコーが、オトマンではなくブーランヴィリエに戦争の歴史言説のはじまりを見るのは、前章で見たように、ブーランヴィリエがガリア人とフランク族の関係を、征服され支配される「耕す人＝ガリア人」と、征服し支配する「戦う人＝フランク族」に分離したことに関係していると思われる。ローマによって従属させられ、疲弊し荒廃したガリアの地は、フランク族の侵入とその軍人支配によって新しい歴史を刻むことになる。ブーランヴィリエの「われわれ」はあくまで封建貴族であって、彼らがゲルマンの森から持ってきた武装する軍人の独立性と相互の対等性は、ローマ人にもガリア人にも譲り渡せない固有の権利なのである。

フーコーにとって、オトマンはフランス王国の法の起源と正統性の言語で事柄を捉えている以上、ブーランヴィリエの敵対と戦闘と力の物語とは異なる伝統の内で思考していることになるのだろう。フーコーが関心を持っていたのは、法と制度の正統性に帰着するのとは別種の言説、支配の正統性そのものを歴史を用いて転覆するような言説であった。そうした歴史言説は法と正統性の言語に抗して、それに吸収されることのないままずっと生き残り、一九世紀には階級闘争や人種闘争の言説を生み出す。このうち階級闘争の歴史言説は、虐げられた者、不当に権利を奪われた者の抵抗の言語として生き残った。これに対して人種主義は、二〇世紀に大殺戮の道具となる。[7]ゴビノー、チェンバレン、ヒトラーと続く人種主義は、イギリスやアメリカでも優生政策を支える理念として広く受容された。私たちの記憶にも新しいこのような人種主義を、フーコーは生政治の二〇世紀的な展開として描いている。

8　ポーコックの歴史とフーコーの歴史

こうしたフーコーの歴史理解を、ポーコックの叙述と照らし合わせるとどう見えるだろう。まずフーコーの講義には、封建制についての社会経済史的な言及がほとんどない。もちろんこれは講義という媒体の性質にもよるが、フーコーは所有関係から社会を説き起こすことを意図的に避けているように思われる。これは、彼が七六年講義冒頭に所信表明のごとく権力についての新しい見方を宣言したことからも分かるとおり、権力を所有へと送り返すことに強い警戒心を抱いていたことと関係している。

もちろんポーコックの歴史叙述は、それぞれの思想家が自らの社会に対して抱く自己像に関係しており、下部構造決定論とは何の関係もない。むしろそれに抗うために、ある時代の言説空間の自律性を詳細に記述しているのである。しかしそれは、論者たちが自らの思想を語った当時の言説の磁場を再現することを目指しており、そのため封建制と政治社会制度としての土地所有のあり方、また法とその解釈 jurisprudence を軸に展開された。

フーコーが描く歴史は、法や慣習、そして所有や契約の語彙に入り込まないところに特徴がある。彼の興味関心は、社会経済的な所有関係（土地制度のあり方）や法の継承と、それについての思想家たちの論争そのものにはなく、そうした論争の中で明らかになる世界の語り方としての「種族の戦争」へと集中している。土地制度は戦争の結果であり、法もまた戦争における勝者が、敗者を騙し屈服させ飼いならすための道具である。『人間不平等起源論』でのルソーの描写を彷彿させるこうした歴史像が、いつどのようにして姿を現したのかに焦点が絞られている。これによってフーコーは、権力に関する「ニーチェ的」ともいえる見方がどのような文脈で現れ、いかに発展したかを示そうとする。そして、革命における貴族と第三身分の役割の入れ替え（シェイエス）を指摘した後、人種主義における闘争主体の反転へとその流れを素描し、最終的には近代における生政治（生権力）の問題へと立ちいたる。

ここで「ニーチェ的」とはどういうことだろう。簡単には、『道徳の系譜』（一八八七）のニーチェである。フーコーが最も愛したのがどのニーチェだったかは分からないが、自身の研究スタイルのうちに意図的に取り入れていたのは、ニーチェによる系譜学と知のイデオロギー暴露の側面であった。フーコーは七〇年代半ばに「権力は所有ではない」というテーゼで有名になり、権力を関係へと開いた人物とされてきた。しかし彼の権力論の特徴をよく理解するには、権力は関係であるという彼自身が公言していた見方だけでなく、知の所有あるいは占有への問い、つまり知が誰によって所有権を主張され、どのような意図に基づいて流布されるのかという観点にも注目する必要がある。

ニーチェが『道徳の系譜』で描いたのは、ルサンチマンを動機とする強者の価値の簒奪、同じことばを全く違った目的と文脈の中で用いることによって、優等者をこっそり陥れるその策略であった。ここには、ある発言を誰がどのような意図で行うのかに注目しなければ、ことばの裏に隠された意味と社会における機能を理解することはできないという考えが垣間見える。フーコーはこれを知と真理の系譜学へと広く適用し、誰がその知を保持し流布しているのか、あるいはどのような目的で特定のことば遣いがなされるのか、ある特定の知の流通が誰にとって利益があり、反対に誰を貶めているのかに注意を払った。「真理は私心に満ちている」というニーチェのことばを、知と権力の結びつきとして、真理と知という道具を用いた権力闘争として捉えたということだ。

知をめぐるこうした見方の利用可能性を試すため、七六年講義でフーコーは、歴史の断絶を暴くことで普遍性の言語をくつがえそうとする一七世紀の言説群を取り上げた。しかし一方で、歴史の語り直しによる断絶の発見を通じて抵抗の論理を生み出そうとする、そうした言説を無条件に称揚することはなかった。それはつねに対立陣営に詐取され、転写され、支配の正統性の言説へと取り込まれるからだ。真理をめぐる言説の闘争として見るなら、歴史とは、正しい知、本当の歴史、知られてこなかった不正義についての真実の奪い合いそのものなのだ。

こうした見方をとるなら、いつも安心して依拠できる抵抗の言語はない。言説はつねに反対物へと転形するという結論で終わる七六年講義は、とてもフーコーらしい。話が二転三転するため議論の道筋を追いにくいが、異議申し立ての運動の道行きを間近で見ていた当時のフーコーは、抵抗の実体化を避けなければ運動は内側から自壊すると思っていたはずだ。これは、『道徳の系譜』における貴族の道徳が、その後の歴史において危険で醜悪な使われ方をしたことへの反省でもあり、もしかすると、七六年講義冒頭で好意的に挙げられた『アンチ・オイディプス』(一九七二)が陥るかもしれない、聖典の役割への警戒だった。

おそらくこうした理由で、フーコーはつづく七八年の講義では戦争の言説の後継を探すことも、その変形としての人種主義を主題とすることもなかった。反対に彼は、七六年講義では戦争の言説と対立していたとされた、官吏の知、行政機構の知、そしてそこから生まれた社会と経済の知へと研究対象を変えた。つまり、国家理性とポリスおよび政治経済学の知の系譜学である。この知は、法と制度の下に隠された戦争と暴力を見出す知ではなく、暴力と欺瞞と簒奪を、制度と統治の合理性の下に隠してなかったことにする、戦争の言説とは逆向きの知、権力の普遍性と連続性を語る知であり制度である。

フーコーのこうした転回は、抵抗の拠点化を急いで身動きが取れなくなる事態を回避し、支配と服従、抑圧と抵抗がつねに反転する権力という磁場の中で、近代が作り上げた巨大な装置をいかに働かせるかを暴露するという立場選択だった。フーコーはハッピーエンドの物語に居心地の悪さを感じていて、そういった結論にならないよういつも自分で自分の背後に回り込んだ。かといって彼は、バッドエンドを好む終末論的悲観性も持ち合わせていなかった。フーコーはニーチェと比べ、圧倒的に陽気で湿り気の少ない思想家だ。この年の講義は、こうしたフーコーらしさが潔いほど前面に打ち出された、その意味で非常に特徴的なものである。

終わりなき言説間の闘争が、ステージを変えながらつづくのがフーコーの歴史像だとすると、ポーコックは歴史において、特有のテーマや世界像、あるいは自己意識が、形を変えながら再生し、幾度もくり返し歴史の変転を演出する姿を描く。これがマキャヴェリ的「モメント」である。二人を思想史家として見比べると、偶然と運命の間に立って自らの生を一つの挑戦として生きるような、人々の知の営みと活動への深い敬意をいずれからも読み取ることができる。歴史とは物語を紡ぐもので、人の生は有限であり、世界は変転する。二人の思想家はこうした見方を共有しており、案外近いところにいるのかもしれない。

コラム6　政治思想史とフーコー

政治思想（史）におけるフーコー受容は、私が研究をはじめた一九九〇年代はじめと二〇二〇年では、ずいぶん変わった。だが、考えてみれば不思議なことだが、その間フーコーという思想家は、ずっと人気が衰えなかった。政治思想という研究領域は、外から見るとアカデミックな匂いがするかもしれないが、案外その時々の流行を取り入れながら展開している。社会学ほど移り気ではないものの、流行りのテーマは変遷し、以前読まれたものが読まれなくなる。そのなかでフーコーの流行は三〇年以上つづいているのだから、そこには風雪に耐える魅力があるのだろう。最も大きな理由は、政治学・政治思想の発想や語彙とフーコーの問いの立て方との違いにあると思われる。フーコーの議論の中では、おそらく政治思想研究者が予想しない形で見慣れた問題が取り上げられるので、自らの思考を飛躍させ発想を転換するためのヒントになるのだ。

すでに本書の第Ⅰ部で指摘したとおり、八〇年代には「権力」についてのフーコーの見方が日本に紹介されるようになった。とりわけ杉田敦のこの時期の権力についての論考（『権力の系譜学――フーコー以後の政治理論に向けて』岩波書店、一九九八にまとめられた）は、政治思想の世界にフーコー受容を広げる上で大きな役割を果たした。フーコーになじみのない読者でも知っているであろう論者たちの権力論と対比し、また理論的に説明することを通じて、フーコーの主張の意味を明晰に示してくれている。また、八〇―九〇年代に相次いで出版された英語でのフーコーのアンソロジー（フーコーの著書の一部やインタヴューを集めたもの、フーコー自身の論考にフーコー研究者の論稿を加えたものなど）が日本でも広く読まれるようになった。政治思想分野ではフランス語圏の研究者は数が少ないので、フーコーの社会や権力についての議論は英語圏の著書を通じて入ってきた部分がある。それによって、フーコーの著作の独特の文体、フランス文化の香りが脱臭され、受容しやすくなったと考えられる。アラン・ブルームはかつて、アメリカに来るとヨーロッパ思想は一様に毒気が抜かれ、アメリカンコーヒーのように薄くなると言ったが、フーコーにもこれが当てはまるかもしれない。

九〇年代は「ミクロ権力論」がさかんに論じられた時代だった。一つの背景として、国家対個人という構図での権力批判が古びて見えるようになった点がある。言い換えるなら、権力はもっと身近なところにあって、人々の日常的関係に浸透している。当時のことばでいうなら、「大文字の国家」ではなく、ミクロな社会関係に遍在する権力をうまく捉えられる概念装置を皆が欲していたということだ。こうしてフーコーの規律権力論は、学校教育批判としての管理社会論、また会社文化や日本的な規律への批判と結びつくようになった。こうした批判の背後にあるより思想的な次元では、ノルム化や正常化の圧力に対する反発があったと思われる。これが貿易摩擦下でのアメリカからの圧力による「日本的経営」その他への批判とシンクロし、よく考えれば文脈上全く異なるものが一緒くたにされて、日本的な権力の批判がさかんに行われた。

そもそもフーコーの規律の議論は西洋近代の裏面を描いたもので、「日本的な空気」のような話とは全く別の話だ。したがって日本では、規律論に文化的な脚色がなされたと言ってよいだろう。規律や統治という概念装置が持つ広い適用可能性によって、こうした規律論の日本的脚色が可能になったと考えられる。

日本でもまた世界を見渡しても、その後の権力論にあまり展開がなかったのは、一つには新自由主義の席巻が関係している。本書第9、10章で取り上げるとおり、新自由主義は権力について異なった語彙を用いる。というより、権力など存在しない市場社会を理想とし、そのために自由というこことばをレトリカル、かつ効果的に用いる。こうしたやり方に対しては、権力という用語で社会関係・人間関係を捉えることを前提とする政治社会理論はうまく噛み合わない。権力などなかったことにする新自由主義が堂々と展開する、権威主義的で弱者を疎外する政治に対しては、「権力論」とは別のアプローチが有効であると考えられたのである。

本書の叙述からも明らかなとおり、フーコーは権力について考察する中で統治という鉱脈を探り当てる。そしてこの展開はほんの数年の間に起こった。その過程で彼が発掘した歴史は、今度は政治思想「史」の新たな潮流とさまざまな接点を持つものとなった。統治の問題を取り上げたフーコーの関心は規律に代わる新たな人間管理の技法にあった。それを把握するために、フーコーは欲望と市場の経済学を主な考察対象とすることになる。これによって彼の議論は、経済と市場の「発見」が政治の言語に与えたインパクトを語彙と文法に着目して考察する、コンテクスト主義の政治思想史（Intellectual History）との間に接点を持つことになる。

フーコーとケンブリッジ学派の政治思想史との接点とそこから広がる世界については、さらに掘り下げた考察が必要だろう。その中心は「富と徳」の問題系が政治と秩序の言説において果たす役割に関係したものとなるはずだ。本章での議論はその前段階に当たる時期に、「貴族と王権との関係」という社会の激動期の権力闘争をめぐる用語がどのように展開したかを考察したものである。この時期の政治思想は一八世紀以降と比較して格段に難しく感じられる。それは私たちが一八世紀以降のボキャブラリーに慣れ親しんでいるせいでもある。本章では方法と着眼点に注目して、フーコーとポーコックとの接点を探った。それによって、一八世紀以降についての両者の共通点や時代の描き方の特徴を捉える際に、その前提にもなると考えている。

第7章　ミシェル・フーコーの統治性研究

はじめに

フーコーは、『知への意志』（一九七六）発表後、『快楽の活用』『自己への配慮』（一九八四）までの間、著書を出版していない。そして、この八年間にフーコーの関心は大きく変化し、近代権力の問題から古典古代における倫理の問題へと重点が移行したと考えられている。だが、この間の時期に、『知への意志』までの研究で芽生えた着想をさらに発展させ、西洋近代権力を「統治 gouvernement」の観点からトータルに捉え返す研究が構想されていた。本章は、一九七八年および一九七九年のコレージュ・ド・フランス講義を中心とするこの未完の研究を再構成し、それを通じて、近代権力を批判的に考察するに当たって、フーコーの思想が有する射程と可能性を明らかにしようとするものである。

1　統治性研究の前史――『監獄の誕生』から『知への意志』へ

フーコーの「統治」に関する研究を、彼自身の造語である「gouvernementalité（統治性）」［Foucault 1978b, p. 655, 二七〇頁］を用いて、本章では「統治性研究」と呼ぶ。[1]

この研究を考察するにあたって、まずその前史となる、近代権力に関するフーコーの思考の軌跡をたどっておかねばならない。権力に関する考察が主題的に展開される最初の著作は『監獄の誕生』（一九七五）である。この著作でフーコーは、規律権力 pouvoir disciplinaire という概念を提示し、それを軸に近代権力の新しい像を描いている。統治性研究との関連でとくに注目すべきなのは、ここで規律権力の特徴が、それとは異質な権力である法や主権に関わる権力（以下、法的権力）との対比を通じて示されていることである。[2]

『監獄の誕生』から、法的権力と規律権力について、それぞれ以下の特徴を引き出すことができる。まず法的権力は、法や権利のことばで語られ考えられるという点で、旧体制期から革命後にいたるまで、ある連続性を有する。したがって、啓蒙主義の法学者が行った法に基づく刑罰の要求は、旧体制以来の法的思考の伝統を引き継ぎ、それを用いてなされたものとして捉えられる。具体的には、革命後の刑罰改革期の言説に見られる法的権力は、普遍的な刑罰体系を法典化し、その法に基づいて特定の犯罪行為にはつねに特定の刑罰を科そうとする。他方で規律権力は、これとは正反対の特徴を持つ。それは、一般的で形式的な処罰原則に従うのではなく、個々の犯罪者それぞれの個性に合わせた介入を基調とする。こうした個々の対象に合わせた権力行使を実現するために、パノプティコンをはじめとするさまざまな装置が用いられるのである。そして、規律権力の普及の社会的背景には、一七世紀以降顕在化する新たな都市の秩序問題に、既存の法的機構が満足に対処できなかったという事実があったと考えられる。

さらにフーコーは、こうした権力行使のあり方の相違を、主体形成の問題と結びつけている。法的な権力においては「社会契約上の法的主体 le sujet juridique の再構成」[Foucault 1975a : p. 132, 一三一頁]が問題となるのに対し、規律権力においては「何らかの権力の全般的かつ細密な形式に服する、服従する主体 un sujet d'obéissance の形成」[*ibid.*]が問題とされる。『監獄の誕生』では、法的権力と規律権力は以上のように区別されている。そしてこの観点からすると、監獄の「誕生」とは、異質な主体形成に関わるこの二つの権力が交差する、歴史的・空間的な地点を意味するのである。

近代に出現した新しい権力を法的権力と区別することによってその特異性を明確にしようとする試みは、『知への意志』へと引き継がれる。この著作では、まず法的権力について、より一般的な定義づけがなされている。フーコーは、中世以来の西洋の王制に法的権力の系譜を見る。その権力は、「統一体として自己を構成し、自らの意志を法と同一視し、禁止と制裁のメカニズムを通じて行使される」[Foucault 1976a : p. 114, 一一三頁]という特徴を有する。ここで重要なのは、法的権力に与えられたこうした特徴が、近代的な社会契約論にそのままあてはまると考えられていることである。フーコーが「政治思想と政治分析の領域では、われわれはいまだに王の首を斬り落としていない」［*ibid.*, p. 117, 一一五頁］と言う場合、王の権力の正当化のために用いられたことば遣いや思考枠組みと、王制を批判した近代的人権思想におけるそれとが連続していることを意味する。それらはともに、権力についての法的な語り方、すなわち法的言説に属するのである。[3]

フーコーの近代権力分析の特徴は、こうした権力の法モデル、すなわち権力を合法性・正統性・法・権利といった観点から思考する方法を歴史的に相対化してゆくところにある。それによって、この枠組みでは捉えきれない権力を語るための新しい言語を作り出し、さらに、その権力と法的権力とを両方同時に批判の射程に入れようとするのである。

そして、法モデルでは捉えきれず、法的権力には還元しえない権力としてここで定式化されるのが、「生権力 biopouvoir」である。これは、人間の生のすべてを政治の対象として取り込んでゆくような権力であり、以下の二つの極をなす。「一つめの極は、（…）機械としての身体に照準を定める。身体の調教、身体的能力の最大化、力の強奪を目指しその有用性と従順さとを同時に増大し、有効で安上がりな統制システムへと身体を統合しようとする。これらすべてを保障していたのが、規律を特徴づける権力の諸手続きであった」［*ibid.*, p. 183, 一七六頁 強調原文］。規律権力は、ここで生権力の一つの極として捉え返されている。

さらに、この著作ではじめて、フーコーは規律権力とも異なるもう一つの権力形態に言及する。「〔生に対する権力の〕二つめの極は、もう少し遅く、一八世紀半ばに形成された。それは、種としての身体、生物の力学に貫かれ、生物学的過程を支える身体に照準を定める」［*ibid.*］。この権力は「人口 population の調整」を通じて行使され、人口に対する「生政治 biopolitique」［*ibid.* 強調原文」と名づけられる。それは、個人の身体の規律とならんで、生権力が組織化されるもう一方の極をなす。

統治性研究は、『知への意志』における生権力のこうした把握の上に立って、それをさらに展開したものである。

2 統治性研究の概要

すでに述べたように、統治性研究は未完におわり、著書へと結実することはなかった。[4] そこでまず、関連資料をもとにこの研究のアウトラインを示し、本章でそれらをどのように再構成するかを示しておかねばならない。統治性研究の中心は、一九七八年、一九七九年のコレージュ・ド・フランスにおける講義であるが、その講義録はいまのところ出版されていない（論文やインタヴューを網羅した *Dits et Écrits*, I–IV（『ミシェル・フーコー思考集成』I–X）にも収録されていない）。[5] ただし、それぞれの年の冒頭講義がカセットテープで市販され［Foucault 1978a, 1979a］、一九七八年二月一日の講義のほぼ全体が活字化されている［Foucault 1978b］。また、一九七九年一月三一日の講義のごく一部が公表されている［Foucault 1979b］。このほか、一九七〇年から一九八二年までの講義要旨にこの二年分も含まれている［Foucault 1989 : p. 97–120］。以上が、統治性研究の中心となる講義の中で、一九九六年現在までに出版されているすべてである。ここから分かるとおり、資料の出版はきわめて部分的なものにとどまっている。関連文献としては、この研究の成果の一部をまとめた講演である、一九七九年一〇月の合州国スタンフォード大学におけるタナー連続講義「全体的かつ個別的に――政治的理性の批判をめざして」［Foucault 1979c］、一九八二年一〇月の合州国ヴァーモント大学での講演「個人に関する政治テクノロジー」［Foucault 1982c］がある。また、これに先立つ一九七八年四月の東京朝日講堂での講演［Foucault 1978e］にも、研究成果の一部が含まれている。本章では、パリのフーコーセンターで聴取できる講義テープを中心に、上記の諸資料を援用しながら統治性研究を再構成する。[6]

はじめに、講義の内容を概観しておく必要がある。講義そのものは必ずしも歴史の順序に従ってはいないが、便宜上古代から現代へという流れに沿って整理すると、以下のようになる。

一、古代ギリシャ・ローマと地中海オリエント。ヘブライにおける政治権力のあり方との対比。ヘブライからキリスト教世界へと引き継がれる司牧権力 pouvoir pastoral（pastoral は司牧の、羊飼いの、の意。ラテン語の餌を与える人＝羊飼いから）の特徴の明示。

二、一六世紀以降概念化される、司牧権力を基底とする新しいタイプの世俗権力について。この権力は、国家の統治を主題とする諸文献において構想され、国家理性論へと結晶化する。ここで、ポリス police の装置に言及される。

三、一八世紀半ばに国家理性論に基礎を置く統治を批判し、統治の自己限定の原理を基礎づけた、自由主義の政治経済学 économie politique について。ここでは、固有の自然性を有する市場および人口（社会）が、統治を限定し、介入のあり方を規定する。

四、自由主義の統治の現代的形態としての、(西)ドイツおよびアメリカにおける二〇世紀の新自由主義の検討(本書第9章を参照)。本章では、このうち二番目の国家理性論と三番目の自由主義の政治経済学との対立構図を中心に、必要に応じて一および四を参照しながら議論を進めてゆく。国家理性論から政治経済学への移行において、何が継承され、何が批判・変更されたかの両面を押さえることが、統治性研究の核心をつかむことに他ならないからである。

3 国家理性とポリス

1 歴史的・時代的背景

一六世紀以降、世俗国家に固有の統治が西欧世界で関心の対象となりはじめ、統治術 art de gouverner に関する多くの文献が著されるようになる。フーコーはその背景に、世界把握のしかたの転換、世界観の変化があったと考える。すなわち、主権国家の並立という近代的な国際秩序をもたらす、独自の時間・空間論を持つ秩序観の出現である。

この秩序観は、帝国の解体によって出現した。それは、ローマ帝国の再建によるヨーロッパの統一という、一六世紀初頭にはまだ支配的だった考え方とは対照的である。帝国の再建という考えでは、空間的にはヨーロッパは一つの帝国へと統一され、時間もまた帝国の統一という終局点に向かって流れると考えられていた。これに対して、一六世紀に西ヨーロッパに出現した主権国家群は、全く別の秩序観に支えられている。まず、平和は帝国の統一ではなく、国家間の均衡を通じて追求される。そのため、ヨーロッパという空間は複数の主権国家に分断され、それらの間で一時的な同盟や敵対が生じる場となる。フーコーによると、そこに古くからある王朝間の対抗関係 rivalités には解消しきれない、国家間の競合 concurrences 空間が開かれる。そしてこの国家間競争は、終わりのない時間の中で際限なくつづけられる。競争のための開かれた時間と空間が出現し、その中で諸国家が力の均衡を追求するという、新たな世界観、秩序観が形成されるのである。[7]

そしてこの新しい秩序の中で、主権国家が競争に勝ち残り生き残るためには、国家に固有の力の認識が必要となってくる。力の均衡が維持されるためには、それぞれの国家は生き残りを賭けて力を蓄えなければならない。そして、国家が力を蓄えるには、その力、すなわち国力とはどのようなものか、どうすれば国力を増強することができるのか、より根本的には、国家 Etat とは何かについて、新たな思考様式が必要となる。この新しい思考様式を模索したのが、統治術に関する諸文献であり、そこで展開された国家理性 raison d'État についての考察である。

2　国家理性論

ここでまず、フーコーが「統治 gouvernement」をどのような観点から考察しているかについて簡単に述べておく。ここでの gouvernement は、「制度としての「政府」ではなく、ある枠組みの中で国家的手段を用いて人々の行為を統御する活動」[Foucault 1978 : p. 324, 三九二頁]、つまり国家統治の実践活動を意味する。これに関しては、二つの面から押さえておく必要がある。
まずフーコーは、この語を制度としての政府ではなく、政府によるものを含めた統治活動全般を指す語と規定している。この規定は、近世における統治の語義のニュアンスを汲んだものである。一六世紀には、「この語は政治構造や国家による管理だけでなく、広く個人や集団の行為を導く方法を指していた。たとえば、子どもの統治、魂の統治、共同体・家族・病人の統治などである。統治は、制度化・法制化された政治的・経済的な服従のあり方だけでなく、〔他者の行為への〕多少とも反省化され計算された働きかけのしかた、他者が起こしうる行動に影響を及ぼそうとしてなされるすべてを含意する。統治するとは、この意味で、他者の不確定な行動の領野を構造化することに他ならない」〔Foucault 1982a : p. 237, 二五―二六頁 強調引用者〕。フーコーはまず、人々の行為を何らかの形で枠づけ、ある方向に導く方法・やり方という観点から、統治の実践を捉えようとしている。
もう一つ考慮すべきは、統治性研究の主要な対象を、一六世紀以降徐々に現れたとされる、「政治的な」（全体秩序に関わる）統治に限定していることである。一五世紀頃まで、「統治」という語は国家の統治や政府を意味することばではなかった〔一九七八年二月八日の講義〕。このころまでは、領土や民を正義にかなったやり方でいかに支配するかについては数多く語られたが、神の秩序や自然の秩序に基礎づけられない世俗国家固有の統治は、一六世紀に入ってはじめて問題として知覚されたのである。[8]
以上から、フーコーは一方で人の行為を導く実践活動、そのやり方という統治の語義を汲み、他方でそれを国家統治や政治的な統治に限定して考察しているといえる。統治性研究は、このように対象を画定することで、近代国家を全体と個の結合のあり方、すなわち統治のテクノロジーの観点から捉え返す試みであるといえる。

以上を念頭において、一六—一七世紀の国家理性論について検討してゆく。世俗国家における統治がそれ自体として問題になると、「統治はその〔固有の〕理性 raison、自然原理 prinpicia naturae、国家理性 ratio status を探し求めねばならなくなる」[9]。国家に固有の理性の探求とは国家をその外部の何ものかに準拠させる思考枠組みからの訣別を意味している。それは第一に、「キリスト教世界における法的な伝統からの断絶であった。すなわち、統治とは根本的に正義の実現に他ならないと主張し、また法の体系全体（人定法、自然法、神法）を尊重する伝統」〔Foucault 1979c : p. 151, 三五四頁〕からの訣別を意味する。国家理性論は、国家統治の基礎づけを神や自然の法といった外部に求めず、国家そのものによって基礎づけられる統治を模索する。

第二に、国家に固有の理性の探求は、マキャヴェリ Niccolò Machiavelli（一四六九—一五二七）『君主論』（一五一三）とも対立する。この著作におけるマキャヴェリの関心は、「何が君主と国家の絆を維持し強めるかを規定する」〔*ibid.*, p. 152, 三五六頁〕ことにあった。つまり、君主と君主が支配する領土・臣民との関係の外在性を認めた上で、両者の間にいかに強固な絆を作り出すかが、ここでの課題であった。これに対して、「国家理性にとって問題なのは、国家の存在そのもの、国家の本性 nature である」〔*ibid.*〕。

国家理性論をマキャヴェリと対立させるこの解釈は、国家理性論の代表的研究者であるマイネッケ Friedrich Meinecke（一八六二―一九五四）によるものとは異なっている。マイネッケは『近代史における国家理性の理念』（一九二四）において、国家理性の理念史をマキャヴェリからはじめている。彼にとって、国家理性論を研究する際の最大の関心事は、国家における権力と道徳、あるいはクラートス（力）とエートス（倫理）との緊張関係である。すなわち、国家理性が国家の現実的利益のために、時として法や道徳を超えようとし、「国家理性と道徳および法との相剋」［Meinecke 1924：三六頁］が存在することが、マイネッケにとって最も差し迫った重大な問題であった。そのため、神や自然のあるべき法に拠らずに、現にあるものとしての政治や国家について思考したマキャヴェリは、国家理性論の祖とされる。[10]

フーコーもまた、マキャヴェリが神にも自然にも基礎づけられない国家の固有性を思考する道を開いたことは認めている［一九七八年三月八日の講義］。しかしフーコーにとって、政治がときに倫理を超える「力」となる側面は、国家理性論の出発点ではあってもその中心ではない。「「国家理性」とは、その名の下に他のあらゆる規則をくつがえしうる、あるいはくつがえさねばならない至上命令ではない。それは、君主が人々の統治に関して主権を行使する際に従うべき、新しい合理性の母胎である」［Foucault 1978：p. 374, 四四九頁　強調引用者］。国家理性論の特異性は、国家とは何か、その力を測る尺度は何か、どうすれば国家を強く豊かにすることができるのかについて、新しい様式で思考し、君主といえども尊重しなければならない、国家に固有の合理性を定式化したところにある。マキャヴェリはこれをなしえていない。したがってフーコーの関心は、国家理性による法の侵犯の有無ではなく、むしろ国家理性論の中で構想される新しい統治の合理性、またそれを母胎として発達する統治の諸装置、学問、技術へと向けられる。この点を押さえたうえで、以下にフーコーの分析を順を追って見てゆこう。

一六世紀後半から一七世紀前半にかけて、イタリアを中心に国家理性について数多くの文献が著された。フーコーは、ラ・ペリエール Guillaume de la Perrière（一四九九―一五六五）『政治の鑑』（一五五五）、ボテロ Giovanni Botero（一五四四―一六一七）『国家理性論十篇』（一五八九）、パラッツォ Giovanni Antonio Palazzo『統治および真の国家理性に関する論説』（一六〇六）、ケムニッツ Bogislav Philippvon Chemnitz（一六〇五―一六七八）『国家理性について』（一六四七）を検討し、他の複数の理論家にも共通する国家理性論の特徴を指摘する。まず、国家理性は国家以外の何ものにも根拠づけられない。つぎに、それは国家の本質であり、国家の本質を認識することである。第三に、それは国家を保守するためのものであり、変革や改革の原理ではない。第四に、それは国家そのものに先立つ、あるいは国家以外の目的とは無関係である。ここでは国家の起源も、君主とその外部にある領土・臣民との絆の強化も重要ではない。すでに与えられた国家をいかに統治し保全し豊かにするかだけが、国家理性論の課題なのである［一九七八年三月一五日の講義］。

以上のように、国家理性論は国家を神や自然の法から切り離し、その固有性に即した統治を模索する。ここで、現世における統治のモデルとなったのが、家の統治としての「家政 économie（œconomie）」であった。家政という統治形態を国家の統治に導入することは、国家が「家の内部でなされているような、つまり妻・子ども・使用人の指導に長けたよき家父がするような、個人・財産・富の管理」〔Foucault 1978b : p. 641–642, 二五四頁〕を目指すことを意味する。[11] ここでは、君主の国家統治が、父親・司祭・教師・親方などによるさまざまな統治の中の一形態として位置づけられている。これは、「マキャヴェリの君主の超越的な単独性とは根源的に対立する」〔*ibid.*, p. 640, 二五二頁〕ような、国家と君主の関係の捉え方である。国家の統治は、神や自然の秩序から切り離されると同時に、現世において人や集団や事物を統治する多様な方法の一つとなる。

さらにこれは、『君主論』のみならず、主権に関する法理論とも対立する考え方である。ここでフーコーは、近代国家が、家長による支配、教会による支配、領主による支配などの多元的な支配形態を排除し、それらとは質的に異なる主権を確立することで成立したという、近代国家の法的な把握とは別の見方を試みている。すでに述べたように、彼は法 - 主権という思考枠組みでのみ近代権力を捉えることに疑問を呈していた。統治という観点を導入することで、単一の国家権力の確立ではなく、むしろ国家の統治が家の統治と連続的に捉えられるという、法や主権の観点からすると近代化とは逆の流れとも考えうる方向に、西洋近代の特徴を見ようとしているのである。

この国家統治のモデルとしての家政の導入は、当時の統治術の中心的特徴をなしている。そして、ここからの帰結として、統治の対象かつ目的としての「事物 chose」が現れてくる。マキャヴェリや主権理論においては、事物よりむしろ領土が問題であったが、統治にとっては、「事物の正しい配置」〔*ibid.*, p. 643, 二五六頁〕が重要である。ここでは「人々と事物から構成される一種の複合体」が第一の対象となる。より厳密には、統治は「富や資源や食糧やそして当然領土との関係・絆・複雑な関連をもった人々」「慣習、しきたり、作法や考え方といった、他の事柄との関係の下にある人々」「飢餓や伝染病や死といった、事故や災難に遭遇しうる存在としての人々」［*ibid.*, p. 643–644, 二五七頁］に関わる。つまり、人々と彼らが生きる場とが織りなす相互関係全体が、統治の主要対象となり、逆に領土自体は二次的変数となる。また目的に関しても、「主権の目的がそれ自体に見出され、主権に関わる装置が法という形で主権自体から引き出されるのに対し、統治の目的は、それが導く事物のうちに見出される」［*ibid.*, p. 646, 二六〇頁］。

国家の統治術は、以上述べたとおり、まず家の統治をモデルに考えることから展開した。ここでは君主は、家長が家において行うように、国家を構成する要素である人民と彼らをとりまく事物全体に配慮しなければならない[12]。

こうした特徴を有する統治術が母胎となって、近代国家を形づくる諸装置が作り出される。次節では、国家の力という問題系を中心に形成される、統計学、外交－軍事装置、重商主義、ポリスを取り上げ、とくにポリスについて詳しく検討する[13]。

3 統計学、外交－軍事装置、重商主義、ポリス

国家の現実の力をいかに認識するかという問題を提示した国家理性論は、対象に即した統治を行うため、統治者の知恵 sagesse や賢慮 prudence とは全く異なる、国力についての知識を与えてくれる技術的な学問を必要としていた。この要請に応えたのが、統計学 statistique である。統計

学は、国家の力を維持し増大する目的で、国家を構成する諸要素を認識する学に他ならない。それは人口、人口を構成する諸カテゴリー、富（生産量、流通量、天然資源の量）、貿易収支などを算定する［一九七八年三月一五日の講義］。統計学は、国家の力の客観化・数量化の技術によって、外交－軍事装置 appareil diplomatico-militaire、重商主義 mercantilisme、ポリスを発達させるとともに、逆にそれらによって強化され発達する［一九七八三月二九日の講義］。

まず、統計的手法を用いた国家の力の認識は、国際関係において、自国および他国の力の計算に基づく対外政策を可能にする。こうした数値に基づく力の均衡の追求は、フーコーが外交－軍事装置と呼ぶ体制を作り出し、戦争・外交・常備軍の配備を通じた均衡政策が、ヨーロッパで広く展開されるようになる。ウエストファリア条約（一六四八）に体現されるこの時期の国際秩序は、統計学的な国力の計算に基づく外交戦略と戦争を通じて、ヨーロッパの均衡維持を図る試みとして捉えられる［一九七八年三月二二日の講義］。

また、国力増強という目的をもって、のちに重商主義と呼ばれる一連の政策が展開される。重商主義とは、「商業 commerce の発展ならびに商業関係にもたらされた新たな活力によって、ヨーロッパ的競争における国家の力を強めるための技術、計算」［一九七八年四月五日の講義］を指す。商業を通じて国力増強を図る重商主義は、具体的には以下の主張を行う。人口は多ければ多いほどよい。しかも、全人口が仕事に就いていなければならない。賃金と商品価格はできるだけ低く保つのがよく、廉価な商品を外国に売って貨幣を蓄積すべきである。これが結果として武力を保障し、生産を刺激する［一九七八年四月五日の講義］。

このように、国力増強の手段として商業を用いる重商主義は、商業発展の基盤としての人口管理と商品流通に関わる技術である、ポリスの発展によってはじめて実現可能となる。フーコーが、国家理性論と相関するさまざまな統治実践のうちでもっとも重視するポリスについて、以下に見てゆく。

ポリス police/Polizei という語は、現在では治安維持のための国家規模の組織である警察を意味する。しかし、一七―一八世紀のフランスやドイツ語圏においては、この語は「統治（政府）が、国家の枠組みの中で、人々を世の中にとって有用な個人として統治できるようにするための特定の技術」［Foucault 1982c : p. 154 (1994 : p. 821)、三六三頁］を指した。ポリスは、現在の警察の役割である安全や治安の維持とは比較にならないほど広い領域を覆い、国家の力の増大に関わることなら、内政のあらゆる事柄に関与する行政装置であった[14]。

さらに、ポリスは法とは異なる固有の領域に関わる。「ポリスの規則 règlement は、他の世俗法とは全く別の種に属する」［一九七八年四月五日の講義］。もちろん、ポリスが法の中に包含されえず、法とは異質な介入の対象や方法を有すること自体は、それほど目新しい指摘ではない。たとえば、フランスでは絶対主義国家から民主主義国家へ、ドイツではポリツァイ国家から法治国家へという形で、いずれもポリスに象徴される法超越的な権力行使が、近代的な法枠組みによって限界づけられたというのが通説だからである。しかし、こうした見方では、君主のポリスはつねに前近代的、中世的な家父長制の残滓と見なされ、そこでの福祉行政については、父である君主が子である臣民をパターナリスティックに保護するという側面だけが強調される。ポリスが担った幅広い役割も、王の専制権力を法を回避しつつ直接臣民に行使するための道具としてしか見られない。ポリスは、王が有する非合法で人権侵害的な権力を体現した、近代国家が乗り越えるべき前近代の象徴と見なされるのである。

しかしフーコーは、ポリスにむしろ前近代世界との断絶を見、それを近代国家形成を促進する一装置として捉える国家理性論の場合同様、ポリスは法や権利を侵害するか否かという法の観点からではなく、それが全体と個をどのようなやり方で結びつけるかという、統治の観点から分析される。フーコーは、法とは異質な介入のモードを用いるポリスを、近代国家における全体と個、国家と個人の新たな結合方法、秩序と国力を関係づける新しい方法に支えられた実践であると見る。そしてそれは、権利や主権に関わる法的な思考様式には還元しえない、国家の力についての新たな思考枠組みを基盤としている。言い換えればポリスは、国家理性論、統計学、そこから形づくられる重商主義政策、外交－軍事装置との関連で捉えられている。これらはすべて、世界秩序と国家の力についての新しい考え方を基礎とする、近代特有の装置なのである。

当時のポリスがいかなるものとして構想されていたかについて、フーコーはフランスのテュルケ Louis Turquet de Mayerne（一五三三（三四？）—一六一八）『貴族的・民主的な君主制』（一六一一）、ドラマール Nicolas Delamare（一六三九—一七二三）『ポリス概論』（一七〇五—一七一一）、ドイツのユスティ Johann Heinrich Gottlob von Justi（一七一七—一七七一）『ポリツァイ学の原理』（一七五六）を検討し、以下の点を指摘する。[15] まず、「封建的権力は法的主体が出自・身分・個人的誓約などによって法的関係に入るかぎりでの、彼らの関係によって構成されている。これに対して、新しいポリス国家における統治は、法的身分としてだけでなく、人としての、働き、商業を営む（＝交流する）生きた存在としての個人に関わるようになる」［Foucault 1982c : p. 156（1994 : 822–833）三六六頁］。ポリスは、法の関係における主体をその一部として含み込むような、「人々の共存の諸形態」［一九七八年三月二九日の講義］に働きかけるのである。

つぎにフーコーは、ポリスが「よりよく生きる mieux vivre」こと、すなわち個人の幸福を対象とする点に注目する。国家の力の増大という目的を達成するために、ポリスはそこに生きる人々の幸福 félicité に関心を持つ［一九七八年三月二九日の講義］。たしかに、個人の幸福の実現は、古今東西どこにおいても徳ある政治の目標となってきた。しかし、ポリスにおける国家と個人との関係は、そうした伝統的な問題構制とは質を異にする。個人の幸福は、名君は民を幸福にし、暴君は不幸にするといった統治の結果ではなく、むしろ国家の生き残りと発展のための必要不可欠な前提条件と考えられている。

幸福と福祉の問題は、「一八世紀における健康の政治」［Foucault 1979d］でも取り上げられている。「健康〔を対象とする〕政治の出現は、より一般的なある過程、すなわち社会の「福祉 bien-être」が、政治権力の本質的な目標の一つになる過程に関連づけて考えられるべきである。（…）人々はもはや、たんに戦争・無秩序・法や裁判における不公平・飢餓・不当な税などがなくなれば、幸福や平穏や正義が人類史に姿を現すとは考えていない。「公共善」は、以下の物質的な複合領域とはっきり関連づけられている。すなわち、天然資源、労働生産物、その流通、商業規模、都市と道路の整備、生活条件（住居や食糧など）、住民の数・寿命・活動力・労働適性などが絡み合う複合領域である」[*ibid.*, p. 729, 一〇頁]。ポリスは、国家の力の増大のため、個人の幸福や健康を積極的に作り出そうとする。この点でポリスを、国家の構成員や構成要素を統治の対象かつ目的とする、国家理性の理念を具体化したものとして、また、『知への意志』で論じられた「生権力」が行使される装置として見ることができる。

このように、個人の生活様式、生活の質が全体にとっての関心事となってゆくところに、フーコーは近代国家に特有の全体と個の結合のあり方を見る。このことと関連して、彼はとくにユスティにおいて、ポリツァイ die Polizei と政治 die Politik とがはっきり区別されていることに注目する。ここでは、政治が国家の内外の敵と戦うという消極的な仕事に携わるのに対し、ポリツァイは積極的な仕事に携わるものとされる。フーコーは、このとき設定された問題構制、国家は安全や秩序の維持とは別に、構成員たる個人の幸福・健康やよりよき生を保障する役割を担うべきか否かという問題が、その後の国家に関する議論において重大な争点となりつづけるとする。つまり「一八世紀末からつづく、自由主義、ポリツァイ国家、法治国家などをめぐる議論は、国家の積極的／消極的責務についてのこの問題に起源を持つ」[Foucault 1982c : p. 826, 三六九―三七〇頁]。

フーコーはまた、ユスティの理論の中での「人口」概念に注目している。「フォン・ユスティにとって、人口と環境とは恒久的に生きた相互関係の下にあり、国家はこれら二つのタイプの生きる存在が結ぶ生きた相互関係を管理しなければならない」[*ibid.*, p. 826, 三七〇頁]。ユスティは、人口ということばを使用しているのみならず、それを環境との相関の中で捉えようとしている。こうしてポリツァイ学の展開の中で、「固有の増加率・死亡率・罹病率を有し、固有の存在条件をもつ」［Foucault 1979d : p. 730, 一二頁］人口が、国家の力の構成要素として浮かび上がってくるのである。

そして、統治の対象として浮上してきたこの人口をいかに概念化し、人口に関わる統治をどのように実践するかをめぐって、国家理性－ポリスの統治を批判する新しい統治形態である、自由主義の統治が現れる。

4　自由主義

1　国家理性論から政治経済学へ――連続性と批判

自由主義の統治における国家理性－ポリスの統治の批判と継承は、統治性研究全体の要となる部分である。これについて論じるにあたって、まずフーコーの自由主義分析の特徴を明らかにしておきたい。

すでに述べたとおり、フーコーは一七世紀以降法には回収されえない「統治」をめぐって思考した国家理性論の理論家たちに注目したが、ここでまた、法的な思考とは別の立場から議論を展開した人々、とくにフランスでエコノミストあるいはフィジオクラット physiocrat と名のった人々に注目する。したがって、フーコーの自由主義分析の出発点は、経済学生誕期の自由主義の政治経済学である。[16] 彼は、宗教的寛容や思想・言論・良心の自由、人権の擁護など内面の自由や権利の観点からではなく、統治の観点から自由主義に照明を当てようとしている。そのためここで対象とされるのは、大革命後のフランスで自由主義者と呼ばれた人々（ギゾー、トクヴィルら）や、またおしなべて政治的権利から出発する自由主義ではない［Foucault 1979 : p. 324-325, 三九五―三九六頁］[17]。

つまり、自由主義の政治経済学を統治のテクノロジーの一タイプとして捉えるのが、フーコーの分析の特徴であるといえる。このことは、政治経済学を経済科学の先駆的形態としてではなく、まさに「政治的な経済学」として、社会秩序と社会発展についての全般的構想を有する学として捉えることを意味する。ケネー François Quesnay（一六九四―一七七四）にせよスミス Adam Smith（一七二三―一七九〇）にせよ、経済学説史上の位置づけや経済学の発展に対する貢献が問題とされることはない。また、彼らが農業と商工業のどちらの利害を代弁したかといった点にもほとんど関心が払われない。フーコーの関心は、彼らがどのような統治のあり方をいかなる基礎づけによって主張したかに集中している。したがって、国家理性－ポリスの統治と自由主義の統治との対比そのものが、彼の自由主義分析の要点をなす。

まず、国家理性－ポリスの統治から自由主義の統治が継承している部分については、政治経済学という語の意味自体が手がかりとなる。「一七〇〇年代から一八〇〇年あるいは一八二〇年ごろまで、政治経済学という表現は、（…）国民 nation の繁栄を確保するための統治のすべての方法、実践、手順であった」［一九七九年一月一〇日の講義］。フーコーは、黎明期の政治経済学が何より各国の繁栄を第一目標としたことに注目する。この学は国家理性の外部に、それとは相容れないものとして現れたのではなく、国家の力の増大、その富裕化、人口と食糧の同時増大、国家間競争における勝利といった、国家理性論の目標をそのまま引き継いでいる。「この新しい統治術は、国家理性の内部での一種の精緻化であり、国家理性の維持といっそう完全な発展、その完成化のための原理」［一九七九年一月一七日の講義］なのである。このためフーコーは、政治経済学を国家理性に基づく統治に対する「内的限定」として、法学者による「外的」限定（国家の外部にある何かに依拠した限定）と区別している［一九七九年一月一〇日の講義］。

しかし、それが統治を限界づけるものである以上、政治経済学は国家理性論の単なる延長ではない。それは、国家の富裕化という目標をよりよく達成するための別の手段を提示する。いいかえれば、国家理性論の目標を引き継ぎつつ、目標達成のためのプロセスにおいて、それを支える合理性を転換する試みである。そしてこの転換を通じて、国家とは何か、国富・国力とは何かについて、その意味自体を転換してゆく。ここでは国家理性は、法や契約に違反する、権利を侵害するといった理由で批判されることはない。ただ統治が不適切、へた maladriot であるとして批判されるのである。

では、自由主義においてどのような統治のあり方が不適切とされ、それにかわって新たに構築された統治のテクノロジーとはどんなものなのか。

これに関してはまず、自由主義の統治との対比という観点から、ポリスにおける介入のあり方を捉え返しておく必要がある。「一七―一八世紀には、ポリスはただ一つの介入モードしか有していなかった。条令 réglement や勅令 ordonnance など、規則を用いるようなモードである」［一九七八年四月五日の講義」。国家の構成要素である個人の生とそれを取り巻く事例とを、規則を定めることによって管理しようとするポリスは、その展開と相即して、「規律」という特定の型の権力と結びついてゆく。[18]「一六世紀末から一八世紀にかけて、工房、学校、軍隊など、個別の場で見られる規律のたいへんな増殖は、(…)ポリスという形態での個人と領土の一般的規律化の試みによって基礎づけられ、そこから浮かび上がってくる」[一九七八年四月五日の講義]。ここでポリスの装置は、介入のあり方としては規制 réglementation、用いる権力の型としては規律という特徴によって捉え返されている。

そしてこのことが、統治術が家をモデルにしたことと相まって、国家統治の展開の阻害要因となる。国家を家に見立て、家長が家構成員を規律化するごとく君主が臣下を統制しようとするところからは、介入が無制限に拡大してしまう危険が生じてくる。規律と規制による統治は、できるだけ広い範囲を細部にわたって四六時中監視し、評価し、違反をチェックする。そして、微細な点までつねに規則に従っていることが、よりよく統治されている状態と見なされる。このため、ポリスの装置が大きくかつ詳細になり、規律が貫徹すればするほど、秩序維持と国家の力の増大が達成されるという論理になる。

このような、介入の拡大＝国家の力の増大という図式に対して根本的な異論を唱え、規律とは異なるタイプの介入様式を生み出したのが、自由主義の統治である。介入の拡大はほんとうに国家の力の増大につながるのか、より多くの統治はよりよい統治なのか。これが一八世紀の政治経済学が提示する問いである。それは「いかにして統治の過剰をなくすか」[一九七九年一月一〇日の講義」という自由主義の核心的な問題関心に連なる。フーコーは、これ以後自由主義が歴史的にさまざまな学説として現れてきたにもかかわらず、そこには「統治の過剰の批判」という一貫した問題意識があると考える。このため、フーコーが「ヨーロッパで最初の政治経済学的省察」[一九七九年一月一〇日の講義]を行ったとするケネーやフィジオクラットの時代には、まだ「自由主義」という語が存在しなかったにもかかわらず、彼らは最初の自由主義者と見なされるのである。[19]

ここでポリスと政治経済学に関して留意すべきは、両者の違いを介入の多寡についての単なる政策上の対立へと縮減すべきではないことである。ここでのフーコーの分析は、ポリス＝介入主義＝専制、自由主義＝レッセフェール＝自由の拡大という図式とは異なる。たとえばフィジオクラシーは、ケネーがシナの専制主義を理想としたことに見られるように、政治的には専制を擁護した。しかし、たとえ君主専制という同じ政体を擁護するとしても、ポリス論者とフィジオクラットとでは、君主に求める介入のあり方が異なっている。端的にいうと、ポリス論者が規制 réglementation を求めるのに対し、フィジオクラットをはじめとする自由主義者は、調整 régulation という介入様式を提唱する。したがって重要なのは、介入主義か自由放任かではなく、介入を基礎づける思考のあり方の差異であり、それに基づく介入の仕組みの違いである。[20]

2　市場の自然性

規制ではなく調整としての統治実践を構想しようとするフィジオクラットの思想を、フーコーは、彼らが自説の拠り所とした「市場の自然性」という考え方を中心に説明している〔一九七八年一月一八日、四月五日の講義〕。

フィジオクラットの主張では、穀物は値段が安いほどよいわけではない。農民の収入を低く抑え、外国産の穀物との競争に打ち勝つために安値を目指すポリス－重商主義の発想とは異なり、農業における利潤や農業投資を一国の富の問題の中心に据えるフィジオクラシーにおいては、穀物の高値は容認されている。そこでは、「安値 bon marché」ではなく「良価 bon prix」が最善の価格なのである。[21]

穀物の価格を需給法則や稀少性に応じて自由に上昇させ、それによって良価を実現すべきであるという主張は、ポリスによる穀物取引の規制を明確な批判対象としている。フィジオクラットにとって、良価とはその価格が事物の自然な流れに従った結果であることを意味する。彼らは、この流れを人工的に修正せず、したがって、ポリスによる「規制は、事物そのものの流れの自然発生的な調整に置き換えられるべきである」〔一九七八年四月五日の講義〕と主張する。

また彼らは、国家間の貿易の自由を主張する。ポリスのシステムが、他国を商品輸出－貨幣獲得の道具としたのに対し、フィジオクラットにとっては、他国は自然な調整メカニズムの一部をなす。つまり、市場は世界市場として構想されており、自国と同時に他国の人々を富ませることができると考えられている（ただし、ヨーロッパと世界の他の地域との非対称性は自明視されている）。国家間の競争は、もはや限られたパイの奪い合いではなく、ヨーロッパ全体に繁栄と進歩をもたらしてくれるものとなる。

このように、フィジオクラットの主張は、事物の自然な流れの認識に一貫して支えられている。そして、この自然な流れを保障する場が、自由主義経済学にとってその後も比類ない重要性を保ちつづけることになる、「市場 marché」である。彼らにとって市場は、あるべき統治を示す「特権的な経験の場」〔Foucault 1979 : p. 326, 三九四頁〕なのである。

ここでフーコーは、市場という語が一八世紀にこうむった大きな語義の変化に注目する。一六・一七世紀まで、市場とは正義 justice の場であった。公共市場は、法令に従い仲買人を通じた公定価格でのみ売買が許される、いわば「規制によって与えられた場」〔一九七九年一月一七日の講義〕であり、市場での価格の固定性が正義を表現していると考えられていた。これに対して、フィジオクラットにとっては、市場は正義を実現する「法廷 lieu de juridiction」ではなく、自然なメカニズムを有する「真理の場 lieu de véridiction」である〔一九七九年一月一七日の講義〕。ここでは、法定価格ではなく、市場のメカニズムによって「自然に」定まる価格が「良価」となる。

さらにフーコーは、こうした市場の自然性の認識と相関するものとして、「人口」の自然性、市民社会の自然性について検討してゆく。

3　人口の自然性／市民社会の自然性

人口 population 概念の形成と変容の過程は、統治性の歴史をたどる上で最も重要な出来事の一つである。フーコーはフィジオクラットによる市場の自然性の発見を、この概念との関連で捉えようとしている。

前章の末尾で述べたように、ポリス論の中ですでに人口問題の重要性が浮上してきていた。「それ〔ポリツァイ学〕が人口問題に関心を払い、国家の力のために人口がもっと多くもっと活動的であるべきだと考えたのは、言ってみれば「当然の」ことであった。健康、出生率、公衆衛生は、そこでは何の問題なく重要な位置を与えられている」[*ibid.*, p. 324, 三九二—三九三頁]。しかし、自由主義との対比で見た場合、ここでは規制と規律によって人口をより多く、より健康に、より豊かにすることしか念頭に置かれていない。自由主義においては、人口は多ければ多いほどよいわけではない。市場と同様人口にも、自然な流れ、自然な特性がある。この自然性の発見が、それまで単純な数量的計測の対象でしかなかった population を、固有の法則性を有する「人口＝社会」というべき存在へと変容させる。

この変容を支えた第一の契機は、出生・死亡などに関わる人口統計データの中に、規則性が発見されはじめたことである。それによって、人口は固有の法則性をもって変化・増減する実在として知覚されるようになる。つまり、「人口に内在する自然性」〔一九七八年四月五日の講義〕が発見されるのである。この自然性は、たとえば個人一人一人が病気にかかるか否かとは独立した、ある集団に固有の罹病率とその一定性として表れる。人口は、それを個々の構成員である個人にばらしてしまうと消失するような、固有の実在性を有した存在となる。[22]

第二の契機は、自由主義経済学と関連の深いスコットランド啓蒙思想における市民社会概念の形成である。フーコーは、まずヒューム、スミスに見られる経済人 homo œconomics 概念の萌芽を取り上げる。そして彼らにおいて、経済人につながる利益主体 sujet d'intérêt は、法的人間

homo juriducus とは「まったく異質で重なるところのない」[一九七九年三月二八日の講義] ものとして提示されていると指摘する。そのうえで、スミスの「見えざる手」の議論を、利益主体相互の間に秩序を成り立たせるための探求として捉える。ここでスミスは、全体にとって何が必要かを知らず自分の利益だけを追求することがかえって公共の利益を促進するという、分業と交換が進展した社会特有の秩序論理を示し、法の世界——相互に権利を限定し合うことで秩序を成立させる世界——とは異なった世界の存在を示した思想家として位置づけられる。

フーコーはこの利益主体と法主体との異質性に着目し、主権者によって法的に支配される国家の中に、利益主体である経済人が登場することで、いかにして両者を和解させるかという問題が生じると指摘する。そして、この問題を解決するために構築された概念として「市民社会 société civile」を位置づける。主にファーガスン Adam Ferguson (一七二三—一八一六)『市民社会史』(一七六七) に依拠しつつ、市民社会における個人が、経済的利益主体であるのみならず、他者への共感・反感などの感情を有し、家族・共同体・ネイションの構成員として、さまざまな絆によって他者と結ばれた存在として捉えられていることが示される。さらに市民社会論においては、固有の「文明史」観を背景に、歴史の流れの中で「自然に」(特定の個人による作為や設計なしに) 形づくられてきた人と人との絆によって社会を捉えようとする傾向があることが指摘される [一九七九年四月四日の講義]。市民社会概念は、個人を他の個人とのさまざまな絆の中に置き、しかもそうした絆の生成を歴史化することによって、個人の絆の集積としての社会が有する固有の「自然性」を明らかにする。[23]

フーコーが自由主義における人口として描いている対象は、以上二つの契機から理解することができる。「一つめに、人口は変化、移動に関して固有の法則を有するものである（…）。二つめに、〔人口は〕個人間の相互行為、交通、伝播の結果として生じる。〔ここで〕ある個人と別の個人との、国家によって望まれた絆ではなく、自発的利益によって形成される法則となるような絆が生み出される」［一九七八年四月五日の講義］。人口統計の発展の中で知覚された人口の固有性・実在性の認識と、スコットランド啓蒙思想における市民社会の絆の自然性の認識とが相まって、個人に解消しえず、国家から独立な「人口＝社会」の自然性が発見される。そしてこの発見により、「人口＝社会」の自然性と、そのモデルケースとしての市場の自然性とに見合った統治が模索されるのである。

4　保障（セキュリティ）の装置

「人口＝社会」の自然性の発見は、国家統治の必要性を消失させるわけではなく、社会との関係で国家の役割は再規定される。この再規定のされ方を、フーコーは保障の機構あるいは「保障の装置 dispositifs de sécurité」として説明している。

自由主義においては、統治は「操作し、駆り立て、助けなければならない。〔そのためには〕レッセ・フェールでなければならない。管理運営する gérer のであって、規制するのではない。ここでの管理の根本的目標は何か。事物〔の流れ〕を妨げることではなく、むしろ調整と自然な働きをもたらすことである。（…）ここでは、まちがった介入を避けるため、保障の機構が配置される」［一九七八年四月五日の講義］。

フーコーは保障の装置を、以下の具体例の中で検討してゆく。まず、市場の自然性に即した統治として、一八世紀の穀物論争を挙げる。すでに述べたとおり、フィジオクラットは、安値維持のためのポリスによる価格規制が、むしろ飢饉の原因になっていると論じた。彼らは、穀物の稀少性、価格の上昇、流通量の変化など、市場がもたらす流れを容認することを提唱する。ここでは、禁止や抑制ではなく、自然な流れを形づくる要素を相互に関連づけることによってこそ、飢饉が回避されると考えられる。たとえば、高値というそれだけ見るとネガティヴな要素を用いて、穀物の不足という別のネガティヴな要素を消去し、不足している市場に商品を流通させるのである［一九七八年一月一八日の講義］。

つぎに、人口の自然性に即した統治として、伝染病の管理が例に取られる。一六―一七世紀のペストに襲われた都市が徹底的な隔離・監視・規律によって対処するのに対し（[Foucault 1975a] 第三部三章を参照）、一八世紀以降の予防医学・公衆衛生・社会医療の一般化の局面では、保障の装置を用いたリスクとしての病気・健康の管理がなされる。個人の多様な健康状態は、衛生・栄養・住環境などとの関連を考慮した人口レベルでの病気のリスクとして把握、管理される。[24] ここでは、人口にとって正常な normal リスクからの逸脱、罹病率の異常な anormal 高さが問題なのである［一九七八年一月二五日の講義］。このため、個々の病気ではなく、人口レベルでの罹病率の正常化＝規格化 normalisation が目指される。

保障の装置は「集団と個人を〔法や規律におけるのとは〕全く別のしかたで関係させ」る［一九

七八年一月二五日の講義」。そこでは、個人に法を遵守させることや、規律に従わせ最大限の力の活用を行うことは統治の目標とはならない。個人の持つ特徴は、市場・人口・市民社会という固有の自然性を有する全体の要素としてのみ考慮に入れられる。さらに、全体社会は個人の属性をただ単に足し合わせたものではなく、個人からは相対的に独立した、人々の相互行為や交通の結果として生じる固有の属性や特徴を有する。全体と個の関係は、固有のプロセスと法則性を有する全体と、その一要素としての個人との関係となり、社会全体のレベルでの最善の結果にのみ統治の目標が絞られる。ここでいう社会は国家からは相対的に独立し、国家による統治のあり方を規定してゆくような「実在」である。国家自体、こうした社会の自然性との関係で再構成され、その役割や内実を変化させてゆく。統治のあり方の変容は、統治実践の束としての国家そのものの変容を意味するのである。[25]

また、保障の装置と個人の自由との関係についても述べておく必要がある。自由主義の統治において、個人の生の細部が直接規制や統制の対象とならないことは、他の政治経済体制と比較して、自由主義がより多くの自由を保証するという結論を導き出すわけではない。自由主義は、自由を秩序が実現されるための不可欠の条件として組み込んでおり、その意味で自由と秩序の関係を根源的に変容させる。中世世界において、自由は「人格が有する特権」と捉えられ、自由人の身分的権利であった。これに対して、自由主義の統治における自由は「人やものの動き・移動・流れ・流通の可能性」[一九七八年一月一八日の講義」を指す。これは、保障の装置によってリスクとして管理される対象であり、いわば統治の相関物である。個人の自由なふるまいは、人々相互の交通とそれを取り巻く環境からなる社会の成立にとって不可欠の要素であり、この社会こそが統治可能な領域を形成する。自由主義においては、「自由の管理者」［一九七九年一月二四日の講義］たる統治によって、個人の自由が保障されると同時に秩序づけられる。つまり、個人の自由は統治の限界の外側にあるのではなく、統治の範囲内にあり、統治の対象を形づくる変数となる。

ここに、『知への意志』で示唆された「生権力」の第二の極である、人口の調整を通じて行使される権力、すなわち人口に対する「生政治 *biopolitique*」［Foucault 1976a : p. 183, 一七六頁 強調原文］が、はじめてはっきりと輪郭を現す。生政治は「「人口」を、生き、共存する存在の総体として、特殊な生物学的・病理学的特徴を示し、そのため特定の知や技術に属するような総体として取り扱おうとする」［Foucault 1978 : p. 377, 四五一頁］権力であった。この生政治が、ここで自由主義の統治として捉え返されているのである。

5　法－規律－統治——近代権力の多層性

最後に、「統治」ならびに「統治性」ということばについて考察を加え、そこから導き出されるフーコーの近・現代社会像を描出したい。まず、統治性研究の内容と『知への意志』における「生権力」概念との関係を検討しておく。

『知への意志』の中でフーコーは、生権力の出現を、それ以前の「死に対する権力」とは異なる、「生に対して積極的に行使され、生を管理し、足し合わせ、掛け合わせ、精確な統制と全体の調整を試みるような権力」〔Foucault 1976a : p. 179–180, 一七三頁〕であるとしている。そしてその権力の二つの極として、個々の身体に対する規律と、人口に対する生政治を挙げている。

統治性研究において描かれた西洋近代における統治の歴史は、国家全体の力の増大と個人の生や幸福との結合を目指して、生に介入する権力が展開してゆく過程である。この意味で、統治性研究全体を生権力論の一つと見ることができる。そのなかで、国家理性論・ポリス学という知に基礎づけられ、個人の身体を対象とし、規律という型の権力を用いる、本章第3節で検討したいわば「統治の第一形態」は、生権力の第一の極である個々の身体に対する規律権力に対応している。そして、政治経済学という知に基礎づけられ、「人口＝社会」に照準を定め、保障の装置を用いる、本章第4節で検討した「統治の第二形態」は、生権力の第二の極である人口に対する生政治に対応している。まず国家理性‐ポリスの統治において、人々と彼らが生きる環境全体を国家の力の構成要素とし、統治の対象とすべきことが知覚される。しかし、ここではまだ人口の固有性に即した統治は行われず、介入様式としては個々の身体の規律という方法以外、見出されていない。自由主義の統治はこの限界を突破し、人口の固有性・自然性を発見し、そこに照準を定めた統治を実現してゆく。

以上を念頭において、フーコー自身による「統治性」の語の規定を見てゆこう。

この「統治性」という語によって、三つの事柄を表現したい。〔第一に〕統治性という語は、特殊かつ複合的なある形態の権力が行使可能となるための、諸々の制度・手続・分析・省察・計算・戦術からなる総体を意味する。この権力の主要標的は人口であり、知の主要形態は政治経済学であり、固有の技術手段は保障の装置である。第二に「統治性」という語は、はるか以前から西洋全体を覆ってきた、「統治」と呼びうる型の権力が他のすべての権力（主権・規律）をしのいでゆく強い趨勢・傾向を表す。その過程で、一方に一連の特殊な統治の装置が、他方に一連の知が発達してきた。最後に統治性という語は、中世の司法国家が一五・一六世紀に行政国家となり、徐々に「統治化され」てゆく過程、あるいはむしろその過程の帰結を意味する［Foucault 1978b：p. 655, 二七〇頁］。

フーコーは、ここでの第一の規定においては、装置・技術・知の複合体という観点から、自由主義の統治だけを「統治性」と呼んでいる。第二の規定では、権力の型という観点から、法（主権）・規律と統治を対比させ、司牧権力の生成から自由主義の統治にいたる統治性の展開過程を捉えている。第三の規定では、国家の変容という観点から、西洋近代史全体を国家の統治化過程として捉え返している。

ここでフーコーが「統治性」の語に、統治化の帰結である自由主義の統治へと集約させてゆくような定義を与えているのは、彼がここで強調しようとした事柄に関わっている。統治性の語は、自由主義の統治における権力形態が法（主権）および規律と質的に異なることを際立たせるために用いられている。それによって彼は、近・現代社会の権力が、主権・規律・（自由主義の）統治という相異なる形態からなる多層的構造をなすことを示そうとしている。フーコー自身のことばによると、近代権力は主権－規律－統治の「三角形」［*ibid.*, p. 654, 二六九頁］として捉えうるのである。

この多層性の認識は、「主権社会から規律社会へと移行し、規律社会がいわゆる統治社会へと置き換えられる」［*ibid.*］という単線的な歴史像とは異なる。彼は、法・規律・（自由主義の）統治の共存と相互連関を捉えることが、近代の政治や権力について思考する上で不可欠であると見なしている。自由主義の統治の発達によって規律や法は用いられなくなるのではなく、むしろ別の形で利用され、それらが「一連の複合的機構」［一九七八年一月一一日の講義］を形成する。これらの権力は、全体と個をそれぞれ独自のやり方で結びつけ、それぞれが異なった全体と個を構成する。法（主権）的権力においては、主権国家－法の主体、規律権力においては、階層秩序をなす全体－規律を受ける身体、自由主義の統治においては、人口－生を営む主体が、対象として構成される。フーコーは近現代社会を、これらの権力の共存・複合による多層体として捉えようとしているのである。[26]

『狂気の歴史』（一九六一）以来、フーコーは個人がいかに主体として構成されるかという点に注目してきた。そして彼は、権力が人と人との関係やふるまいを秩序づける側面に焦点を合わせ、主体が権力の働きによって作られることを明らかにしていった。このことは『知への意志』で方法の問題として捉え返され、権力を所有や本質へと還元するのではなく、それが「いかに com-ment」作用するかという観点から捉えるという分析手法がはっきりと示された。統治性研究は、この延長上に「国家の問題を統治性の実践において探求する」[Foucault 1979b : p. 21] 試みである。彼は、権力行使のあり方が異なる三つの権力（法・規律・自由主義の統治）を歴史的に区別しつつ描き出すことによって、主体としての個人のみならず、それと相即して構成される国家・社会をも、相異なる権力の多層的な交錯によって作り出されたものとして描いたのである。

おわりに

フーコーは西洋近代の特異性を、人々の生が政治の対象かつ目的となり、「生権力」が展開してゆくところに見ようとした。最後に、このフーコーの着眼点が当時の社会状況といかに関わっていたかについて述べておきたい。

まず彼は、現代の福祉国家や社会主義国家を、個人の幸福が国家の発展と結びつけられる近代国家の展開の帰結として見直そうとしたと考えられる。そのため、一六・一七世紀以来の西洋史を、主権国家、法治国家、議会制民主主義といった法‐政治の観点からではなく、「生権力」がいかに展開してきたかという統治‐政治の観点から捉えようとした。

また、一九七〇年代以降の新自由主義の台頭は、統治性研究のモティーフときわめて深く関わっている。フーコーは、社会主義国家・福祉国家の行きづまりのあとに、再び自由主義がそれらの有力なオルタナティヴとして登場してきたのはなぜかについて思考しようとしていた。彼は二〇世紀後半の世界に固有の状況、むしろフーコーの死後さらに顕在化する、ポスト福祉国家型の秩序が模索される時代状況を見すえつつ、新自由主義の秩序構想の系譜をさかのぼろうとしたといえる。さらに、福祉国家の行きづまりを乗り越えようとする二つの勢力である、新自由主義とポスト福祉国家型の社会民主主義が共有する基盤についても、ある見方を示そうとしていた。フーコーは、両者が市場の機能や社会保障の役割については立場を異にするものの、政治の目標を市民生活の水準の保障に置くという政治観は共有していると考える。両者はともに、「社会の国家化」[Foucault 1978b, p. 656, 二七〇頁]を批判し市民社会の自立と活性化を訴えるが、その場合「よき生」が政治の対象かつ目標となるという意味で、「生権力」の展開の中で作られてきた政治観そのものは引き継いでいる。福祉国家における「社会の国家化」（社会が国家に取りこまれてゆくこと）の批判を通じて目指される社会の復権は、フーコーにとっては「国家の統治化」[*ibid.*]の果てに出現する政治構想に他ならない。そして「国家の統治化」自体、統治の対象かつ目的としての「社会」によって規定されて進展してきた。社会の国家からの自立の訴えは、社会の自然性を統治の是非の判断基準とする点で、この国家の統治化という土台の上に形づくられる政治構想なのである。

将来において、国家権力の縮小による社会の国家からの自立化や社会の活性化が実現するとして、「市民」や「国民」の生活の安定と向上が政治の争点となりつづけるかぎり、統治の問題を回避することはできない。個人を、人口を、市民社会を、国民を「いかに統治するか」は、現在および未来において、重大な政治的争点となりつづけるはずである。統治性研究は、この意味で現在の政治が何を目指し、何を前提として構想されているかについての系譜学の試みなのである。

コラム7　フーコー講義の資料

本章は『思想』第八七〇号（一九九六年一二月号）七七―一〇五頁に掲載された論文をもとにしている。二年分の講義録が出版される二〇〇四年の約一〇年前に書いた修士論文（一九九四年度提出）のリライトに当たる。フーコーがコレージュ・ド・フランスにおいて、一九七八年、一九七九年の二年にわたって行った講義の全容を、日本語で初めて紹介した作品である。ただし、古代から中世の「魂のエコノミー」と、二〇世紀の新自由主義については除外してある。二〇世紀の新自由主義については別に取り上げた（本書第9章）。

フーコーの統治性研究への入口として、そのアウトラインをつかみたい場合に、この論文はいまでも役に立つ。講義の内容、そのなかで各概念が果たす役割や時代区分について、現在の時点から修正が必要な箇所もほぼ見つからなかった。当時は講義録が欠けていたため、利用可能なあらゆる資料や手がかりを総動員して書かれている。水準が異なる諸資料をどのように捌くか、確実な典拠を持つ部分と推測によって埋める部分とをどうつなぐか、全体の叙述の流れを損なわずに不明瞭な点にどこまで入り込むのかなど、決定的な資料を欠いた条件下で迷いながらもさまざまな裏技を駆使しており、いま読むとそこも興味深い。そのため、出版当時のまま再録することにした。現時点での補遺や修正は【　】内に明記し、文章の変更も最小限にとどめた。

本章全体の資料上の核となるのは、註でも指摘しているとおりコレージュ・ド・フランスでの講義のカセットテープである。一九八九年にSeuil社から、一九七八年、七九年の開講講義（一九七八年一月一一日、一九七九年一月一〇日）の音源が発売された［Foucault 1978a, 1979a］。この二回の講義については、ゴードン編のアンソロジー *Power/Knowledge*［Foucault 1980］にすでに英訳が出ていた（細部を除いてほぼ講義の内容がそのまま再現されている)。また、カセットは現在でも発売されており(*De la gouvernementalité : Leçons d'introduction aux cours des années 1978 à 1979* のタイトル)、フーコーの肉声を聞くことができる。また、英訳は *The Foucault Effect* [Burchell, Gordon, Miller ed. 1991] 増補版にも再録されている。それ以外に、一九七八年二月一日の講義が初出イタリア語で文字起こしとして出版された [Foucault 1978b] が、それ以外はフーコーセンター所蔵のカセットテープの他に講義に接近する方法はほぼなかった。カセットテープはこの二年度については全講義が揃っていた(ただし、回によって非常に聴き取りにくいものがある)。またフーコーは、講義用に詳しい草稿を用意していたようである。それとカセットを用いて講義の全貌を再現したのが、一九九七年以降に出版されたフーコー講義録である(初回出版は一九七六年講義)。

こうして掘り返してみると、七〇年代後半の講義の概要をいち早く世界に知らせたのは、英語圏の著者や編集者であったことが今さらながら確認される。英語圏のフーコー受容が文芸批評系と社会理論系に分化していたことで、かえって社会実践に応用が効きそうな部分だけをうまく取り出して普及させたともいえる。また、フーコー自身が七〇年代後半以降、アメリカ、とりわけカリフォルニアを気に入り、休暇のたびに長期滞在してさまざまな大学で講演や講義を行ったことも受容の理由となっただろう。

なお、この論文に出てくる主要概念の歴史的裏づけ、またフーコー以外の著者がそれをどのように論じているか、そしてフーコーの講義以降のこのテーマに関する諸分野での研究の展開については、『統治の抗争史——フーコー講義 1978-79』[重田 2018a] の記述を参照してほしい。

同書執筆以降に確認できたことを一点追加しておく。本章で、ユスティが著書で「人口」という語を用いているというフーコーの指摘をそのまま述べた箇所がある。ドイツ語圏でのポリツァイ学の展開については語学の壁もありなかなか知ることができなかった。今回網谷壮介さんにご教示いただいたことを付記する。

それによると、ユスティはたしかに現代ドイツ語で「人口」を意味するBevölkerungを用いている。しかしその意味内容は人口というより「植民」であるようだ（これは人口概念の形成期にフランス語に起こったのと同じ現象である。フランス語・英語でのpopulationという語の起源や用例についても、『統治の抗争史』第九章を参照）。植民の意味でなら、主著の一つであるStaatswirthschaft oder Systematische Abhandlung aller Oekonomischen und Cameral-Wissenschaften, die zur Regierung eines Landes erfodert [sic] werden（1755）（『国家財政——領土の統治のために必要とされる家政学と官房学のすべての体系的論述』）で取り上げられ、またのちのPhysicalische und Politische Betrachtungen über die Erzeugung des Menschen und Bevölkerung der Länder（1769）（『人間の出産と諸国の植民についての自然的・政治的考察』）では書名にも現れる（後者は匿名出版）。

こうした用例から、人の数が多いことが重要であった時代における統治の一大テーマとしての「植民」と、社会集合体としての人口に固有の規則性の認識とは、別々のところからやってきてある時期に合流するのだと考えることもできる。そのように捉えるなら、population（Bevölkerung）はまず官房学と行政と統治の言語の中で用いられ、人口動態の考察（確率・統計的な知）とは別種の制度知から出てきたともいえる。フーコーはこのあたりの詳細には立ち入っていないが、人口概念の誕生を捉える上で、ユスティやドイツ官房学を詳細に研究することの重要性が示される例である。

第8章　戦争から統治へ　コレージュ・ド・フランス講義

はじめに

フーコーは、一九七〇年一二月から一九八四年四月までコレージュ・ド・フランスで講義を行った。そこで取り上げられた主要テーマのうち著書に含まれることがなかったのは、一九七六年、および七八年と七九年だけである。[1] この三年間の講義はフーコーの思索の中でどのような位置にあるのか。この章では、七六年講義の当初の構想、その修正、さらに七八年にかけての主題の転換をあとづける。それによって、フーコーがテーマと分析手法をたえず組み替え、自らが提示した問いにより深く、より力強く答えるために変転をつづけた思想家であったことが浮き彫りになるだろう。死後三〇年以上を経た彼の思想が「現在」をどう映し出すのかを問うにあたって、この三年間の講義をふり返っておくことはけっして無益ではないはずだ。[2]

1　七六年講義――講義プランの推測

講義タイトルからはじめよう。七六年の講義は「社会を防衛しなければならない」と題されている。だが先に言ってしまうと、このタイトルは講義の内容とは全く関係がない。前年度の講義要旨を執筆した時点でのフーコーの計画は、以下のものであった。

一九七〇年以来、一連の講義で以下の事柄を扱ってきた。伝統的な意味で法的といえる懲罰手続きから、ノルム化する知と権力がゆっくりと形成されてきたことである。一九七五―一九七六年の講義〔一九七六年講義を指す〕は、一九世紀末以来「社会防衛」を実現するために追求されたメカニズムの研究を通じて、一連の講義を終結させることになるだろう〔Foucault 1975 : p. 311, 三六三頁〕。

ここでは、法に足場を見出し法の言語と装置を通じて行使される処罰権力から、ノルム化と規律による処罰の体系への変容が、どのような場所でいかなる実践を通じてもたらされたのかという、『監獄の誕生』とほぼ重なるテーマが確認されている。権力の変容の歴史的な経過をたどるその研究の最後に、彼は「社会防衛」論を置こうとしたわけである。[3]

社会防衛論の代表者としてしばしば挙げられるのは、ブリュッセル自由大学法学部のプリンス

Adolphe Prins（一八四五―一九一九）である。この理論の背景にある考え方は当時ヨーロッパ全体で流行したもので、リストらドイツ刑法学の新潮流とも関連している。彼らの主張は、犯罪者は過去の犯罪行為より、むしろその人物に内在する危険性、あるいは将来の矯正可能性に沿って処遇されるべきであるという点で共通している。こうした考えは、保安処分や不定期刑といった、古典学派であれば基本的人権の侵害につながりかねないと疑義を呈するような措置を支持する。また非行者を治療の対象とすることで、「犯罪者の精神医学化」を推進する。ベルギー学派と呼ばれるプリンスらの社会防衛論は、直接には一九三〇年のベルギー社会防衛法へと結実した。だが講義ではおそらく、ヨーロッパ全体、そして世界の刑事政策を変化させたこの理論の背景や影響について、より広範に考察される予定であった。

プリンス社会防衛論の柱の一つは、犯罪者をその「危険性」に応じて把握し処遇するという考えである。その人物は社会にどの程度の危険をもたらすのか。社会をその危険から防衛するにはどうすればよいのか。ここで「危険性」という概念の位置づけをめぐって、フーコーの思考はすでに、七九年講義の主要テーマとなる「リベラリズムの統治」の入口に立っている。以下で詳述するが、個人や個別事例ではなく社会全体のレベルでリスク管理を目指す点で、両者には共通する特徴があるというのがフーコーの考えだった。

講義要旨によると、七五年の演習テーマは司法における精神医学鑑定で（[Foucault 1975 : p. 311, 三六三頁]）、内容の一部は七七年に「一九世紀法精神医学における「危険人物」概念の展開」として口頭発表された。[4] ここでフーコーは、一九七五年に起こった殺人事件の裁判から説き起こし、

「お前は何者なのか」を問う権力が司法にどれほど強く浸透してきたかを語っている。さらに講演の最後で、個人が何者であるかに基づいてしか裁かない司法、精神医学による犯罪者の医療化を受け入れる司法というテーマが再び強調されている。そのためこの内容を、七五年までにフーコーが追求してきた、人をその自己同一性へと縛りつける権力、告白の体制や医学を通じて自己の真理を開示し、監視しつづけることを要請する権力の分析の内部に収めたくなる。

しかし、ここで彼は大胆な仮説を提示する。一九世紀の間ずっと犯罪人類学と精神医学に抵抗を示してきた司法関係者たちは、なぜ世紀の変わり目に突如として態度を軟化させたのか。実際ちょうどプリンスやリスト、フランスではサレイユの時代に、犯罪学者と法学者の間で一種の「緊張緩和」が生じた。フーコーの仮説は、このとき突然刑法学者の頭が柔軟になったわけでも犯罪学者の側が妥協したわけでもなく、民法という別の領域から持ち込まれた「リスク」という概念が、両者の交通を可能にしたというものである。

ここでのフーコーの叙述は圧縮されすぎており、しかもその後これについてさらに議論を展開した論考は見当たらない。関連するテーマは、むしろ民法についてはフランソワ・エワルド、精神医学とソーシャルワークについてはロベール・カステルによって研究された。ここではそれらもふまえて見取り図を示すことにする。[5]

ロンブローゾら犯罪学イタリア学派がセンセーショナルに示した問題は次のものである。犯罪者が形質的、生物学的に見てそうなるべく決定されているなら、彼らに責任を帰すことができるのか。意志の自由に基づく責任という古典的な帰責の図式が自由の不在によって成立しない場合、それでもその人物に有罪を宣告することができるのか。刑事司法はこの問いに答えることを迫られた。そこで、自由であったかどうか、過失があったかどうかを問うことなしに刑を科すための体制を、「危険性」という概念を軸に作り出したのである。

これに関してフーコーは、ビスマルク時代にドイツの民法学者たちによって生み出された「因果的責任」という考えが、危険性概念に影響を与えたとする。当時ヨーロッパでは、労働現場で生じる事故の補償が社会問題となっていた。事故の責任を労働者の不注意や怠慢に帰すなら、雇用主には補償の責任は一切生じない。だが、大規模化する工場や危険業種の増加によって、こうした理不尽な体制への労働者の不満は限界に達していた。そこで、事故をもたらす可能性のある作業を企てた資本家・事業家に責任を帰すため、新しい責任と補償の体系が作られることになった。フーコーは、こうした考えに基づく賠償理論をもたらしたビスマルク時代を「セキュリティ」の社会と呼び、このとき法のうちに「因果に関する確率とリスクの概念」[Foucault 1978c : p. 461, 四一頁]が導入されたとする。

さらに彼は刑法における危険性の概念を、ここでの民法におけるリスクと賠償の理論に類比する。「当事者の過失の有無を明らかにすることなく、そこにあるリスクを評定するだけで民事責任を決定し、ゼロにはできないリスクに備えるのと同じように、自由であったか過失があったかをはっきり定めることなく、人格そのものを構成する犯罪性のリスクへと行為を結びつけることで、ある人物に刑法上の責任を帰すことができる」[*ibid.*, p. 461, 四二頁]として、フーコーは両者の思考に相同性を見出す。つまり、民法における事故の可能性としてのリスクが、刑法においては犯罪者の人格上の危険としてのリスクへと読み替えられ、「過失なき責任」が成立したというのである。

だが、さらなる媒介項なしには、両者の類比には限界がある。実際フーコーが語っている短い内容だけに拠るなら、民法と刑法の両領域で生じたことのつながりは、「リスク」という語に注目した比喩の域を出ない。その最大の理由は次の点にある。民法における因果的責任と賠償とは、ある特定の空間、ひいては社会共同体に固有の不確実性と予測不可能性を認め、直接の行為者への帰責を放棄する。それによって不確実性のコントロールを目指したものである。これに対して、犯罪者を「危険性」に応じて処遇する考え方は、フーコー年来のテーマである「異常者」の形成、精神医学における諸カテゴリーの展開、人が何者であるかを執拗に追及する知と権力の配置といった事柄に強く結びついている。犯罪者についてのこの思考法は、七八、七九年講義でフーコーによって明確化される「規律」と「セキュリティの装置」（リベラリズムの統治）との対比に従うなら、「規律」の範疇に入る個人化する権力の一部と見なされる。これに対して事故と賠償の理論は、個々の出来事ではなく集団に照準を定める、セキュリティの範疇に含まれる。その意味で七五年時点では、確率的認識に基礎を置くセキュリティの社会における人間管理の問題は十分に整理されておらず、規律との区別が曖昧なまま残されているといえる。

先取りして述べるなら、確率的認識をもとにセキュリティの装置を配備する体制は、七六年の最終講義で「生政治」の名のもとに素描され、七八、七九年講義で「新自由主義の統治」として詳細に検討されることになる。だが七六年講義において、フーコーは「社会を防衛しなければならない」というタイトルにふさわしい講義、すなわち一九世紀刑事司法の変化の果てに見出された「危険性」概念のさらなる検討を通じてリスクとセキュリティの社会を展望するという、ありえた最短ラインを取らなかった。その代わりに彼が選んだのが、「戦争－人種の言説」という新しい題材であった。

2　誰のための権力分析か

フーコーは一九七六年初回の講義（一月七日）で、この年の講義がコレージュ・ド・フランス着任以来行ってきた一連の研究に区切りをつけるものになることを示唆する。ただし七五年時点でのプランのように、一九世紀末以降の精神医学と法との関連、異常者のカテゴリー化といった、歴史的・具体的素材をさらに追求することによってではない。講義のはじめに彼は、この一五年ほどの間に世界各地で起こってきた新しい対抗運動をふり返る。そして、自分のものを含むいくつかの研究が、科学や権威を持った知識に対抗する「従属させられた知」「市井の人の知」（たとえば精神病者の知、患者の知、看護人の知、一医師の知）によって生じた、数々の反乱を活性化させてきたことに言及している。フーコーの著書は実際、反精神医学運動の担い手たちから熱烈に歓迎された。また刑務所の現状を批判する受刑者の運動には、フーコー自身全面支援を行った（[Artières, Quero, Zancarini-Fournel ed. 2003]）。彼が考えているのは、これらのローカルでマイナーな知による反乱を今後も支持し、そのよき道具となるには、これまでのように個別領域での歴史の発掘作業をつづけるだけでは不十分だということである。従属させられた知が、科学的な知に「対立し、闘争をしかけ、対抗する知によって蜂起する際、何が賭けられているのか」〔Foucault 1976, p. 13, 一三頁〕をはっきりさせることが早急に必要である。これらの闘いにおいてつねに問題となり、くり返し提起されてきたのは、他ならぬ「権力とは何か」という問いであった。

注意すべきは、権力を問題にする際にフーコーが取る「戦略的」ともいえる立場である。ここで問われているのは、権力とは本当のところ何なのかではない。むしろ権力をどのようなものとして示すことが、現在の状況下で有効なのかである。永遠の真理を信用しないニーチェ主義者として、彼の立場は徹底している。フーコーに対してたびたび発せられた、「ではあなた自身が主張する内容の正しさやまじめさを、何によって示すのか」という問い、「真理は私心に満ちているという言明は、あなた自身にも及ぶのではないか」という批判に対して、フーコーなら現在の戦略的状況において有効な知以上のものを望まないと応答するだろう。それでもなお、誰にとって、何に対して有効なのかという問いが、依然残されている。「従属させられた知」「ローカルでマイナーな知」を支援するために、とさしあたりは言うことができる。

フーコーは『狂気の歴史』（一九六一）以来、社会から排除される人々、社会の周縁部に位置づけられ、連れ去られ、閉じ込められ、監視される人々に関心を抱きつづけてきた。だが作品の中で彼は、こうした人々をとりたてて同情ややさしさをもって描写しているわけではない。彼の著作の迫力は、むしろ彼らをめぐって生じる事柄を、できるだけ近くで、肉薄するかのように捉える、奇妙な接写感からくる。読み手を捉えるこの感覚はどこに由来するのか。その一端を、たとえば次のような描写に見ることができる。

フーコーは「封印状」というアンシャン・レジーム期の一制度、国王に対する直接の請願にもとづいて人々を収監する監禁の一形態をめぐって、「汚辱に塗れた人々の生」という文章を書いた。彼はここで、一八世紀はじめの監禁記録簿を読んで以来、そこに登場する人物たちの生の「強度」にすっかり魅せられてしまったと告白している。この人々は、林の中をさまよい歩く狂人、脱走する兵士、男色に走る棄教修道僧といった、重大犯罪とはいえない生活上の素行不良者として、さまざまな文書のうちに現れる。彼らの卑賤な生は、夜の闇にまぎれて歴史から永遠に消え去る運命にある、取るに足りないものであった。それゆえにこそ、フーコーはその強烈さに心を震わせる。

だが一方で、彼らの生の痕跡、「これらの粒子の何ものかが我々にまで届くには、少なくともほんの一瞬、光の束が彼らに輝きを与えねばならなかった。別の場所からやってくる光（…）」。「それは権力との遭遇であった。おそらく権力との衝突なしには、いかなることばも彼らの儚い生に立ち止まることなどなかったろう。ところが、権力は彼らの生をつけねらい、追い立て、一瞬であれその不平と罵声に関心を向け、引っかき傷を残した。権力こそが、わずかなものであれ、彼らにことばを残すよう駆り立てたのである」［Foucault 1977c : pp. 240–241, 三一九頁］。

フーコーの文章に見られるある種の生々しさは、権力と闇との邂逅、それがもたらす「強度」が、その晦渋ともいえる叙述をとおして読み手の琴線に触れる、そのことによる部分が大きい。

斧で家族を惨殺したピエール・リヴィエールの圧倒的な存在感も、『監獄の誕生』で裁判長と渡り合う「反規律化」の象徴的存在であるベアス少年の強烈な印象も、彼らの生が飛び散らせた一瞬の火花が、権力との接触によってたまたま記録され、紙の上に留められたことで生まれた。そしてそれを、フーコーが図書館の片隅で見つけ、驚きと歓喜をもって最大限に輝かせようとしたことから生まれたのである。

こうした記述を、従属させられた知、ローカルでマイナーな知への言及と照らし合わせるとき、誰にとって有効な権力分析かという問いは、明確な答えを得る。権力との邂逅によって光の下へ引き出され、調査と記録と規律化の客体となり、またそれに抗う「汚辱に塗れた人々」にとってである。

そうなると次に、「戦い」「闘争」「衝突」「蜂起」「反乱」といった用語が問題になる。七五年から七七年にかけてのフーコーは、戦争や闘いだけでなく、戦略や戦術、配置（dispositif）、装置（appareil）といった軍事用語を意図的に使っている。これは、「我々の社会の根本的な特徴の一つは、結局のところ、運命が権力との関係、権力との闘いという形態を取ることにあるのではないか。生の最強度の地点、そのエネルギーが最高の強さに達する地点とは、生が権力と衝突し、権力と戦い、その力を利用したり罠から逃れようとしたりする点ではないだろうか」［*ibid.*, p. 241, 三二〇頁］という彼の問題意識と呼応する。運命によって闇から引き出された人々が権力と交えるこの闘いに役立つ道具を作り出し、闘う者たちに想像力と活力を与える権力論を展開するには、どのような理論的支えが必要なのか。フーコーがその候補としたのが「戦争」の言説であった。

権力をめぐる闘争が現にくり広げられているとして、ではそれを「戦争」として読み解くべきなのか。また、そもそも戦争によって権力を語るとは、いったいどういう語り方を指すのか。戦争の言説の可能性を試すために、一九七六年のフーコーはこの問いを選んだのである。

3　諸人種の戦争と闘争

七六年講義は、ほぼ全体が戦争の言説の検討に充てられている。そのためフーコーは、かなり真剣にこの言説の有効性を試そうとしていたと推測できる。

まず、彼が戦争の言説を検討する「位置」である。第二回講義（一月一四日）で権力を抑圧として捉えるモデルが俎上に載せられ、このモデルが法と規律という二つの権力に依拠しているため、批判的概念として使用できないと指摘される。戦争は抑圧に比べてさらに綿密な考察に値するというのが、この時点でのフーコーの考えであった。[6] 言い換えるなら、ここで戦争としての権力モデルは、かつてフーコーが規律や人間科学に依拠する権力に対してなしたような、根本的な疑問や批判の対象として検討されるのではない。むしろ批判の拠点となる理論的可能性を持つモデルとして、検討対象となっているのである。

だが、この意味でいわば破格の荷を負わされた戦争モデルの有効性、つまり闘争の道具としての価値については、フーコーは当初から留保を付している。彼はこれまで五年間規律を研究してきたように、今後五年間は戦争と軍隊をテーマにすると宣言しながら（[Foucault 1976 : p. 21, 二五頁]）、その理論的な可能性を手放しで評価することは一度もなかった。初回の講義ですでに、抑圧と並んで戦争の概念は「最終的に棄却されるべきとまでは言わないにしても、相当の修正を施す必要がある」と述べているのである（[Foucault 1976 : p. 18, 二一頁]）。[7]

くわえて一月一四日の講義冒頭では、戦争モデルと対をなす主題として「軍事諸制度の分析、現実的な、実際の、歴史的な意味での、一七世紀から現在までのその分析をはじめる」[Foucault 1976 : p. 21, 二五頁] 予定であるとも言っている。これは、講義で取り上げられた戦争の言説とは別の内容を含む、いわば「実証的な」軍事諸制度の研究であると考えられる。フーコーは軍事諸制度について本を書く意図もあったようだ（[Foucault 1976b : p. 89, 一一二頁]）。だが結局それは果たされず、軍事的なものが近現代の社会編成にとって一つのモデルとなっていることを、概括的に指摘するにとどまった（[Foucault 1978f : p. 581–582, 一六九頁]）。[8]

このような当初からの留保があったものの、彼は七六年講義で戦争の言説を主題とした考察を進めた。そして、このときフーコーが戦争の言説に与えていた特徴を見てゆくと、なぜ彼がそれに注目したかの部分的な答えが得られる。

フーコーは戦争の言説を、法と主権の言説に対置している。彼の考えでは、主権理論の権力分析モデルとしての不十分さは、それが事実や経験に基づくのではなく、フィクショナルな構成を通じて権力の問題に迫ることからくると、さしあたり言うことができる。さらにフィクション性という法的言説の特徴は、この言説が権力の構成に先立って、つねに何らかの「原初性」〔Foucault 1976 : p. 38, 四六頁〕を想定していることと結びついている。

これに対して戦争の言説は、支配という事実から出発する。そして支配をもたらしたのが、歴史上実際に起こった戦争、戦闘であったことを語る。では誰と誰の戦争なのか。ここで、ノルマン、サクソン、フランク、ガリア、ローマなどの諸人種（les races）が登場する。[9] 歴史とは人種間の戦争であり、戦争の帰結としての支配、新たな戦争による転覆、あるいは勝利者による支配を徐々に浸食する、権力の簒奪過程である。

フーコーはこうした戦争の肯定、法と主権の栄華の背後に血と暴力の残虐を見る歴史を、「一種の対抗史」〔*ibid.*, p. 57, 六八頁〕として称賛している。というのも、ここでは歴史が、権力者の力と栄光、権力の古き起源を語る、支配のためのセレモニーとは別の意味を持つからである。人種の闘争の言説においては、ある者にとっての勝利は別の者にとっての敗北である。そして闘いによって得られた支配は、たとえそれが肯定される場合でも暴力的な簒奪であり、力ずくの横領である。このことによって主権の歴史の栄光に満ちた連続性に亀裂を入れ、その安定性と統一性を断ち切るのである。

この意味での対抗史は、「栄光を持たない者たちの言説、あるいはそれを失ってしまい、おそらくは長い間、闇と沈黙の中に身を置かざるをえなかった者たちの言説」〔*ibid.*, p. 61–62, 七二頁〕「封印された真理を読み解くもの」〔*ibid.*, p. 63, 七四頁〕である。ここでフーコーは戦争の言説を、光に対する闇、虐げられた者たちのことばとして、あるいは暴力と戦闘によって支配と権力の統一性という神話に裂け目を生み出す、対抗権力として捉えている。この言説の担い手には、貴族もブルジョワジーも高名な学者も含まれたのだが、それでもなお彼は、これを権力という光との接触によって火花を散らす「汚辱に塗れた人々」の闘争のための言説と捉えている。

この言説がねらっていたのは、主権の背後で、その過去に息づく戦争の記憶を新たにすることである。ここでは政治とは戦争の終結と平和の構築ではなく、別の手段で継続される戦争に他ならない。ここでフーコーが主な分析対象としたのは、一八世紀のフランス貴族、アンリ・ド・ブーランヴィリエであった。ブーランヴィリエは戦士貴族の古い家柄に生まれたが、極度の貧困に苦しみ、父の遺した負債や息子たちの死など生涯にわたってその境遇は不幸であった。哲学的にはスピノザ主義者であったが、政治理論としては、かつてローマに従属させられていたガリアを征服したフランク族に絶対的な支配権を認めるという、まさに戦争と支配の言説をくり広げた。そしてブーランヴィリエ自身が、その真なる貴族の血を引く戦士の末裔なのである。

4　戦争の言説からの離脱

フーコーがこうした言説を評価したのは、それが主権理論に断絶をもたらし、「誰にとっての」という前置きなしに歴史を語ることのまやかしを暴いたからだと思われる。歴史を描き直すことで、正統性と連続性に対抗して敵対性と断絶を導入すること。歴史という「真理」は私心に満ちており、語り手の利害を超えたところに唯一の真なる歴史が存在することはありえない。だからこそ、歴史は闘争として描かれる他ないのである。こうした立場で近代史を捉えようとしてきたニーチェ的歴史主義者として、フーコーはブーランヴィリエの思想を称賛せずにはいられなかった。だが、権力を描くための新しい理論としては、フーコーは戦争の言説に対して結局否定的な答えを出すことになる。

その理由の一つは、七六年講義の冒頭ですでに言及されている、一九世紀末以降の人種主義、ナチズムとスターリニズムという二〇世紀の二つの巨悪に結びつく人種主義の存在である。生物種としての人間という新しい科学に後ろ盾を見出し、国民の一体性とその内部における劣等人種、同一人種内の劣等な血といった思想に裏打ちされたとき、諸人種の闘争の言説はそれまでにない深い変容をこうむった。というのは、それが生物学的人種主義として、絶滅と除去、隔離と正常化の原理として用いられたからである。敵対性と断絶のただなかで「われわれの側」に勝利をもたらそうとする言説ではなく、一体となった社会のうちに潜む異分子を駆り出し、自分たちの種を危険に晒す者たちから身を護ろうとする言説が登場したのである。七六年講義は、人種の純粋性を求めるこの「国家の人種主義、生物学的で中央集権化された人種主義」[*ibid*., p. 71, 八三頁]に、くり返し言及している。ここで「内部の敵」としてフーコーが想定しているのは、ナチスドイツにおける「劣等民族」や「遺伝的に劣った者」であり、ソヴィエトにおける「階級の敵」としての逸脱者や精神病者である。敵を内部の異質者と設定するなら、それは分裂をあらわにする対抗言説ではなく、同一性と純化の言説となる。

だがフーコーは人種主義の言説について、一方ではそれを「諸人種の戦争あるいは闘争の大いなる言説群の中では、特殊で局所的な一エピソードにすぎない」〔*ibid.*, p. 57, 六七頁〕としている。生物学的人種主義がのちにそこから生じたという理由だけで、諸人種の闘争という言説群全体に判断を下すべきではないということであろう。

そうすると、彼が戦争の言説を、強い言い方をするなら見限った理由を、別のところに求める必要が出てくる。手がかりは七六年講義ではなく、少し離れたところ、七九年の講義で、この言説そのものの解釈、位置づけがさりげなく変えられているところに見出せる。

七九年一月一〇日の講義でフーコーは、戦争の言説を自然法や契約論と同種の思考として扱っている。七六年に戦争の言説が、「歴史‐政治的」言説として、自然法と契約論の「法‐哲学的」言説と逐次対比されていたことからすると、この変化には戸惑いを覚える。しかも彼はそれを説明するどころか、曖昧に言及するにとどめている。

また、よく覚えていないけれど、二、三年前お話しした一連の歴史‐法的な反省もある。ここでは歴史的に見て、王権は長い間絶対的統治からはほど遠く、主権者と臣下のあいだに築かれ王権を支配した理性は、国家理性とは全然違っていた。むしろそれは、たとえば貴族と軍事的な長とのあいだの一種の対話的理性であり、しかも長とは、貴族たちが戦時にその役割を負わせた者にすぎないのである。王はこの一種の原初の権利状態から出発したはずなのに、次第にその地位を濫用し、歴史の始原に存在した法を転覆してしまった。それこそ今再び見出されねばならないというわけである〔Foucault 1979 : p. 10, 一二頁〕。

フーコーが典拠をぼかして語るこの内容は、ブーランヴィリエが『フランスの国家』[Boulainvilliers 1727–1728] などで執拗にくり返したテーゼである。つまりここで諸人種の言説は、歴史を通じて法の連続性に敵対性と断絶をもたらす「歴史‐政治的」言説ではなく、原初の法、始原の権利に依拠する「法的」言説の一変種とされているのである。

実はこの解釈を、フーコーはすでに七七年の座談会で表明している。ここで彼は、ルソーとブーランヴィリエを引き合いに出し、次のように語る。「彼らは二人とも、あらゆる人間が平等な原初状態から出発するという。そのあと何が起こるだろう。一方（ブーランヴィリエ）は歴史の侵入で、もう一方（ルソー）は神話的・法的出来事なのだが、いずれの場合も、あるときから人々はもはや諸権利を持たなくなり、権力が現れる。権力理論を構築しようとすると、いつでもある点、ある瞬間に権力が発生したと見なすことになる。そして起原からの演繹がはじまるわけだ」[Foucault 1977e : p. 302, 四一五―四一六頁]。

戦争の言説は、「われわれ」が正しいことを何らかの方法で証し立てなければならない。ブーランヴィリエにとっては王権への恨みはことばに尽くしがたいもので、自らに誇るものといえばその「血統」だけであった。そうなるとあとは、なぜわれわれが正しいのか、何を取り戻さねばならないかを歴史に見出すしかなかった。[10]

われわれはなぜ正しく、奴らはなぜ穢らわしいのかという問題設定に接近せざるをえず、また法の言語と同じく始原への問いにいたる戦争の言説を、フーコーは権力分析の理論枠とすることを断念した。先ほどのルソーとブーランヴィリエへの言及につづく彼の発言は、次のようなものである。「だがもし権力が現実には開かれた束だとしたら、多少は組織されている、いやむしろきちんとは組織されていない関係の束だとしたら、どうだろう。そうなると、あとは分析の格子を、権力関係の分析学をもたらす格子を手に入れるだけになる」[*ibid.*, p. 302, 四一五頁]。この問いに答える形で、彼は権力関係の分析「格子」として「統治」という概念を自前で磨き上げることになる。七八年講義にはじまる一連の研究において、フーコーは古代ギリシャから同時代の新自由主義にいたるまで、国家の統治から日常の人間関係まで、また人口の統治から自己自身の統治までを分析対象とした。そしてそれらすべてにおいて、統治はきわめて有効な分析格子となることを示したのである。「抑圧する権力から生産する権力へ」という『知への意志』での視点の転換になぞらえるなら、「戦争から統治へ」と彼は足場を変えたということだ。

5　生権力と自由主義の統治

七八年と七九年とは、二年度に分かたれているが切り離すことができない一連の講義である。[11] 具体的には、七九年の講義で主題とされる「自由主義の統治」の内部に配備される「セキュリティの装置」が、七八年講義の初回から第三回と最終回で取り上げられ、その間に挟みこまれる形で、七八年講義の主要テーマとなる「国家理性 - ポリスの統治」およびその起源としての「司牧権力」について語られている。さらに七九年講義は、一八世紀に出現した「自由主義の統治」

を詳しく取り上げ直すことではじまり、現代自由主義への長い言及につづいて、最後に再び古典的自由主義（ヒュームやファーガスン）における市民社会の問題を語ることで終了する。

この二年間の講義が仮に年代順の歴史をたどるものであったなら、次のように構成されたはずである。（一）比較参照点としての古代ギリシャ、（二）初期キリスト教期（三―六世紀）における司牧権力の制度化、（三）中世にかけての司牧の統治への反抗形態、（四）一三―一五世紀における「統治」の意味、（五）一六世紀以降の、国家理性論とポリス（ポリツァイ）の展開に即した国家の統治、（六）一八世紀自由主義によるそれまでの統治の批判と、新しい統治としての「セキュリティの装置」の配備、（七）ドイツのオルド自由主義、（八）アメリカの新自由主義。

実際には、七八年が（六）（五）（四）（一）（二）（三）（五）（六）、七九年が（六）（七）（八）（六）の順序で行われている。ここでは、フーコーが七六年の最終講義、そして『知への意志』最終章で提起した、「生政治」あるいは「人口規模のリスク管理」という問題と直接つながりを持つ、「自由主義の統治」を主に取り上げる。

すでに書いたとおり、七六年講義の最終回に「生きさせる権力」としての生権力ということばが出てくる。フーコーは生権力の問題を、ナチズムとスターリニズムに極端な形で表れる人種主義の問題と接続する。そして、人を生きさせることでその身体からさまざまなものを引き出す時代に、逆説的に死が世界中に溢れかえる不思議を語っている。人の身体と生命がある種の資本、富の源泉としてかつてなく重視される時代に、なぜこれほど大量の死がもたらされるのか。彼はそれを生み出した思考の一つが、遺伝の科学と進化主義に基づく新しい人種主義であったと指摘する。ここでの生と死の対比、守られるべきものと遺棄されるべきものとの関係についてフーコーが発する問いは、「社会防衛」をめぐる問いと共通している。マスのレベルでのセキュリティをめざす新たな発想が、ある特定のカテゴリーに入れられた人々を殺戮し、抹消し、除去するのはどのようにしてかという問いである。人口の調整として表れる権力の様式を描くとは、それによって生かされる人々と同時に、死へと廃棄される人々を生み出すメカニズムを明かすことに他ならない。

戦争の言説に見られる対等な敵対者間の闘いではなく、ある者を生かすためには他の者をこの世から消さねばならないというこの恐るべき権力について、フーコーは直接分析の俎上に載せず、七八、七九年講義で大きく迂回路を経る。それが「社会防衛」論との関連でリスクとして取り上げられた機構、七六年の最終講義で簡単に説明された「セキュリティの装置」、そして『知への意志』で「生政治」と名指された存在を、統治性の歴史の中に位置づけ直すという作業であった。個々の身体ではなく人口の調整に照準する権力の系譜と広がりを研究すること。これこそ七九年講義のタイトル、「生政治の誕生」に込められた意味であったと思われる。

もう少し細かく見てみよう。「生政治」「生権力」「セキュリティの装置」ということばが一八世紀後半の状況を指してはじめて現れるのは、七六年三月一七日の最終講義であると思われる。[12]ほぼ同じ内容が、同年一一月刊行の『知への意志』最終章にも出てくる。ただしいずれにおいても、飢饉と経済循環という七八年講義では冒頭から注目される主題は含まれていない。[13]そのため当初のアイデアは、医療や都市計画といった長年の研究領域から得られたと考えられる。[14]そこにあとから一八世紀のエコノミストたちの経済統制批判が結びつけられ、統治性研究の構想が一気にふくらんだのではないか。講義の構成から察するに、はじめに経済ぬきの人口とセキュリティ、次いで経済的リベラリズムを含む一八世紀における新しい統治術についての構想が、二年間の講義全体を牽引したことは間違いない。だが、七九年の講義をふり返って、「今年の講義は結局、導入となるべきものにすべて費やすことになってしまった」［Foucault 1979 : p. 323, 三九一頁］と自ら述べているように、七九年講義は新たな方向性の端緒を開いたという性質のもので、自由主義の統治、あるいはポスト規律的な統治のあり方についての包括的な研究とはなっていない。一八世紀の古典的自由主義については七八年の見取り図に沿って説明がなされ、最後の二回で再びそこに立ち戻って「市民社会」概念の重要性が強調される。だがその議論の帰結ははっきりしない。自由主義が提起した問題を念頭に置きながら、人口に対する生の政治が統治実践としてその後いかに展開してきたかをたどることが、最終回の講義で今後の研究課題として述べられるにとどまった。

おそらく司牧の統治について調べてゆく過程で、フーコーはどこまでも時代をさかのぼり、古典古代のギリシャ、ローマにおける統治へと足を踏み入れる。七八年講義の叙述からすると、はじめはキリスト教の司牧においてそれ以前と何が決定的に変わったかを理解するための参照項であったヘレニズム世界が、次第にそれ自体として彼を惹きつけ、離れがたいものとなったのであろう。

そのため、七六年の最終講義で提起された問い、生権力の時代に生じる大殺戮の問題については、これ以上踏み込まずに終わった。社会を防衛するために、死と排除と隔離に晒される人々、ある生命の発展と豊穣のために、闇に捨てられこっそりと廃棄される別の生命。生政治についての彼の論じ方の強みは、ただ後者の存在を指摘し非難するのではなく、生きさせることと死へと廃棄することとの結びつき、両者が不可分であるからこそ強化され再生産される仕組みを問うところにあった。しかしその仕組みが、自由主義の統治を視野に入れたときどう捉えられるのかは、結局明らかにされなかった。[15]

6 自由主義における個と全体

もう一つは、自由主義における個と全体、あるいは個別化する権力とマスと人口に関わる権力との関係である。この問題もまた、「社会防衛」論においてすでに萌芽的に示されていた。すなわち、社会体にとっての「リスク」、集団レベルでの確率の問題として捉えられる犯罪者と、個人として、その生活史と人間性全体が異常性の範疇に入れられ、恒常的な調査と治療の対象となる犯罪者との関係である。一人の人間が二つのしかたで捉えられることで、どのように権力の関係が組み立てられ、人はその中にどう位置づけられるのか。これはまた、国家の人種主義において、種の純潔という人口レベルの問題と、社会の末端にいたる厳しい監視網の形成とがどう結びつくのかという問題とも言い換えられる。そして最後に、自由主義における「自然」としての市場の尊重、個々の行為の規制ではなく一般的なルールを設定し、全体として自発的な秩序の生成を促す新しい統治の技法と、市場における個人、それぞれの当事者が身につけなければならないふるまい、ある種の自己の技法との関係の問題も、個と全体という点では同じ位相上にある。

フーコーが示したのは、個と集合体とでは次元が異なっており、人間の捉え方も権力の配置のされ方も違うことであった。しかしその先に自由主義を論じることで、さらにその先にある両者の関係を問うことにつながるのは必至である。というのも、自由主義は一方で経済という領域が持つ根本的な操作不可能性、好き勝手に変えることができない人口の「自然性」に依拠する。だが他方でその自然性は、自己利益の重視、利益を得るための合理的思考と行動、他者の行為の合理的な予期といった、個人についてのさまざまな前提を必要とするからである。自由な行為の集積によって市場に自然性を付与する個人、一般的な市場ルールに従って生を組み立てる個人とは、どのような人間で、どこでどうやって作られるのか。フーコーは自由主義における「経済人」モデルの役割を手がかりに、リスクと確率の時代における個と全体、ミクロとマクロの複雑な関係に迫ろうとしていた。

七九年三月二一日の講義でアメリカ新自由主義の犯罪政策を論じる中で、彼はこれに関連する重要な論点を提示している。新自由主義者は犯罪を市場の一つとして理解するため、需要と供給の用語でそれを捉える。ここから出てくるのは、たとえば犯罪の供給を減らすにはどのように需要を調整すればよいかといった考えである。フーコーは当時のドラッグ政策を例に、有限の法執行を効率的に行うための費用対効果の発想がどのような提言を導いたかを語っている。取締りを強化しドラッグの流通全体を規制する政策が、価格高騰と独占によって犯罪を増やしただけであったという反省から、ヘビーユーザーではなく、ちょっとしたきっかけで一時的にドラッグ使用者となる人に照準するという政策の方向転換が当時アメリカで議論になっていた。ここではまず、法執行の費用対効果という問いが前面に出てくる。また、「消費者」としての犯罪者は、犯罪のたやすさ、対象となる物品の入手しやすさといった、本人の人格とはあまり関係のない機会や環境に左右される存在として捉えられている。

ここでの一連の考え方は、生まれながらの犯罪者人格を持つ恐るべき生き物を取り逃がすことなく選別し、現実の犯罪の前に監視下に置き、場合によっては抹消するという考えとは、ある意味で対極にある。ここでは、その人物がいかに恐るべき存在か、内面にどのような闇の世界が広がっているか、そういった事柄は最初から関心の外にある。犯罪者は他の人間とさして変わるところがない、ごく普通の合理性を持った存在とされる。だからこそ、彼らの行動は政策によってある程度コントロール可能なのである（本書第10章を参照）。

こうした犯罪政策においては、フーコーがこれまで長らく関わってきた規律的な犯罪者像は全くといっていいほど登場しない。この違いをどう考えるべきなのか。広く共有される合理性を備えた人間行動を環境との関係で理解するという発想は、犯罪人類学ぬきの犯罪学、犯罪行動と他の行動とをともに「合理的」あるいは「限定合理的」選択行動として包括的に理解する、環境犯罪学への道をひらく。ここに出てくるのは、個別化する権力、個人をその異常性の度合いに応じて細かく分類し治療しようとする権力が、対象化、客体化する、「汚辱に塗れた人々」とは違う人間たちである。それは、自己と他者の欲求と充足手段との関係を勘案しながら行動を積み上げてゆく、ある種の自己のテクノロジーを有する、しかもごく平凡な個人である[16]。

先に述べたように、八〇年以降フーコーが「自己統治」のテーマに傾斜していく背景には、古典古代への関心の増大という理由がある。だがもう一つ、新自由主義の統治が、欲求充足とその手段との関係を勘案し自らの行為を組み立てる、個人の自己との関係ぬきには成立しない点を挙げることができる。フーコーはアメリカ新自由主義の思想においては、人間を「人的資本」として捉えそれに対して投資する、生涯にわたる自己統治が奨励されていることを指摘していた。ここに極端な形で表れる、子どもの教育や結婚など、すべてのライフイベントを投資と費用対効果の観点から把握する人間像は、ある種のカリカチュアに映る。だが重要なのは、そのような極端な人間が現実に存在するかどうかではなく、新自由主義の統治術が、自ら計算する人間、自分の人生を合理性に従って構想する人間という、特定の形式、フォルムを持って自己に関わる人間を組み込むことではじめて成立する点である。自由主義全般に見出せる自己関係という契機の不可欠性は、自己統治の問題を考えることの同時代的な重要性を、フーコーに印象づけたと思われる[17]。

だが、自由主義の統治がマスのレベルを管理・調整するにあたっていかに自己という契機を組み込んでゆくのか、また両者の巧みな結びつきによってどれほど多くの事柄を不可視にするかについては、残された問いとなった。福祉国家と対比するなら、一般的なものと個人との間にあるもの、それらの間をつないできたはずの「社会」は、自由主義においては社会秩序を編み上げる規律と共に一蹴される。ではその代わりに、自由主義がなおも必要とする「市民社会」の組織と関係性はいかに生み出されるのか。「生政治の誕生」の講義は、この方向でさらに展開されるはずのものであった。[18]

7　自由主義が不問に付すもの

すでに述べたように、自由主義の統治の大きな特徴として、自己利益を知りその実現のために合理的に行為する人間があらゆる場面で想定されるという点がある。そのため規律化のプロセスは、統治の要素として目に見えるものではなくなる。自由主義は、汚辱に塗れた人々を生み出しつつ彼らを権力の客体として監視するのではなく、そうした存在自体がないかのように、人々を合理的人間として措定し直すのである。

フーコーの統治性研究の出発点となったのは、「汚辱に塗れた人々」が権力を語るための「言語」を見出すことであった。結果として、規律化される人間、厳しい監視と管理にさらされる人々の存在を執拗に明かしてきたフーコーのこれまでの研究は、自由主義が問えなくする事柄、不可視にする人々を、逆説的に指し示す形となった。そして、自由主義がもたらす袋小路、衝突と闘争の存在そのものを巧みに回避するロジックに対抗するため、フーコーが次に向かったのは「自己統治」の再検討であった。これは、リベラリズムが個と全体との間をつなぐ際一種のマジック・ワードとなる、「自然性」や「自生性」、「自発性」といった契機に、敵対性と戦争を対抗させるのとは別のしかたで、異なる位相で権力の関係を捉え返す試みと理解することもできる。八〇年代に企てられた自己統治の問題化は、「反自由主義」的に自己の問題を考えるために、自己に配慮し、自己を構成する倫理的主体について語ることに他ならなかった。

コラム8　七〇年代後半のフーコー

本章は、芹沢一也、高桑和巳編『フーコーの後で——統治性・セキュリティ・闘争』慶應義塾大学出版会、二〇〇七年、一一—四〇頁に掲載された論文をもとにしている。

ここでは前章までで何度か触れてきた、「規律から統治へとフーコーが研究の重点を移す過程で何が起きたのか」というテーマを取り上げている。一九七〇年代後半のフーコーの思考の見取り図として、①規律論からリスク概念が浮上してくる過程、②このリスク概念から直接現代の統治へと直接向かうのではなく、近世における戦争としての政治言説の検討を通じて「生権力」「生政治」の重要性を確認する過程、③そこから自由主義の統治へと展開していく過程を展望した。

それによって確認されるのは、フーコーが規律からリスクへの流れを、福祉国家の形成からその危機、それをふまえたポスト福祉国家の政治経済へと直接結びつけず、発想を転換して大きく迂回したということである。それによって彼の歴史像は複雑で分かりにくいものになった。だがその代わり、読む側に役立ついくつかの斬新なアイデアやものの見方が残された。

まず、規律論の延長上に出てきたリスク概念を用いて、個人の厳格な管理と人口やマスの次元での調整とを結びつけるやり方が明らかにされた。個人は全体にとってのリスク要因となるので、厳しく監視され矯正される。ここでは集合的リスクの調整と個人の規律とが矛盾なく両立するということだ。これは七八年、七九年講義で詳述される、自由主義の統治とは異なった個と全体の結びつけ方である。

次に、戦争としての政治言説に見られる、歴史を闘争と対立を呼び覚ますために用いる方法である。これは、敗者の歴史、マイノリティの歴史、虐げられた者たちが自らの名の下に虐げた者の不正を告発する歴史である。それは伝統に訴えることもあれば血に訴えることもあり、また神話と物語を用いて自らの古き起源を明かす。この言説は、歴史を描き直すことで、私たちはいつでも別の歴史、敗者の歴史、不当な侵略と犠牲の歴史を武器に支配者に対抗することができることを示している。

ここから三つめに、自らの正しさと純血の物語を種族あるいは人種の対立として描く語りも、講義の中で示されている。由緒正しい存在であるわれわれが、ときに気概に満ちた征服者として、ときに不正な侵入者によって虐げられた古き民の血統を継ぐものとして自己を表明する。この物語は近代に、神話と科学のことば遣いがないまぜになった人種主義の言説として開花することになる。目下猖獗《しょうけつ》を極めるナショナリズムにも、こうした語りは大いに利用されている。

四つめに、血と人種をめぐるこうした言説は、人間の生、生活、病と健康、生殖など、種としての人間がくり広げるさまざまな営みを、政治の標的とする。人間の生全般が政治化されるということだ。こうしてフーコーは、戦争・闘争としての政治分析から生政治の誕生に到り着くことになる。

フーコーからすれば、『精神疾患と人格』（一九五四）や『狂気の歴史』（一九六一）といった初期作品も、生政治を扱ったものとして読むことができるテーマを含んでいただろう。だがやはり、自身が長い間対象としてきた近代の歴史は、生をめぐる政治の展開そのものであったと彼が自覚したのは、戦争としての政治言説を検討することを通じてだったと思われる。

この時期のフーコーの思考の展開はとても早く、目まぐるしく変わる用語に読む側は戸惑いを覚える。しかしよく調べてみるとそこにはきちんと順序があり、規律からリスクへ、個人の危険と全体のリスクの関係へ、そこから向きを変えて戦争と敵対の政治言説へ、人種主義の政治へ、そして生政治の誕生へ、という展開があった。これらについて取り上げる際、彼の方法はつねに知と権力の相互作用を見るというもので、人間を分類するさまざまなカテゴリーと、人々を秩序づけるための実践が同時に視野に入れられていた。七八年になるとフーコーは生政治の誕生を描くために、一六世紀の君主の統治からはじめて二〇世紀の新自由主義までを論じることになる。これらすべてが、人間の生を対象とする政治の誕生と展開、言い換えると近代国家の誕生と展開の描写であることにフーコーが気づいたのは、七六年に、それ以前の講義とは異なるテーマである戦争としての政治言説を取り上げたことがきっかけである。

こうした流れに留意して本章を読むと、七〇年代後半のフーコーの思想の幅広さと大胆な転回、エネルギッシュなアイデアの豊かさに圧倒されるはずだ。そしてそれが、近代国家の系譜学である統治性の講義へと結実するのである。

III
新自由主義の統治性

第9章　自由主義の統治能力

ミシェル・フーコーのオルド自由主義論

はじめに

二〇世紀は「自由な社会の条件」について、一九世紀とは異なった考え方が大きく台頭してきた時代である。まず、ケインズ『自由放任の終焉』（一九二六）のタイトルが示すように、経済政策における自由放任主義の限界がはっきりと露呈しはじめる。それと同時に、議会政治もまた大衆民主主義の成立とともに大きな壁につきあたる。こうした経済的・政治的な二重の限界に対して、世界恐慌と第二次大戦を経て「社会主義国家」「福祉国家」の形成による乗り越えが図られるのが、二〇世紀であるといえる。「自由な社会」は、もはや代議制を通じた形式的な法的自由の保障による自由な経済活動の追求によってではなく、行政府による積極的な介入や保障を伴う集団主義的政治・経済体制によってこそ実現されるという理念が主流となるのである。そしてこうした理念に則って、資本主義世界においても社会保障の拡大、圧力団体の議会政治への取り込み、労働組合の経営組織への体制内化による、組織社会・組織資本主義が実現する。

しかし、組織化を通じた「国民国家」単位での生活向上と政治的・経済的安定を目指す体制は、一九七〇年代以降再び大きな動揺を経験する。このことは、ハンチントン、クロジエ、綿貫『民主主義の統治能力 *The Governability of Democracies*』〔ハンチントン、クロジエ、綿貫 1976〕、ハーバーマス『後期資本主義における正統化の問題』〔Habermas 1973〕などにおいて、統治能力の危機や福祉国家の政治経済システムの危機として問題とされはじめる（〔佐々木 1995〕を参照）。また、ケインズ型のマクロ経済政策や社会民主主義の福祉国家路線を批判する政治潮流である、サッチャリズムやレーガノミクスの台頭も、この体制の機能不全と不可分に結びついている。本章で取り上げる新自由主義もまた、二〇世紀西欧社会において主流となったケインズ－福祉国家モデルを批判し、それとは異なる社会秩序のあり方を模索する思想体系である。

この思想は、一九三〇年代、つまりケインズと同時代に形成されたものであり、福祉国家の危機に対応してはじめて出現したものではない。だが、七〇年代以降表面化する、経済・社会問題の国家管理がはらむ問題を多くの点で先取りしており、七〇年代に改めて脚光を浴びることになった。本章では、こうした福祉国家の行きづまり以降の社会秩序のオルタナティヴの一つである新自由主義に関するフーコーの議論を取り上げ、新自由主義が構想する「自由な社会の条件」について考察を試みる。

1　統治性研究におけるオルド自由主義の位置づけ

フーコーは、一九七八年および七九年のコレージュ・ド・フランス講義において、西洋の「統治性 gouvernementalité」の歴史を論じた。そのなかで、七九年に行われた計一二回の講義のうち七回を、（西）ドイツおよびアメリカの新自由主義の検討に充てている。この講義は、「現在に関連する過去の歴史」［Foucault 1975a : p. 35, 三五頁］を描くことを旨としてきたフーコーにはめずらしく、同時代の思想潮流に集中的に取り組んだものである。ここで彼は、現代を新自由主義の「国家恐怖症」（ソ連型の計画経済やナチズムとの同一視による福祉国家批判。後出註7参照）がさまざまな形で噴出する時代と位置づけている［Foucault 1979b］。さらに、フランスで七四年に大統領に当選したジスカール＝デスタンらの政治経済戦略をこの潮流の一つとして捉えている。彼はジスカールを、フランスにおけるエタティスム（国家管理）、ディリジスム（管理経済）の伝統とは一線を画する新しいタイプの自由主義者であると考えていた。そして、こうした同時代の思想状況とフランスの政治状況の双方を視野に入れた新自由主義論の展開を試みている。本章では、講義の中でとくに重点的に論じられたドイツのオルド自由主義 Ordo-Liberalismus を中心に、フーコーの新自由主義論を検討してゆく。[1]

はじめに、フーコーの統治に関する研究（以下、統治性研究）全体の概要を示し、そのなかでのオルド自由主義論の位置づけを示しておく。統治性研究は、西洋近代において、いかなるしかたで個人の生（生活・生命）が全体秩序に関わる問題となり、政治的な介入の対象となってきたかを、統治という観点を導入することで歴史的に描き出そうとした研究である。統治とは、近代における全体秩序の形成に関わる問題を、人と人との関係のあり方、人の行為を特定の方向に導く方法・型の観点から考察するための概念枠組みである。この概念を用いてフーコーは、個人の生に介入してゆく近代の統治を、その第一形態としての「国家理性－ポリスの統治」と、第二形態としての「自由主義の統治」に分けて考察している。

フーコーはここで、ケネーやスミスなど一八世紀の自由主義経済学説に見られる統治性を、それ以前の国家理性－ポリスにおける統治性と対比している。ポリス行政においては、人々の生の管理は細部にわたる規制、監視、取締りを通じてなされる。フーコーにとってポリスとは、理念的には、日常生活をすみずみまで規律化し、規制することによって秩序を維持し、生を特定の方向に導くような統治のテクノロジーである。これに対して、自由主義においては、規制 réglementation ではなく調整 régulation という介入方法がとられる。一つ一つの細目すべてを規則によって定めるのではなく、個人のふるまいの自由を容認した上で、マクロレベルでの調整を通じて全体秩序を構築してゆくのである（以上については本書第7章を参照）。

フーコーはオルド自由主義の統治性を、こうした一八世紀の自由主義の延長上に、その組み替えとして位置づけている。一八世紀の自由主義において、政治権力による無制限の介入を阻む自律的領域として、「市場の秩序」が発見された。これに対してオルド自由主義においては、後述するように市場は法や政治にとって介入の限界ではなく、むしろ法や政治を通じて設計され、構築される存在である。ここでは、市場という「自然な」領域を強制的に外部から規制するのではなく、その自然性を尊重することによって秩序を成り立たせようとする、自由主義の統治の特徴が引き継がれている。それと同時に、秩序の定立において、個人の選択・行為を特定の方向に導き、生活の様式やスタイルを積極的に作り出してゆく政治権力の存在が不可欠となっている。この点でオルド自由主義は、一八世紀における古典的自由主義から見ると、一種の「重心移動déplacement」［一九七九年一月三一日の講義］を経た統治性を有するといえる。

2 統治性研究の視角——政治学批判

ここで、本書ではフーコーの統治性研究をどのような角度から捉えてきたのか、またそれをふまえてフーコーのオルド自由主義論の特徴をどこに見るかを明らかにしておきたい。

本書では、フーコーの統治性研究を既存の政治学、なかでも政治学史（政治思想史）に対する批判の試みとして捉えている。フーコー自身、たとえば「全体的かつ個別的に——政治的理性の批判に向けて」［Foucault 1979c］や「個人に関する政治テクノロジー」［Foucault 1982c］の中で、現在の政治理論が日常生活に関わる政治を論じる有効な視角を持っていないことを批判している。その最大の理由は、政治理論が国家の法的正統性や議会政治における意志決定の民主性などを中心に理論を構築しており、一八世紀までに作られた古典的政治学の認識枠組みにとらわれたままでいることにある。そのため、その枠に収まらない政治のあり方を把握することができないのである。『監獄の誕生』（一九七五）の規律権力論においてすでに、彼は法と権利のことばでしか政治権力について思考できない政治学の現状を批判し、政治と権力について語る新しい言語の探求をはじめていた（本書第3章を参照）。統治性研究は、その後の『知への意志』における「生権力」論を経た、政治と権力についての新しい思考方法を模索する試みとして位置づけることができる。

統治性研究においてフーコーが描き出すのは、一七世紀以降西洋「近代国家」の枠内で展開される、人々の日常生活を第一の対象とする政治である。この意味で彼は、自身の分析対象が「日常の政治的合理性 everyday political rationality」［Foucault 1982c : p. 827, 三七一頁］にあると述べている。彼は、「統治」という日常生活に関わる政治を分析するための概念を用いて、従来「近代政治思想」として取り上げられてきたマキャヴェリや社会契約論ではなく、ポリツァイ学やフィジオクラシーを読解しようとする。

ここで、この日常生活の政治に対する着眼の独自性を、他の「政治」概念との差異を示すことによって明確化しておきたい。まず、フーコーが既存の「政治理論の失敗」［*ibid.*］という場合の政治理論とは、すでに述べた、政治をその法的正統性の観点から問う思想であると考えられる。ここには社会契約論、また政治を法権利 droit の用語で捉える思想一般が含まれる。

さらに、ハンナ・アーレントとカール・シュミットにおける「政治的なるもの」との対比を行うと、統治性研究におけるフーコーの政治概念がいっそう明瞭になる。まず、三者に共通する同時代認識から見てゆこう。アーレントは『人間の条件』［Arendt 1958］の中で、近代を公的な領域と私的な領域の区別を曖昧化する、あるいはその両方をのみこんでしまう「社会的なるもの」が勃興し、それによって政治が著しい変質を蒙った時代として捉えている。またシュミットは、『政治的なるものの概念』[Schmitt 1932]において、二〇世紀を国家と社会の区別が曖昧化し、それによって政治が国家的事象のみに関わるのでなく、社会のあらゆる問題が政治化される時代として位置づけている。フーコーも彼らと時代認識を共有しており、近代を公と私、国家全体と社会の末端を関係づける、「全体的かつ個別的」な人間の管理技術が出現する時代と見ている。[2]しかし、まずアーレントが「社会的なるもの」の勃興以前の世界、とくに古代ギリシャのポリスに「政治的なるもの」の範型を求めてゆくのに対し、フーコーはアーレントが政治が死滅しつつある時代と見る近現代社会にとどまり、そこにおける政治の現実に迫るための言語を見出そうとする。

これに対し、シュミットはあるべき政治ではなく現にある政治を対象化しようとした点、また政治を他の何らかの活動領域とは異なる固有の領域としてではなく、宗教・経済・道徳などのさまざまな領域を貫通する人と人との結合のあり方として捉えた点([*ibid.*, 三三―三七頁])でフーコーと共通している。しかし「政治的なるもの」を友と敵との区別として捉える点では異なっている。シュミットの友‐敵概念は、「闘争としての政治」という政治観と結びついているが、統治性研究におけるフーコーの政治観では、政治はむしろ闘争における不安定な力関係を安定化させ、支配と秩序をもたらす機能を果たす。このことはたとえば、フーコーが、つねに関係の逆転可能性をはらむ「権力関係」を相対的に安定した「支配状態」へともたらす技術として、「統治のテクノロジー」〔Foucault 1984a : p. 728, 二四四頁〕を位置づけているところに表れている。

フーコーの権力観については、これまで「闘争」「戦闘」「終わりなきゲーム」といった側面がしばしば強調されてきた。これ自体誤りではなく、彼自身、権力関係の逆転可能なゲームとしての側面をくり返し語っている。しかし、フーコーがその研究の中で行った最も重要な事柄の一つは、終わりなきゲームとして変転しつづけるはずの権力関係が、なぜ現実には固定した支配状態や秩序状態をもたらすかを歴史的に示した点にある。そして、ここで権力関係を支配へともたらす蝶番の役割を果たすのが、「統治のテクノロジー」なのである。

さらにフーコーは、「テクノロジー」という語にも特別な意味を込めている。彼は『言葉と物』（一九六六）などの著作において、成熟した学問体系（物理学や天文学）ではなく、むしろ「未熟な学問」（犯罪学、精神医学、臨床医学など）に注目している（[Hacking 1979] を参照）。この点は統治性研究においても同様であり、フーコーは政治理論の主流として研究されてきた思想ではなく、政治技術あるいは政策（彼の用語では「統治のテクノロジー」）に関わる、その意味では理論ほどの一般性も普遍性も有さない実践知として、いわば歴史の中に埋没してきた思想に注目している。

このため、フーコーの研究対象は政治学史よりは行政史・国制史のそれに近いが、初期以来一貫する「認識枠組みの批判」という科学認識論の系譜をひく方法論を用いている点に特徴がある。たとえばポリス行政を分析する場合にも、フィジオクラシーを分析する場合にも、つねに実践を支える「ものの見方」「思考様式」「認識枠組み」のレベルで分析対象を捉えてゆく。政治技術を、それを支える思考方法、認識のあり方の観点から切り取ってゆき、これを統治のさまざまな

「型」として捉えるということである。フーコーが政治的「合理性」という表現を用いる場合にも、合理性という語は認識枠組みの次元での「思考の型」を意味している。その意味での統治の合理性の諸形態の変遷を歴史的にたどってゆくのが、統治性研究である。

以上から、統治性研究においては、政治は経済の領域や社会の領域と区別された「政治的なるもの」を意味するのではなく、経済社会の領域を含めた日常生活全般に関わり、その意味での社会全体に秩序を与える営みを指していることが分かる。ここでは政治の問題とは、人々の経済活動や社会活動全般を含む生の営みを、いかに秩序の要素として組み込んでゆくかの問題である。フーコーは、こうした意味での政治的秩序構想の中で形成される秩序の型、人々の行為に型を与えることにより人と人との関係を整序してゆく方法・やり方を、統治の合理性、すなわち「統治性」と呼んでいるのである。

この視角から見ると、フーコーの新自由主義論は、新自由主義における政治の固有性を捉えようとする試みとして位置づけられる。彼は新自由主義を、単なる経済政策思想としてではなく、政治・経済・社会秩序全般にわたる包括的な社会編成原理を有する構想として捉えている。重要なのは「自由主義の経済理論より、むしろ統治術 art de gouverner としての自由主義」［一九七九年二月七日の講義］の方である。フーコーは、福祉国家以降の時代に自由主義が新たに力を持ちえた理由を、その統治能力、彼の用語では新自由主義の「統治性」の観点から説き明かそうとしている。つまり、これまで経済理論の範疇に入れられていた思想の中に、現代特有の政治構想を読み取ろうとしているのである。

フーコーが、経済思想や経済学の分野では一般により重要であると考えられているシカゴ学派やオーストリア学派ではなく、あえてオルド派という自由主義経済思想のいわば傍流を、多くの時間を割いて取り上げた理由もここにあると思われる。自由な社会の実現にとっての経済政策と国家の役割を正面から論じ、戦後西ドイツにおける実践との密接な関係の中で政策論を展開していったオルド派は、「統治性の問題から見て〔シカゴ派に比して〕より重要」〔一九七九年一月三一日の講義〕な思想だったのである。

以上をふまえ、本章ではフーコーのオルド自由主義論を「オルド自由主義の政治構想」を明らかにした研究として捉える。以下にその内実を、フーコーの議論に依拠しつつ再構成してゆく。

3　オルド自由主義概観

オルド自由主義は「フライブルク学派」とも呼ばれ、ドイツのフライブルク大学の経済学者・法学者を中心に形成された。中心人物のオイケン Walter Eucken（一八九一―一九五〇）は一九二七年からフライブルク大学教授であったが、三二年に私法教授に就任したグロスマン＝デルト Hans Grossmann-Doerth（一八九四―一九四四）、三三年に中央カルテル局からやってきた法学者ベーム Franz Böhm（一八九五―一九七七）とともに、三六―三七年に「経済の秩序 Ordnungder

Wirtschaft」という叢書を刊行する。[3] これがオルド自由主義のはじまりであるといわれる。彼らは経済学者と法学者という相違にもかかわらず、経済世界における権力集中という共通の問題に関心を有していた。彼らとならんで重要なのが、反ナチ的言動のためナチ政権成立後に亡命したレプケ Wilhelm Röpke（一八九九―一九六六）と、同じく亡命者のリュストウ Alexander Rüstow（一八八五―一九六三）である。その他、第二次大戦後に「社会的市場経済」という標語を作ったミュラー＝アルマック Alfred Müller-Armack（一九〇一―一九七八）、西ドイツ経済相としてオルド派の政策を実行に移すことになるエアハルト Ludwig Erhard（一八九七―一九七七）もこの派のメンバーである。そして戦後には、年刊誌『オルド』が彼らの主要な活躍の舞台となる。また、オルド派は、オーストリア学派、とくにハイエク Friedrich Hayek（一八九九―一九九二）、ミーゼス Ludwig von Mises（一八八一―一九七三）からの強い影響を受けている。ハイエク自身、『オルド』誌上にたびたび寄稿しており、一九六二年から六七年までフライブルク大学教授をつとめた。

オルド派の思想は一枚岩ではないが、その核心は彼らが標榜する経済体制としての「社会的市場経済」という標語の内に表現されている（この語については［Muller-Armack 1988］を参照）。それは、市場における価格機構を十全に機能させることによって、経済秩序のみならず社会秩序全体を構築しようとする思想であり、その意味で市場経済を擁護する秩序構想である。しかし後で述べるように、彼らは自由放任主義に対する強い懐疑の念を持っており、市場の機能を十分に引き出すためには、自由放任ではなく公的機関や法制度の整備によって経済に「枠組み」を設定することが必要であると考えていた。このような、社会民主主義の福祉国家論とも自由放任の意味での自由主義とも異なる彼らの立場は、社会体制の「第三の道」とも言われ、第二次大戦後の西ドイツにおいて経済政策の支柱となるとともに、より広い意味で西ドイツの再建と復興の理念として機能した。

以上を念頭において、つぎにオルド自由主義に関するフーコーの議論の内容に入ってゆきたい[4]。

4　オルド派のラディカルさ——経済による国家の基礎づけ

オルド自由主義は、市場において価格機構が機能を発揮するための枠組みとしての秩序＝オルドOrdoの構築を目指す思想体系である。そのため、オルド派が紹介される場合、彼らが唱えた秩序体系である「社会的市場経済」の説明から入ることが多い。

しかしフーコーは、はじめにこれとは全く異なった角度からの特徴づけを行う。オルド派の思想は、戦間期ドイツで形成されはじめ、第二次大戦後の西ドイツ復興に中心的な役割を果たした。フーコーは、エアハルトが戦後ドイツの進路を決定したといわれる通貨改革に先立って一九四八年四月に行った演説の一節を引き、そこでの経済的自由と国家の正統性との関連づけに注目する［一九七九年一月三一日の講義］。エアハルトはここで、国家による経済的強制（ナチスドイツ）とは異なった経済と国家の関係の構築が、ドイツ国家への正統性付与につながると述べている。フーコーは、これがオルド自由主義の統治性の根本的な部分を表現していると考える。そこに、戦後ドイツという新しい国家を基礎づけ可能にするのは経済的自由の保障に他ならないという考えを読み取るからである。

これには第一に、当時のドイツが置かれた特殊な状況が関わっている。ナチス支配とその崩壊を経て、ドイツの政治的主権はその正統性を著しく傷つけられた。しかも当時ドイツは占領軍の支配下にあり、主権国家の自立性を欠いた従属状態にあった。そうしたなかでオルド派の思想は、ヨーロッパに自由な市場と経済的復興を保障するための一翼を担うという形で、ドイツが国家の正統性を基礎づけ直すという選択を支持するものであった。ナチ経験により歴史的に正統性を喪失し、占領・分割により国民的コンセンサスを形成することも不可能な状況下で、自由な経済活動の保障は、ドイツ国家に正統性を付与する唯一の道であると彼らは考えていた。[5]

さらにフーコーは、経済的自由を保障する制度が政治的主権形成の端緒 amorce として機能するという事態は、戦後西ドイツ国家のはじまりの時点のみならず、以後三〇年間（つまりフーコーが講義を行っていた時点まで）西ドイツにおける政治的主権、および政治的コンセンサスを創出しつづけていると論じる。「自由な市場は、政治的紐帯を表している。ドイツ・マルクの安定、満足しうる成長率・購買力、経済発展、国際収支の均衡は、歴史によって法益を剥奪されてしまった国家を改めて創設するためのコンセンサスを表現している。国家は経済的自由の存在と実践のうちに、法とその現実的基盤を再び見出す。歴史はドイツ国家を否定したが、いまや経済がドイツ国家を肯定する」［一九七九年一月三一日の講義］。この意味でオルド自由主義は、「根源的に経済的な国家」［一九七九年一月三一日の講義］という経済と国家の新しい関係を示している。そしてこの点に、フーコーが現代の統治性を考察するにあたってオルド派を取り上げる最大の理由がある。[6]

オルド派による国家の基礎づけのしかたは、それを一八世紀における自由主義と比較してみれば、その特徴がさらに明瞭になるだろう。フーコーによると、一八世紀の自由主義は、法的主権によって基礎づけられポリス行政によって秩序化された、つまりあらかじめ設定された国家の中に、いかに経済的自由の領域を確保するかを最大の関心事としていた。これに対してオルド派の問題は、経済的な自由と発展という目標を設定することで、いかに未だ存在しない国家を定立するかにある［一九七九年一月三一日の講義］。

さらにオルド派の構想は、ナチズムの「恐怖政治」に対してヒューマニズムや人権保障を軸に戦後ドイツ国家を考える場合とは、端的に言って思考の順序が異なっている。彼らは何よりもまず経済的自由を軸として、そこから人権の擁護や政治的権利の保障を考える。彼らにとって、経済的自由が存在しないところに、あるいはそれについて真剣な検討がなされないままに、政治的な人権や自由を実現しようとすることは、無意味で不可能な試みに過ぎない。経済を基礎として国家を存立させること。ここにフーコーは、オルド派の社会秩序構想のラディカルさを読み取っている。そして本章の観点からすると、この部分に、既存の政治的言説とは異なった思考枠組みの上に立ったオルド自由主義の政治構想の特徴が集約的に表現されている。

5 計画化の時代

以下の各節では、オルド派の秩序構想の具体的内容をフーコーの議論に沿って考察してゆく。その際つねに参照点となるのは、オルド自由主義がある特定のタイプの経済的自由の実現を中心に据えることで、いかに社会秩序全体を構築してゆくかである。本節と次節では、オルド派の同時代認識を取り上げ、それとの関連で彼らの思想の特徴を明らかにする。本節ではまず、オルド派の形成史をたどり、彼らが同時代を「計画化の時代」として批判的に捉えていたことを示す。

オルド自由主義は、一九三〇年代、まさにナチズムのさなかに形成されはじめた学派である。このため、ナチズムをどのような角度から捉えそれとどう対決するかが、オルド自由主義の基本的立場を形づくっている。これに関してフーコーは、「永遠のサン・シモニズム」［Röpke 1944］というレプケの表現を引いている。この標語は、サン・シモン主義の科学万能主義・社会工学的な志向が一九世紀を通じて展開し、二〇世紀にナチズム、ソ連の計画経済、またケインズ主義に至るという歴史観を表している。ここでは、資本主義か社会主義かという区別はあまり意味をもたず、むしろ計画か自由かが根本的に重要な指標として取り上げられ、ナチズムは計画経済（中央管理経済）の一種と捉えられる。つまりオルド派においては、ナチズムは他に例を見ない国民社会主義の特殊な体制としてではなく、他の国々においても同時代的に生じている経済の計画化、経済活動の国家管理の一潮流として位置づけられるのである［一九七九年二月七日の講義[7]］。ナチズムがもたらす自由の欠如は、オルド派にとってはまず何よりも経済の計画化による自由の喪失を意味し、したがってその批判は、計画経済がもたらす経済的権力集中が、いかに人々の自由な生活を妨害するかを中心になされる。ナチズムは経済的自由の欠如を軸に批判されるのである。

この批判のしかたは、ナチズムを思想・言論・表現の自由、議会政治の有無や人権保障といった、いわゆる「政治的」な観点から批判する方法とは対照的である。もちろんオルド派にも、こうした自由の欠如に対しての批判が見られる。しかし第4節でも述べたように、それらの問題はつねに経済秩序の問題と結びつけられ、それを軸に批判される。彼らにとって、「自由な社会」の支柱となるのは経済体制、経済秩序であり、そのまわりに政治的・社会的な自由が位置づけられるのである[8]。

6　独占と大衆化

オルド派は、反計画・反中央管理を標榜するだけでなく、自由放任主義に対しても批判的な立場を取る。そしてこの立場もまた、彼らの二〇世紀認識と深く結びついている。

オルド派の時代診断は、自由放任による経済の自然な調和の信奉を許すようなものではなかった。計画化の進展とならんで彼らが同時代の経済に見て取ったのは、独占の傾向である。もちろん、カルテルやトラストなどの形成による大資本の独占資本主義が、国家管理による経済の計画化へと容易につながるという意味で、両者は密接に結びついていると考えられていた。しかし、計画化についての認識が計画経済批判につながったのに対し、独占の批判は自由放任の経済政策批判へとつながっていく。独占論については、フーコーは立ち入った分析をしていないが、オルド派を古典的自由主義から分かつ重要な点であるので、詳しく見ておきたい[9]。

まず、オイケン『経済政策原理』の中での時代認識を見ておこう。「われわれは一九世紀初頭および半ばに生活していた人たちとは全く異なった情況の下にある。世紀半ばの自由主義者やシスモンディ、サン・シモン主義者、マルクス、プルードンなど（…）はわれわれとは違った経済的、政治的、社会的世界の中に住んでいた。（…）人は前工業時代の経済と大きな変革のはじまりしか知らなかった。コンツェルン、カルテル、信用銀行、労働組合などは当時はまだ存在しなかったか、それともやっと発達しはじめたところであった」〔Eucken 1952 : p. 14‒15, 二一頁〕。そして、現代の大問題となる独占・寡占による市場支配という事態が、こうした「前工業時代」に形成された自由放任の政策によって結果的に容認され、助長されたことが問題にされる。

オイケンによると、市場にはつねに「独占形成への傾向」〔*ibid.*, p. 31, 四六頁〕が存在する。だが、自由放任の政策においては事前に予防措置を取ることができない。そのうえ自由放任の政策にとって支柱の一つとなる「営業の自由」の原則は、独占形成の自由をも正当化する。「契約自由」の原則はカルテルを結成する契約を有効なものとし、需要独占市場における不当な労働契約を正当な契約として認めさせてしまう[10]。

こうした自由放任の欠陥を克服し、市場に不可避にはらまれる独占の傾向に歯止めをかけるため、オルド派は国家の積極的な経済政策を要求する。彼らは、「市場経済と自由放任政策の切り離し」［一九七九年二月一四日の講義］を行うとともに、経済政策の方針を考えるなかで「いかに政治権力の包括的な行使を市場原理とかみ合わせるか」［一九七九年二月一四日の講義］という問いを設定する。

次節でこうした問いへの答えであるオルド派の秩序政策を具体的に見てゆくが、その前に彼らの時代認識について、経済問題に限られないもう少し広い範囲で検討しておこう。これについてもフーコーは詳しく論じていないが、オルド派における経済領域と社会・政治領域との関係、またそれら全体を含んだ社会秩序についての見方が端的に表明されている部分である。

レプケによると、この時代の社会全体を特徴づけるのは「大衆化 Vermassung」と「プロレタリア化」である［Röpke 1944, 1961］。またオイケンは、ル＝ボンを引きつつ自らが生きた時代を特徴づけて次のように述べる。「「大衆」は、経済・社会および国家の伝統的秩序を破壊し、新しい合理的な、満足な、人間にふさわしい秩序の建設を行うことを不可能にする」［Eucken 1952 : p. 16, 二三頁］。しかもこうした大衆は、ただ単にばらばらに形なく浮遊するだけではない。彼らは指導者階層に導かれる。そして一つの国家の中にいくつもの政治集団や経済集団を形成し、それらの集団が相互にイデオロギー闘争をくりひろげるのである。

オイケンにとっては、利益団体や圧力団体を議会政治の内部に取り込んでゆく一種の多元主義政治、また職能団体の編成による組織単位の経済は、大衆化時代の産物であり、ますますその傾向を推し進めるものに他ならない。権力集団の形成とそれら相互の対立は「集団アナーキー」[*ibid.*, p. 146, 一九五頁]の状態を生み出し、全体の秩序は形成されない。こうして、大衆化と政治的・経済的な集団形成とが結びつけられ、その両方をなくしてゆくような社会秩序の構想が求められる。ここでは、政治領域における議会政治の変質と経済領域における組織化の動きが、団体主義や権力の集中・偏在の問題として同列に扱われている。[11]

オイケンはさらに、大衆と社会秩序との関係を以下のように考察する。分業が高度に発達した産業革命以降の社会の中に埋め込まれている大衆は、「複雑化した秩序の枠組みの中でしかその生活を送ることができない」[*ibid.*, p. 14, 二〇頁]。大衆は秩序を破壊する傾向を有しながら、他方で十分に制御された秩序なしには社会生活を営めない。ここでの秩序とは経済に限らず、人間社会を形成するあらゆる秩序を含む。そのため「経済的相互依存のみでなく、経済秩序と自余の一切の生活秩序との相互依存関係が存在する」[*ibid.*]。こうした全体秩序の中で捉えられる場合にのみ、現代の大衆の生活を理解することができ、また秩序全体を作りかえてゆくことによってのみ、大衆化がもたらす問題を解決することも可能となる。

そしてこの意味での秩序の創造が、オルド派(=秩序派)にとって第一の課題となる。オルド派の分析は、ナチ政権下における経済的自由の問題から出発して、大衆社会において人間の生の営みを可能にする条件としての、社会秩序の全体的構想、その意味での政治構想へと到り着くのである。

7　オルド派の経済政策

本節から第9節まで、オルド派の経済・社会政策および法治国家論を検討してゆく。前節で論じたように、彼らは反計画、反自由放任の立場をとる。そこで、この二つを軸にそれぞれの内容を整理する。本節ではまず、彼らの経済政策を検討してゆく。

はじめにフーコーに拠りつつ、オルド派と古典的自由主義との市場原理の把握のしかたの相違を示し〔一九七九年二月七日の講義〕、その反自由放任の側面を明らかにしておこう。フーコーによると、古典的自由主義において市場原理の中心をなすのは交換である。そのため、交換に参加しうる条件としての所有権の保障が、まず第一に国家に求められる。それ以上の市場への介入は、有害ではあっても市場の運行に何ら利益をもたらさない。これに対してオルド派においては、重要なのは交換と所有権ではなく競争である。オイケンは、「社会的、経済政策的問題の解決を所有権の秩序から期待することは、一九世紀および二〇世紀初頭の経済政策論議および経済政策の根本的な誤謬であった」〔*ibid.*, p. 270, 三六七頁〕と明言している。交換と所有権を中心に据えたのでは把握できない「独占」という問題を、彼らは市場秩序を破壊する傾向として重視する。したがって、独占を排除し完全競争を実現することが、オルド派にとって経済政策の中心となる。ここで完全競争とは、価格カルテルなどを含まず、市場参加者にとって価格が特定の参加者によって左右しえない与件として機能する状態での競争、また業績・実績のみにもとづく競争を意味する〔野尻 1976：五二頁〕を参照）。

こうした完全競争は、所有権の保障にとどまらない国家の積極的な活動によって可能となる。オルド派にとって、「競争は〔古典的自由主義者が考えたような〕自然な与件ではなく（…）作られた特権」なのである〔一九七九年三月二七日の講義〕。市場と国家の関係は自由放任におけるのとは全く異なり、競争経済は国家権力の立ち入れない領域、一種の経済的聖域ではなく、むしろ国家によって作り出されるものである。ここに、統治の観点からオルド派と古典的自由主義とを分かつ、「市場メカニズムと統治政策 politique gouvernemental との包括的な結びつき」〔一九七九年三月二七日の講義〕を見て取ることができる。

では、オルド派が目指す秩序、オイケンの用語でいう「競争秩序」とはどのようなもので、いかなる政策によって実現されるのか。フーコー自身は具体的には論じていない政策内容を検討することで、反計画の側面を含むその政策の実際を見ておきたい。

まず「競争秩序」とは、そのなかで「個々の企業や家計が自由に計画しかつ行動する」、「彼ら自身の労働力や生産手段や貨幣の最善と思われる用途を自分で探す」〔Eucken 1952：p. 246, 三三三頁〕ような秩序形態である。ただし「ゲームのルールや、経済過程がその下で展開される形態や、あるいは市場形態や貨幣体系をほしいままに形づくる自由は存在しない」〔*ibid*., p. 246, 三三三―三三四頁〕。市場参加者には、独占市場を形成する自由や、市場の中に価格メカニズムが有する強制力以外の権力を持ち込む資格はない。つまり、市場の形態や貨幣体系などの枠組みは秩序政策によって与えられ、そのなかで個々の市場参加者が自由に行動するような体制である。そこでは、日々の経済生活が営まれる前提となる秩序形態は積極的に定立されるが、日常の経済過程そのものへの介入はなされない。

したがって、オルド派の秩序政策にとって根本原則となるのは、競争秩序が有効に作動するための、完全競争の下での機能的な価格体系の確立である。そのために最も重視されるのが通貨政策となる。通貨政策は、貨幣価値の安定、インフレおよびデフレの回避により、個々の経済主体が正しい経済計算を行うための前提を形づくる。具体的には、「割引政策、公開市場政策、流動性準備率の決定、国家の財政政策、および場合によっては国家投資」［*ibid*., p. 259, 三五二頁］が行われる。

ただしオルド派は元来、完全雇用政策、国家投資による有効需要創出政策、つまりケインズ型の政策にはきわめて批判的である。これらの政策は必要最小限にとどめられるべきであるとされ、しかもその効果にあまり期待を寄せていない（たとえば［Röpke 1961］第八章）。この点に、オルド派の経済秩序構想が積極的な国家の役割を認めるものの、ケインズ主義とは介入を正当化する論理が異なっていることが見て取れる。完全雇用自体が軽視されるわけではないが、その実現のために貨幣価値の安定と価格メカニズムの機能が犠牲になることが批判される。完全雇用が価格の安定に先立つのではなく、価格の安定が結果的に完全雇用を実現するような秩序が求められるのである。「競争は社会階層の温存を許さない。競争とは、真の業績に基づく社会的な上昇と下降の秩序である。競争によって経済の消耗や長期の不労なしに、最高の賃金水準の状態が実現される」［Ordo 1948 : IX］。『オルド』創刊号序文のこの一節には、まず秩序と発展の源泉としての経済競争があり、その結果として雇用・賃金の安定が生まれるという考えが表明されている。

さらに、競争秩序を創造するため、独占禁止政策、競争に合致する形態での私有財産および契約の自由の保障、そして企業や家計における責任原則の確立のための政策がとられる。

これ以外に、競争秩序が実現したとしても、それ自体が有する問題点を克服するための政策も必要である。これは、レプケの用語では「構造政策 Strukturpolitik」と呼ばれ、「所得および財産の分配、経営の大きさ、または都市と農村、工業と農業、あるいは個々の階級層への人口の分布などという市場経済の社会的な前提条件を、もはや与えられたものとしては受け取らないで、特定の意図に従って変えてゆこうとする」［Röpke 1944：六〇頁］政策である。ここには、競争秩序の下でも現れざるをえない特殊な独占の監督、累進課税などの租税政策、環境や資源の有限性がもたらす問題への対応などが含まれる。

8　オルド派の社会政策

以上のような、競争秩序の創造・維持のための政策以外に、オルド派には社会政策に関しても独自のヴィジョンがある。これについても、反計画、反自由放任の二つの側面から押さえておきたい。

フーコーは福祉国家型の社会政策論との対比によって、オルド派の社会政策論の特徴を示している。福祉国家の社会政策は、社会を破壊しかねない「野蛮さ」を含んだ経済過程の効果を抑制するため、それに対抗する措置として打ち出される。そして一般的に、消費の社会化・集団化という手段が取られる。個人の収入を税や保険料として徴収し、それをいったん集合化した上で、無料サービス・補助・手当などの形で消費に振り向けるというプロセスが用いられる。

オルド派においては、これとは全く別の社会政策プログラムが構築される。そこでは「社会政策は経済政策に統合される」［一九七九年二月一四日の講義］。フーコーは、オルド派の社会政策を福祉国家モデルのそれと対比した場合の最大の特徴として、社会化・集団化ではなく個人化の完成が社会政策の目標とされることを挙げる。これを、ミュラー＝アルマックの表現を借りて「社会化された社会政策とは対照的な、個人化する社会政策」［一九七九年二月一四日の講義］と言い表している。社会政策はリスクの社会化ではなく、個人がそれぞれのリスクに立ち向かってゆくための力を与えることを目指し、経済政策を補完する役割を付与される（［Erhard 1957］第一二章を参照）。このことは、オルド派にとっては、社会政策が「社会的市場経済」システムの中で生きるにふさわしい人間を育成するためのものであることを意味している。国家や団体などの大規模な組織に依存するのではなく、個人が経済的に自立・自己決定し、自己に責任を持つための基礎体力を与えることが、社会政策の責務とされるのである。

オルド派の社会政策に関しては、フーコーは以上のような新自由主義全体に見られる反計画・反中央指導の指向を示すにとどまっている。そこでの原則は、市場の経済ゲームに参加する資格を与えるための扶助は行うが、社会全体にまたがる所得の再分配、平準化の政策には批判的で、個人によるリスクの引き受けを可能にする条件としてのみ社会政策を位置づけるというものである。フーコーはこれを、当時のジスカール＝デスタンの社会政策構想と結びつけ、フランスで前世紀から伝統を有する「国民的連帯」モデルとの隔たりを強調している［一九七九年三月七日の講義][12]。

だがオルド派の社会政策は、反計画とならんで、自由放任の批判につながる反独占というもう一つの立場にも支えられている。オルド派の社会政策プランを具体的に検討することで、このことを確認しておきたい。

彼らの社会政策が、新自由主義一般に共通する「消極的」といえるものに限られないことを如実に示しているのが、その住宅政策である。彼らは、消費の社会化につながる強制的社会保険・社会保障には批判的であるが、住宅供給に関しては、きわめて積極的で大規模な政府による投資を容認する。その背景には、第一に、経済権力の分散のために個人の住宅所有を促進し、個人間の資産格差をなくす方策がきわめて有効であるという認識がある。第二に、自己の財産としての住居を持ち自立と自己責任を可能にすることで、社会的市場経済システムに参加しうる個人を育成しようという配慮が働いている。したがって、所有の社会化による集産化と独占による資産の偏在化をともに阻むための、所有の分散と個人化に向けた政策として住宅政策が重視される（[佐藤 1986］を参照)。個人財産は独占と集産化に対する防波堤として、国家の庇護の下で形成されるのである。

このようにオルド派においては、社会政策の消極的役割のみが容認されるのではなく、社会政策は経済政策と密接にリンクし、市場秩序形成を促進する積極的な政策として理解されている。社会的市場が政策によって作り出されるものである以上、それは市場の無規制な発展がもたらす欠陥を社会政策によって是正する立場につながる。社会政策においても、経済政策の場合同様、反計画・反中央管理（消費の社会化の否認）と反独占（自由放任がもたらす資産・財産の集中と偏在の否認）の二つの柱に沿った政策プログラムが構想されているのである。

9　オルド派の法治国家論

前節までで見てきた具体的な政策論をふまえて、本節ではオルド派の法治国家論、法と経済との関連づけのしかたを見ておきたい。

オルド自由主義はその思想を、法治国家論というドイツ自由主義思想史上の伝統的な議論と関連づけている。法思想や政治思想の領域で一八世紀以来問題となりつづけてきた法治国家 Rechtsstaat 概念を、その体系の中に組み込んでいるのである。彼らがこの概念をどのように扱い、法と経済社会との関係をいかなるものとして捉えているかを見てゆくことで、オルド派における政治と経済・社会との関連づけのしかたが明らかになる。ここでも、反自由放任と反計画の二側面から整理してゆく。

まず、法治国家論の反自由放任の面を見てゆこう。フーコーは、古典派経済学における「自然秩序」とオルド派における経済秩序を対比し、後者を「法的秩序」であると述べる。彼らが、経済生活を可能にする法枠組みの重要性を前面に押し出し、自らの理論体系の中心に法理論を位置づけるからである。フーコーは、オルド派における法と経済社会との関連づけを二つの特徴から整理している。一つめは、オルド派においては「法秩序とは上部構造の秩序ではない」〔一九七九年二月二一日の講義〕という点である。これは、下部構造としての経済によって決定された社会構造の上に、法・政治が上部構造としてかぶさるのではなく、経済領域そのものが「他から独立した領域ではなく、〔慣習的あるいは法的な〕規則の活動の総体として理解される」ことを意味する。彼らは経済社会を「経済的かつ法的な économico-juridique」システムとして、すなわち歴史的・具体的に存在する「制度的枠組みや実定的な規則がその可能性の条件を与える場合にのみ現れる」〔一九七九年二月二一日の講義〕ような存在として捉えているのである。

もう一つは、こうした発想によってもたらされる「法的介入主義」〔一九七九年二月二一日の講義〕である。経済領域と法・政治領域との相互関係および相互浸透の重視は、法的・制度的に適切な枠組みを与えることによってよりよい経済社会を作り出し、またそれをさらに作りかえてゆこうとする指向につながる。法による介入は、あるべき経済社会の創設と維持のために積極的に推奨される。[13]

つぎに、法治国家論の反計画の側面を見てゆく。フーコーは、国家介入の形式性という点に、オルド派が擁護する法による介入と計画経済との相違を集約させて見ている。

オルド派の主張は、フーコーの整理によると次のようになる。計画経済においては、介入は明確な経済目的を有し、介入の結果次第でその後の措置が随時変更される。また、公権力自体が経済過程における主体的行為者、経済的決定者としてふるまう。これに対して法治国家においては、介入に際して特定の目的は設定されず、一般的・形式的な介入措置しかなされない。結果によって法が随時変更されることはなく、それぞれの経済的行為者が自由に決定を行うための枠組みだけが設定される。ここで法は、あくまでも行為者間の経済ゲームにおけるあらかじめ定められたルールの役割しか果たさない。この意味で、オルド派の法的介入主義は計画経済における介入とは対照的である［一九七九年二月二一日の講義］。

以上は、オルド派の法治国家論のうち、法による枠組みの設定が自由な経済社会を可能にするという部分である。フーコーはこの部分のみを取り上げているが、ある特定の経済秩序のみが法治国家を可能にするという、経済秩序からの法治国家の基礎づけという逆の方向での議論もオルド派には存在する。「法治国家は、その法律的・国家的秩序と同時にそれにふさわしい経済秩序が実現される場合にのみ、完全なものになる」［Eucken 1952 : p. 52, 七三頁］のである。

オルド派によると、自由放任の経済政策は不可避的に独占へとつながる。そして、独占体は「契約自由の原則」に則って私的な協定を結ぶことで、また「産業あるいは労働者の私的権力団体」［*ibid.*, p. 50, 七〇頁］は「団結の自由」の原則に従って団結強制を行うことで、個人の自由を侵害する危険性がある。逆に、計画経済においては巨大な権力を有する国家により個人の自由と権利が侵害されるため、この場合にも法治国家は維持されない。したがって、「競争秩序」形態の下でのみ、法治国家が存続しうることになる。

このようにオルド派においては、法治国家が「競争秩序」を作り出し、「競争秩序」が法治国家を可能にする、すなわち両者が相互補完的な関係に立つ。このことがすでに、法治国家を設立するために経済秩序との関連が最重要課題となるという意味で、古典的な法哲学や政治理論における法の正統性論とは異質な法治国家論となっている。さらにオルド派においては、法は経済ゲームの一般的ルールとして捉えられる。もちろんここでも、国家や私的団体、他の個人による権利や自由の侵害から個人を守るという法の役割は不変のものとして想定されている。個人とはつねに経済活動を営む個人であり、法とはつねに経済秩序の構築と維持のための手段と考えられていることが分かる。

オルド派にとって、法治国家とは最善の経済秩序を保障する国家であり、法は何よりも経済的な権利と自由の守り手なのである。こうした法治国家概念の組み替えのうちに、経済領域における政策を中心に社会秩序を構想するオルド派の中で、法と国家の役割・機能がいかに再定義されるかが示されている。

10　オルド自由主義における政治

以上でフーコーのオルド自由主義の検討を終えるが、ここまでの議論をどのような意味で、本章冒頭で述べた政治についての新しいことばを探究する試みとして位置づけられるかについて、以下に考察を加えておく。

フーコーはオルド派の秩序構想の中心につねに経済問題が位置し、経済を中心に社会秩序全体が構成されていることを強調している。しかしこれは、オルド派においてあらゆる事象が経済によって決定されることを意味するのではない。統治の観点からオルド派を取り上げることは、そこに経済の政治化、それ以前には政治の対象とならなかった領域が政治化されてゆくプロセスを読み取ろうとする試みとして理解できる。フーコーは、そこにおいて経済社会がいかに政治の対象とされてゆくのか、その方法を「新自由主義の統治のテクノロジー」として捉えようとしているのである。彼は一七世紀以来の西洋近代を、経済活動を含む人々の日常生活の細部が政治の対象となる時代と捉えている。この観点から見ると、「経済的自由」を軸に経済・社会・法秩序の全体像を構築するオルド派の思想は、近代における統治のテクノロジーの一つの型として理解できる。

こうした観点からオルド自由主義を捉えることは、社会の成員である個人、言い換えれば大衆の生活と生の営みのすべてが政治の対象となり、政治的に構成され、秩序づけられる時代における新しい政治のことばを語る試みとして、その思想を理解することにつながる。つまり、フーコーが近代の政治的合理性について思考するために作り出した「統治」という概念枠組みを用いてオルド自由主義を読み解いてゆくことで、それを政治についての新しいことばの定式化として理解することが可能となるのである。オルド派が大衆化の時代における組織と秩序の問題を取り上げ（第6節）、しかもその解決のために、経済秩序を社会と国家の存立を可能にする支柱として位置づけた（第4節）ことは、近現代における政治についての思考のあり方の一つとして理解することができる。さらにその法治国家論は、法権利のターミノロジーを用いて論じられてきた法と国家の問題を、経済社会に秩序を与えるための枠組みとして法や政策（政治）を捉えることによって、再規定している。それを通じて、法治国家そのものに、日常生活に関わる政治の観点から見て新しい内実を与えていると考えることができる（第9節）。オルド派における「自由な社会」は、この意味で政治によって作り出されている（第4〜9節）。

このように「統治」という視角から捉えることで、オルド自由主義を、人々の日常生活が政治的な介入対象となり、それをいかに編成し秩序づけるかが全体秩序にとって第一の課題となる時代に、経済的自由を軸に社会全体の秩序の包括的な構想を生み出した思想、その意味で新しい政治のことばを打ち出した思想的営為として位置づけることができる。

おわりに

最後に、フーコーがオルド派の思想にどのような点で批判を加えており、その批判が彼の「自己統治」論とどう関わっているかについて述べておきたい。

以上で論じてきたとおり、オルド派にとって理想の秩序、「自由のための秩序」であるオルド Ordo は、秩序のために自由を活用し、またその自由を秩序の要素となるようなしかたで政治的に作り出してゆくような統治のテクノロジー構想として捉えることができる。そしてこの点が、フーコーのオルド派に対する批判の中心になると考えられる。新自由主義は、社会主義や福祉国家を全体の目的のために個人の自由を抑圧する体制として批判し、自らを自由の擁護者であると主張する。このため、新自由主義はあらかじめ「自然に」存在する自由を擁護しているように見える。だが、統治の観点から見ると、実際には全体の秩序や繁栄と両立しうる特定のタイプの自由に価値を与え、その価値を自ら受け入れゲームに参加する個人を作り出しているのである。たしかに彼らは、直接的・強制的な手段に訴えて個人を管理することには反対する。しかし、特定の生活や行為の様式を、個人が「自由に」選択するように導く枠組みを作り出す新自由主義のやり方もまた、別の型の統治のテクノロジーであり、別の道を通って自由を秩序に組み込んでゆく方法に他ならない。言い換えれば、新自由主義とは日常生活に介入し、特定のタイプの生を積極的に生み出し、作り出してゆく「生権力」の一タイプなのである。この意味でフーコーは、自由主義は「自由を生産し、組織化する」とともに、自由なしには機能しえないという点で「自由の消費者」であるという［一九七九年一月二四日の講義］。しかもそこでは、個人の「自由な」選択を通じて全体秩序が構築されるという構成がとられるため、秩序形成に強制や抑圧を含まないかのように見える。こうした新自由主義の統治性を批判的に捉え返すために、それが具体的にどのような政策によって、いかなる生の内実を生み出してゆくかを考察したのが、統治性研究であるといえる。

フーコーの「自己統治 gouvernement de soi」というアイディアは、このような自由を生み出し活用する統治に対抗するための構想として理解可能である。彼は、自らが描き出した新自由主義の統治のテクノロジーに対して、それに抵抗し、その外部に脱出するための方策を直接提示することはなかった。しかし、一九八〇年以降の講義で主題的に取り上げられ、最晩年の『快楽の活用』『自己への配慮』(一九八四)に結実する自己統治という考え方を統治の問題と照らし合わせてみれば、統治のテクノロジーに対抗する要素について考える糸口が得られる。

自己統治とは、自己と他者との関係とは区別される自己と自己との関係、自己が自己に対して働きかけ、自己の思考や行為をある方向に導くような関係を意味する。この点で自己統治は、七九年までの統治性研究で考察された、他者の行為に対する働きかけとしての統治と対をなしている。フーコーは、近代において国家規模で作り上げられた他者の行為を制御する統治のテクノロジーに、こうした意味での自己統治を対置しようとしていたと考えられる。これは、ますます巧妙かつ不可視になる国家社会の権力作用に対して、そこからの逃走やその外部にありうる真の実存を求めるような方向性とは異なる。

フーコーが自己統治についての着想を講義の中ではじめて述べたのは、一九七八年三月一日の講義において、中世キリスト教の司牧権力について論じた際であると思われる。ここで彼は、司牧権力において用いられた統治のテクノロジーを、それに反抗し抵抗する側が自己統治のテクノロジーとして利用したことを指摘している。このときすでに、自己統治は他者の統治との対抗関係の中で、統治が他者の支配のために用いる道具を自らのために利用することで統治に対抗するような、自己と自己との関係の次元で捉えられていた。

自己統治と新自由主義の統治性との関係においても、同じ構図で考えることができる。新自由主義の統治のテクノロジーを分析し理解することは、その巧妙さを暴露することでますます袋小路に陥ってしまうことを意味しない。統治によって強いられる特定の生活形態、他者との関わり方を変容させるのは、そこで用いられる統治のテクノロジーを、自己統治へと転形してゆくことによってだからである。個人の行為を統御し、他の個人とあるしかたで関係づけ、それによって社会を編成してゆく統治のテクノロジーに対抗するのは、自己と自己との関係を自ら作りかえてゆくことで他者関係をも変容させてゆく、その意味で自己の生に型を与えるような、自己統治の営みなのである。

第10章　「その後」のネオリベラリズム

はじめに

一九七九年、つまり約四〇年前にフーコーが論じた二〇世紀の新自由主義について、前章に収録した「自由主義の統治能力」を書いてからおよそ二五年が経過した。そこで、この二五年間のオルド派および新自由主義に関係する研究の動向、また、前章では取り上げていないアメリカ新自由主義についてのフーコー自身の講義での言及も紹介しながら、「二五年後のネオリベラリズム」を論じておきたい。

1　オルド自由主義と戦中戦後の連続説

1　リップマン・シンポジウム

まず、オルド派研究から見ておくことにする。最初に取り上げるべきは、フーコー自身が講義で論じているにもかかわらず、前章では触れられていないトピックである。それは、オルド派およびび第二次大戦後にヨーロッパやアメリカに伝播した自由主義経済思想の母体となった、リップマン・シンポジウム（一九三八）とモンペルラン協会（一九四七―）についてである。フーコーは一九七九年二月一四日の講義でこの話題を取り上げている。両者についてはその後、リップマン・シンポジウム当時の資料を用いた詳細な研究である［Audier 2008］、またその後のモンペルラン協会設立からその発展の過程とそこで生じた多様な資本主義像を取り上げた［Mirowski, Plehwe ed. 2009］［Audier 2012］など、優れた研究が現れた。また、日本語でも［権上 2006］［若森 2012］など、資本主義の多様性に関心を持つ経済史、経済思想研究者がこのテーマを論じてきた。

そのなかで明らかにされたのは、ファシズム、ナチズム台頭によって、瀕死の自由主義を救い出そうとして開催された、リップマン・シンポジウムという出発点においてすでに、非常に多様な自由主義の理解が存在したことである。とりわけハイエク、ミーゼスのオーストリア学派とリュストウなどオルド派との立場の違いは大きく、後者は市場を補うものとしての社会政策を広範に認めていた。これについては前章で明らかにしたとおりである。つまり、「ネオリベラリズム」ということばを当時の自由主義経済学者の中で最初に用いたとされるリュストウにとって、この自由主義は世紀転換期イギリスでトマス・ヒル・グリーンなどによって用いられた「ニューリベラリズム」と、よく似たものとして認識されていた可能性もあるということになる。

現在では、世紀転換期イギリスのニューリベラリズムは福祉国家の思想につながり、一九八〇年代に世界を席巻した市場重視のネオリベラリズムとは、名前は似ているが中身は全く異なるものという理解が広がっている。しかし、ネオリベラルをその誕生の時点にまでさかのぼってみるなら、これとは違った像が浮かび上がる。そこには、市場の自由放任は独占という自由の対立物を生むというある種の市場不信がある。それを出発点として、ハイエクは市場を有効に機能させるための条件（知識の限定的性格の考慮、計画および作為的介入の排除など）を明らかにすることへと向かった。一方でオルド自由主義は、市場を成り立たせ存続させるための国家や社会の枠組みづくりと自由な経済活動との両立を模索したのである。オルド派は、市場と国家の関係が自由放任とは全く異なるものになるべきだと主張していた。その意味で自由主義の再検討としてのネオリベラリズムは、ニューリベラリズムと出発点にある問題意識を共有していると理解することもできる。

ただしこの点では、グリーンのニューリベラリズムが自由と自律というカントの理念から出発したのに対し、オルド派における市場の自由は国家によって管理された競争経済というヴィジョンを核としており、人格的自由はその中心論点ではない。そのことが、ナチ政権下でなぜオルド派が弾圧を受けることなく存続しえたかに関係している。

2　日本における戦中戦後の連続説

第9章註8で触れたとおり、ナチとオルド派の関係という論点は、一九八〇年代以降ドイツでさかんに論じられた。そしてこの議論は「戦中戦後の連続説」という、ドイツのみならず日本現代史において一九九〇年代に衝撃をもって迎えられたテーマに直結している。

先に日本について概観しておく。このテーマに関係する代表的な論考として、岡崎哲二、奥野正寛編『現代日本経済システムの源流』〔岡崎、奥野編 1993〕、山之内靖、ヴィクター・コシュマン、成田龍一編『総力戦と現代化』〔山之内、コシュマン、成田編 1995〕がある。岡崎らの著書は青木昌彦の比較制度分析の手法を用い、経済体制から見た戦中と戦後に連続する構造を描いている。当初の執筆者たちの意図がどこにあったにせよ、この議論は野口悠紀雄『１９４０年体制――さらば戦時経済』（一九九五）などに分かりやすい形で利用され、ポスト戦中戦後体制としての新自由主義と民営化・規制緩和論の追い風となった。もちろん『現代日本経済システムの源流』では、「戦後日本経済は戦時期と同じく全体主義だった」といった粗雑な議論は行われていない。だが時代というのは、自らが欲する主張を貴重な歴史研究からも好きなように取り出すものだ。

アメリカの落日から生じた一九八〇年代の日米貿易摩擦に端を発する「日本型」資本主義への批判は、低成長と停滞の九〇年代（失われた一〇年）を経て、戦後日本の経済体制を時代遅れの保守的な制度として批判する論調を強めていった。そこでは、規制緩和や会計制度の「国際標準」化、そしてステイクホルダー資本主義やコーポレート・ガバナンスが、護送船団方式や旧態依然たる「日本的慣行」に代わって導入されるべき唯一の可能性として推奨されていた。国際標準が実はアメリカ標準でしかないこと、規制緩和論はアメリカ資本の日本への参入障壁を下げるためのものであること、コーポレート・ガバナンスは長期の経営視点を置き去りにして企業の持続可能性のための選択肢を奪うことについて、当時は指摘されなかった。こうした時代の流れを改めてふり返ると、日本経済の戦中戦後連続説が、当時の国際経済体制（IMF-GATT 体制）や第三世界論、またアメリカ戦後経済史といった広い視点と関連づけられず、新自由主義擁護とは違った文脈で利用されなかったことが残念に思われる。

他方で、『総力戦と現代化』、とりわけ山之内靖の議論は、次に挙げるドイツに関する研究に刺激されたものである。山之内は、日本の戦中戦後を断絶させ、戦後の「国民経済」を担う独立自営生産者としての市民の育成を願う大塚久雄の歴史像に、門下生として疑問を抱いていた。山之内には、明治以来の国民形成の過程で行われた、規律化、統制、システム化などの近代化と合理化（これが国民経済の形成と重ねられる）が、戦後にいたるまで日本におけるマイノリティ差別や国家による市民の統制につながっているという問題意識がある。山之内は、文化史的ともいえるこうした観点からの批判を、同時期にドイツにおいて展開していた戦後の見直し、あるいは経済史における修正主義的な動向と結びつけた。そしてそれを、戦中のみならず戦後の日本における生産性向上の称揚と経済成長至上主義への批判につなげようとした。

3　オルド派とナチズム

こうした動向を念頭に、ドイツについての議論を見ていこう。日本の代表的なオルド自由主義論としては、雨宮昭彦が『競争秩序のポリティクス』［雨宮 2005］で、戦中のオルド派とナチ政権との関係を論じている。大恐慌以前の一九二〇年代から出発してドイツ経済政策思想の展開を考察した雨宮は、オルド派がナチ政権と必ずしも敵対的ではなく、ナチ支配期にも政権内で一定の位置を占めることができた理由を、転向や立場の偽装といった心理学的理解には求めなかった。代わりにそれを、オルド派の経済思想自体の中にあった戦時体制との親和性によって説明した。それによって雨宮は、戦後の脱ナチ、反全体主義という文脈から論じる場合（これは概ねフーコーの論じ方である）とは異なるやり方で、オルド派における市場と社会の関係理解に照明を当てた。

『競争秩序のポリティクス』第一章によると、ドイツ経済史研究におけるオルド自由主義とナチズムとの関係の見直しは、一九八〇年代以降さかんになったものである。そこでは、ナチ体制下でオルド自由主義が一定の位置を与えられていたことだけでなく、それが戦後の社会的市場経済へとどのように継承されたかが議論された。ドイツにおける戦中戦後経済体制の連続説である。さらにそれは、アーベルスハウザーの戦後ドイツ経済研究を通じて、同時代の資本主義における「ライン型資本主義」の定式化へといたった［Abelshauser 1983, 2003］。

こうした議論の中で発見されたのは、ナチスの経済政策をコントロールした人々の多くが「市場経済派」と呼ばれる立場に立っており、研究者としてもベーム、オイケン、ミュラー＝アルマック、リュストウといったオルド自由主義の中心人物が、ナチ体制と自らの立場を両立させる論考や文書を多数残していることである。これについては、「最近の研究によれば、アカデミックな専門職としてのドイツの経済学者がナチスの政権掌握から被った衝撃は、一部の著名な、特にユダヤ系の経済学者が亡命を強いられたことを除けば、限定的なものに止まったと見なされている」〔雨宮 2005：一一六頁〕と評価される。こうした研究の成果からすると、雨宮が『管理された市場経済の生成』〔雨宮、シュトレープ編 2009〕の「はしがき」で述べているように、オルド自由主義をナチスと対立的なものとして捉え、また新自由主義の多様なバリエーションを明確に区別しないフーコーの統治性研究における扱いは、かなりの誤謬を含んだものと評価される。

ドイツの戦中戦後についてのこうした理解、また市場機構を用いる経済体制にさまざまな「型」があり、新自由主義といっても一括りにはできず、それぞれの歴史的制度的文脈の中で捉えなければならないといった考えは、ドイツ経済史においては柳澤治の研究にも見られるものである。柳澤は雨宮の師にあたり（大塚久雄の弟子でもある）、「戦時経済研究会」を通じてナチス経済の見直しというテーマの重要性を次の世代に伝える役割を果たした。その柳澤が一方にナチス経済体制、他方に戦時期日本の経済体制を詳細に跡づけた『ナチス・ドイツと資本主義――日本のモデルへ』〔柳澤 2013〕は、戦時期ドイツの経済体制を、単純かつ全面的な統制とも、市場のイニシアティヴの広範な利用とも捉えていない。柳澤は、ナチ期以前から存在した独占資本主義の一形態であるカルテルをナチスがいかに再編、合理化したかを示す。また、既存の各種経済団体をどのように編成し、場合によってはナチ組織に置き換えたのか、あるいは企業経営者がどの程度ナチと親密な関係にあり、その中の誰がナチ党員であったのかを詳しく調べている。

その上で、ナチ期においても価格の決定や利潤の上乗せといった部分で、競争原理が企業の生産へのインセンティヴとして一定程度残され、利用されたことを指摘する。ナチは、ワイマール期にドイツ経済の重大課題となっていた、中小経営者間の過当競争と、大企業のカルテル形成を通じた独占という両方向の問題に対応しようとした。そしてこれを、原価計算と利潤の工夫を通じて達成しようとしたのである［柳澤 2013：第六章］。さらに同書第二部では、こうしたナチによる経済秩序の再編が戦時期日本にどのような影響を与え、また議論を呼んだのかを考察している。日本ではナチに倣いつつ、昭和研究会を中心に経済新体制の構想が作られていった。

4 フーコーの新自由主義理解の特徴

以上のような、ナチスと市場、あるいは戦時期と戦後の経済体制の関係についての歴史研究からすると、たしかにフーコーの新自由主義論はかなりざっくりしたものに見えるかもしれない。ではこうしたその後の展開をふまえるとき、フーコーの研究のどこにオリジナリティと重要性があると言えるだろうか。まずフーコーは、モンペルラン協会、とりわけその出発点となったリップマン・シンポジウムに強い関心を示していた。これは、新自由主義が後にさまざまな方向に分岐し、あるいはそもそも当初から一つに収斂しない多様な新自由主義構想があったとしても、リップマン・シンポジウムの際には参加者たちの時代認識は共有されていたとフーコーが考えていたことによる。

一九三八年の時点で、市場の自由と競争を経済の基本原理と見なす人たちが、自分たちを少数派であり、巨大な介入の海に浮かぶ小さな島である自由の守り手と考えたとしても不思議ではない。国家社会主義的な統制経済、ソ連型共産主義、そしてケインズ主義に囲まれた四面楚歌の状態で、市場と競争の意味を考え直そうという彼らの時代意識は、新自由主義の出発点にあった歴史的条件として興味深い。こうした危機的な歴史認識の下で、リップマン・シンポジウムからモンペルラン会議、そしてモンペルラン協会に集った人々は、経済的自由や競争を「秩序」の問題として、社会全体をどのようにコントロールし秩序立てるかの問いとして、つまりは「自由主義の統治能力」の問題として取り上げることになった。

これは、後で見るとおり「民主主義の統治能力」という問題が、民主主義の発展そのものによってもたらされたという認識と似たところがある。というのも、独占と過当競争はいずれも、自由な経済の展開そのものが生み出した資本主義の弊害だと考えられたからである。経済的自由主義がそれ自体を裏切るような帰結をもたらすことが分かったとき、自由主義者は何をすればいいのか。これが当時の自由主義経済学者の共通認識であった。フーコーはこれを、自由主義経済学が存亡の危機に立たされた状況下で、統治の問題として経済的自由主義を改めて取り上げた場面として、一九七九年講義の中で検討したのである。

フーコーがこのような関心を持った背景には、当時その姿をやっと現しかけていた経済的自由主義の現代ヴァージョンが、一八世紀の古典的な自由主義とはかなり異なるという印象があったと考えられる。ジスカール＝デスタン大統領の政策方針にフーコーが嗅ぎとった新自由主義の「におい」は、自由主義が適用しようとする新たな統治原則として、論ずるに値するものと捉えられた。

2　民主主義の統治能力

1　日本とヨーロッパ

では、フーコーが講義を行った当時の政治学者の時代認識はどのようなものだっただろう。ここで、本書第9章のタイトルにも関係する、『民主主義の統治能力』〔ハンチントン、クロジエ、綿貫 1976〕の議論をふり返っておきたい。これは一九七五年五月に「日米欧委員会京都総会」に提出された、サミュエル・ハンティントン、ミシェル・クロジエ、綿貫譲治による報告書である。この委員会は一九七三年、「三先進工業地域の民間人」〔*ibid.*, 二頁〕によって作られ、情報交換と共同での政策提言を行うことを目指して活動していた。

三者の報告の中で、当時上智大学教授の綿貫による日本の分析は自身の専門である選挙行動分析の手法の応用と、官僚制の逆機能といった今では魅力を感じられない概念を用いたもので、あまり見るべきところがない。ミシェル・クロジエによるヨーロッパの分析は多様なヨーロッパを一括りに論じなければならない難しさのためか、議論がきわめて一般的な水準でしか展開されていない。ヨーロッパの共通課題としてのインフレ、失業、そして社会運動による教会など既存の権威の失墜といった問題点が提示されるにとどまっている。

2　ハンティントンのアメリカ現状認識

これに対して、現在から見て最も興味深いのが、ハンティントンによるアメリカ分析である。ハンティントンは第二次大戦後にアメリカで生じた変化を、いくつかのトピックに分けて時系列でたどり、データを用いた議論を行っている。当時のアメリカ政治の特徴としてハンティントンが挙げるのは、主に権威の失墜、政治家への失望、国家の役割の増大の三点である。権威の失墜は当時の他の「先進」諸国にも共通するもので、六八年の学生運動に端を発する既存の社会的ヒエラルヒーへの異議申し立てによって生じた。アメリカの場合にはこれに、公民権運動またベトナム戦争反対や市民的不服従運動などが合流し、デモや集会など直接行動に訴える民主主義の巨大なうねりとなった。

こうした状況は日米欧委員会全体の危機意識の源泉となっていた。彼らは直接行動民主主義による要求の増大のうちに、民主主義が加速することでかえって要求のハードルが上がり、結果が得られないために人々の不満をますます増幅させるという、民主主義の機能不全と悪循環を見て取っている。さらにこの状況に対するハンティントンの処方箋は、「過剰民主主義」に節度を回復させるというものである［*ibid.*, 第一部六章］。同じ年にフーコーが『監獄の誕生』で近代国家における規律化の陰惨な歴史を描いていたことを考えると、支配層の代弁者たちの傲慢な物言いに呆れてしまう。

ハンティントンはまた、アメリカで進む政治家への失望を指摘する。これは長期にわたる世論調査の結果を比較し、大統領、行政府、そして政党への市民の支持率の変化を見ていくことで明らかにされている。ハンティントンは、人々の党派心や政党への忠誠心が薄れていっており、政治家や裁判所や議会への信頼度が七〇年代に全体として下がっているのはデータから明白だとする。政治組織をはじめとする既存集団のリーダーシップへの不信感が強まり、それによって政治的権威は著しく失墜したことになる。

それにもかかわらず、人々の生活に占める国家の役割は増している。ハンティントンはこれを連邦予算の増大に見る。ベトナム戦争があった一九六〇年代には国防費が増大したが、七〇年代には社会保障費などの福祉予算が大幅に増えた（それでも国防費の割合は驚くほど高いが）。つまり、一方で一般的な権威の失墜という時流の中で、とりわけ政治的権威に対する不信感の高まりが群を抜いている。にもかかわらず、他方で市民生活における政府の役割はますます増大しているという矛盾とも取れる状況である。

こうしたなか、人々の生活が福祉や社会保障、そして教育などを回路としてますます政府の活動と結びつくようになり、生活をめぐる社会的要求が民主主義の活性化によって増大する反面、十分に要求に応じられないことで不満が募るという悪循環が生じる。ハンティントンにとってこれはまさに民主主義の機能不全で、抜本的な改革が必要な緊急事態であった。

『民主主義の統治能力』では全くその可能性への言及はないが、八〇年代にレーガン政権が提示した新自由主義的な政策は、まさにこうした問題に対する共和党保守主義者の回答であったと考えられる。それは財政赤字の拡大に対して社会福祉関係の予算を削減し、自助努力による個人間競争の社会を望ましい選択肢として再提示する。その一方で国防費は削減せず、軍事力という分かりやすい後ろ盾を持つ強い国家を演出する。個人単位の福祉予算を削ることを正当化するため、家族の価値が持ち出され、家長を中心とする家族単位の扶助が重視される。強い国家と強い父親による権威の復権である。ここにリバタリアン的な小さな政府のイメージとフェアな競争の秩序像を組み合わせることで、民主主義の要求過多にどうやって応えるかという、七〇年代に統治能力論として政治が語られた文法そのものを解体してしまう。これがアメリカ新自由主義のやったことではないだろうか。新自由主義は、経済活動をモデルとして自己利益の実現を第一目標とすることで、民主主義の問いを自助努力と自己責任による経済的成功へとずらしてしまった。

新自由主義は、人々の生活上の不満や文化的・社会的あつれきに対する政治の責任を問う民主主義の高まりを正面から取り上げることを避けた。そしてむしろ、責任は政治にあるのではなく個人にあるのだと主張し、政府に対する民主化要求を個人の自己責任と自助努力にすりかえてしまった。それを通じて人々の間に分断を作り出し、敵は怠け者の福祉依存者やジャンキーであるとした。なおかつその像を特定人種のイメージと重ねることで、差別が助長された。こうして、はじめから意図したかどうかは別として新自由主義によって蔓延した憎悪の政治が、ヘイト・クライムや「法と秩序」を掲げた警察による暴力、それへの反発としての人種闘争（ブラック・ライヴズ・マター）へとつながったのである。

3 新自由主義の「包括性」

フーコーは、コレージュ・ド・フランス講義が行われた一九七九年の時点で、ジスカール゠デスタン大統領とその政権下で経済・財務大臣を務めたレイモン・バールらの演説や発言のうちに、オルド自由主義によく似た発想を見出していた。フーコーはこれを、一方の統制、他方の自由の間での経済情勢に合わせた舵取りという、二〇世紀にくり返された一連の政策判断の内部での、自由への傾きとは見なさない。彼はオルド自由主義に倣うジスカール゠デスタンの自由化プランに、「包括的にglobalement新自由主義的といえる政策上の争点全体」〔Foucault 1979 : p. 202, 二四三頁〕を見出す。つまりこれは、既知の枠組みの中で与えられた選択肢のどのあたりを取るかという次元の話ではなく、これまでにない新しい統治構想、統治のテクノロジーなのである。

しかもこの新たな統治のテクノロジーは、包括的であるためにすべての政策上の選択肢の再解釈を可能にするものとして理解されている。包括的ということばがどのような実態を指すの分かりにくいかもしれないので、例を挙げて説明しておく。一九九〇年代後半、サッチャリズムを経た「第三の道」政策時代のイギリス、また同時期に日本でも試みられた失業政策は、これまでの福祉のあり方からの発想の転換があったとしばしば指摘される。

従来の失業保障は、文字通り仕事が得られない間の生活保障であった。新自由主義からすると、この捉え方は消極的である。それは欠けている収入を補う役割しか果たさない。これに対して、新自由主義が求めるアクティヴな個人という像からするなら、失業者は自ら職を探し、新しい技能にチャレンジしなければならない。それによって労働市場に再参入する意欲と能力を持たない場合には、失業給付を受けるべきではない。これは後で論じる「人的資本」や「企業家」として自分自身を捉えるという、新自由主義が求める人間像を前提に、社会保障の受給資格として要請される条件である。

こうした条件づけは、歴史的に見ると一四世紀以来の「よい貧民」と「悪い貧民」の区別の再来のようにも見える。その意味で、新自由主義の外部からするなら、社会権成立以前、労働者にとって恐怖の時代に回帰しているようでもある。やる気と技能が労働市場で評価されるのは当然で、失業者も貧困者も甘えを脱して競争に参入しなければならないという言い分は、新自由主義者の価値観からすると正論なのだろう。だが、社会保障全体を個人の選択、自発性、そしてサービスの享受として、つまりは「社会権」とは別の言語で捉え直そうとするこうしたやり方は、それとは異なる社会的価値観に基づく異論の余地を残さない。[1] いずれにせよ、新自由主義の包括性とは、社会保障のような一見すると経済の外部に位置する事柄についても、新自由主義的な発想や用語でその意味づけや制度のあり方を書き換えることを指している。

3 アメリカ新自由主義

1 ヨーロッパとアメリカの違い

統治のテクノロジーとしての新自由主義に関するこうした理解に立って、フーコーはフランスにおける新自由主義を、国家とその政策立案者・実行者という限られたエリート層によって独占された政策プランと見なす。それに対して、アメリカの新自由主義はもっと広範な層に受容されており、現状の政治に対する代案として、選挙や市民の政治的選択の際に幅広く参照される枠組みとなっていると指摘する。「新自由主義的統治性は、フランスでは政府のスタッフとその助言者たちによって独占されたいわば所有物であるのに対して、アメリカでは、少なくとも部分的には、ある種の大いなる経済的・政治的オルタナティヴとして提示されている」〔*ibid.*, p. 199, 二三九頁〕。さらに、アメリカ自由主義についての話題を、「フランスではうんざりするほど耳にするようになっている」〔*ibid.*, p. 221, 二六五頁〕とも言う。[2] つまり、アメリカ新自由主義はヨーロッパにおいても、共和党と民主党、保守とリベラル、自由と統制、小さな政府と大きな政府といったなじみある政治的対立軸とは異なる新しい政治構想として、七〇年代にすでに注目されていたということだ。

では、このように新たな政治的可能性として特徴づけられた、アメリカ新自由主義の統治の「文法」とはどのようなものか。フーコーはこれを、リスク管理型の秩序論と人的資本論を取り上げて考察し、そのなかでオルド派のアイデアである企業家モデルにも言及している。以下、フーコーのアメリカ新自由主義論を見ていくが、まずは彼の見方の特徴を示しておく。

本書第9章で取り上げているとおり、フーコーのオルド自由主義の見方は、国家の存在理由と社会への介入の根拠を、市場と競争の秩序づけに求めるというものであった。戦後西ドイツにとって、「全体主義」との断絶を宣言した戦後の国家をどのように基礎づけるかという社会理念上の問いは大きな課題であった。ナチの後に国家と社会を作り直すのは並大抵のことではなく、一見政治とは別の論理で動く経済という領域から政治を再定義するのが、実践的に見て説得力ある方法だった（戦後日本が高度経済成長に活路を見出し、「脱政治化」を装った状況と似ている）。

ではアメリカ新自由主義はどうだろうか。フーコーの捉え方によると、それはホモ・エコノミクスの再定義を最も重要な特徴としている。つまりアメリカでは、国家や社会の存在理由ではなく（最大の戦勝国であるアメリカは国家の正統性を問われる必要がなかった）、自由な個人の定義づけの再考を通じて、すでに述べた「民主主義の統治能力」の危機に対処するための新たな統治性が模索された。これはある意味では、アメリカ新自由主義の問いが政策ヴィジョンや経済秩序の選択である前に、まず何よりも「モラル」の問題であったことを意味する。

2　ホモ・エコノミクスの刷新

市場の経済思想がはじめて形づくられたのは、一八世紀半ば、フランスのエコノミストとアダム・スミスの時代である。この時代に論争されていた政治的大テーマとして、「富の追求は人々の徳にどのような影響を与えるか」があった。これは「富と徳」をめぐる議論として政治思想史でさかんに研究されている（本書第5章を参照）。ここで問題となっていたのは、富の追求によって人間の道徳心が深刻な影響を受け、それが社会秩序を破壊してしまうのではないかという心配である。それまで「貪欲」としてキリスト教世界において忌避され蔑まれていた利潤追求が、商業社会の到来によって無視できない行為様式となる中で、それにどのように対応し、自己利益の主体をいかにして無害な存在にするかが問われたのである。[3]

ヒュームやスミスがこの問いに与えた答えはよく知られている。自己利益の主体は有害ではない。利益の感覚は「穏和な情念」を育て、喧嘩早い野蛮な武家貴族の徳を凌駕する、社会的有用性を持っている。利益の追求は貪欲ではなく合理的で無害な行為で、しかも個人のエゴイスティックな行動が、全体の富の増大と秩序を知らぬ間に生み出すのである。これは神の采配、あるいは摂理 providence の働きそのものである。富を追求する人間はうまくコントロールされれば、社会に幸福と豊かさをもたらす金の卵なのだ。

フーコーはアメリカ新自由主義を、こうして積極的に価値づけられたホモ・エコノミクスの人間像を刷新するものとして捉えている。かつて自己利益の主体が社会全体の富の源泉となったように、労働を人的資本の観点から捉え、自らを企業家として鼓舞する新しいホモ・エコノミクスは、新自由主義的な社会秩序をダイナミックに動かす主体となる。彼らの存在が社会に豊かさと秩序を同時にもたらすという意味では、これは富と徳の議論の新バージョン、あるいは資本主義の新しいモラルの発見である。また、資本主義的人間類型とはどのようなものかという観点からは、かつてウェーバーやゾンバルトが論じた、禁欲と貪欲のいずれが資本主義をもたらすのかという議論の最新版ともいえる。新自由主義においては禁欲か貪欲かという問いそのものが棄却され、自己投資する主体という新たな人間像が提示される。このように見てくると、新自由主義の人間理解はホモ・エコノミクスの思想史の新しい一コマともいえる。

3　新自由主義の思想的系譜

このことを念頭に、フーコーのアメリカ新自由主義についての議論を見ていこう。

フーコーは人的資本論を説明する際、興味深いことにロビンズ Lionel Robbins（一八九八―一九八四）から入る。ロビンズはアメリカ新自由主義とは直接関係しないが、個人の選択から出発する現代経済学の礎を築いた人である。彼は『経済学の本質と意義』［Robbins 1932］において、限られた資源を合理的に配分するモデルの形成として経済学を定義した。これが資源の稀少性と個人の欲求充足を前提とする、その後の経済学の展開をもたらすことになる。ロビンズはロンドン・スクール・オブ・エコノミクスの経済学者であったが、限界革命を導いたワルラスやメンガーなどの発想を取り入れ、効用を重視する経済主体による「選択と配分」としての経済学を打ち立てた。ロビンズの定義によるなら、人間はつねに有限の資源しか与えられないという条件の下で、自己の目的を最大限実現するための資源配分を行う。このような目的－手段関係の中での資源配分のあり方の科学こそ、経済学なのである。

こうした発想はどこからきたのか。それは、富とは何か、経済循環とは何か、不況とは、恐慌とは、貨幣とは、価値とは……といった、長い間答えが出ない問いかけを思い切ってやめることを意味する。ロビンズは、経済学固有の富と価値についての「深淵な」問いを放棄し、一般的な人間行為のモデルを用いて、意思決定の合理性の問題として経済行動を理解するという立場を選択した。これは限界革命の経済学者たちとも共通している。こうしたやり方は、経済学を人間の意思決定に関するより普遍的な学とする道をひらいた。ロビンズ以降経済学は、序数的効用の導入などを通じて、合理的選択理論、ゲーム理論などにも共通する枠組みを採用し、人間・社会科学一般と方法を共有できるものとなった。またこれと同時に生じた経済学の数学化が、経済学の

「科学」としての地位を高めることになったのである。

フーコーは講義で、限られた資源をいかに配分するかという二〇世紀の選択の経済学によるこうした問題設定を前提として、人的資本論が出てくることを指摘している。ロビンズが想定した選択の主体にとって、限られた資源にはさまざまなものが考えられる。それはたとえば貨幣であり、手持ちの商品であり、原材料である。そのなかには、自己の労働という資源もありうる。ここで労働は、資本とともに生産を行い商品を生み出す、経済活動の一要素ではない。それは「労働する者が自分の自由になる資源をどのように使用するか」[Foucault 1979 : p. 229, 二七五頁] を決めることで、資源としての労働の合理的配分をもたらすようなものとなる。

4 新自由主義の労働論

フーコーは、シュルツ Theodore Schultz（一九〇二―一九九八）やベッカー Gary Becker（一九三〇―二〇一四）といったシカゴ学派の新自由主義者たちの名前を挙げ、彼らが労働を資本と所得という二つの要素に分解して理解したとする。[4] ここで労働者はある意味で機械と似ており、一定の能力をもって結果を生み出す「資本－能力 capital-compétence」[*ibid.*, p. 231, 二七七頁] と捉えられている。フーコーはこうした理解を、オルド派における「企業家」というアイデアと結びつける。ここでは「労働者自身が、自己にとってのある種の企業」[*ibid.*] として把握されるからである。労働者とは、自らの肉体や精神の能力という資本を用いて、利益すなわち所得を生み出す一つの企業体なのである。労働者と労働についてのこうした理解が、マルクスの疎外された労働論における抽象化された「労働力」という考えといかに隔たっているかをフーコーは強調している。

さらにこうした資本としての自己という考えは、ホモ・エコノミクスの新しい像となる。「自己自身にとって固有の資本、自己自身にとって固有の生産者、自己自身にとっての所得の源泉としてのホモ・エコノミクス」[*ibid.*, p. 232, 二七八頁]の出現である。フーコーはベッカーを引用し、経済的結果を自分に向けて生産する主体としての新しいホモ・エコノミクスは、消費さえも生産するという。ベッカーは「時間配分の理論」[Becker 1965]において、消費というのは自己を満足させる行為であって、つまりは自己の行動が自己の満足という結果を生産していると見なす。資本としての、あるいは人的資本(ヒューマン・キャピタル)としての人間は、自己という資本を用いて、所得、満足、報酬といったさまざまな結果を生み出す。これは企業家が、自ら所有する資本を用いて商品を生産し利潤を生むことと何ら変わりない。つまり、労働者も経営者も人はみな企業家であり、多様な形態の資本を用いて多様な結果を生み出す(生産する)主体なのである。

5　人的資本と人間への投資

人間を資本に見立てるこうした発想の結果は甚大である。フーコーが持ち出す例は印象深い。それは個人の遺伝的な特質についての例である。人間が資本であるとするなら、価値の高い資本である方がよい。価値の高い資本とは、遺伝上のリスクが相対的に低い、あるいは社会にとって有用性が高いといえるほど稀少な遺伝的資質を持っていることに他ならない。ここでも、資源の稀少性と目的に対するその配分という、ロビンズ以来の選択と配分の経済学の発想が用いられている。子どもを持つことを人的資本の生産と考えるなら、優れた遺伝的特性を生み出す確率が高い配偶者との結婚を選択すべきである。さらにそうした結婚をするためには、自分自身に投資し、相手からも共同の人的資本生産者としてふさわしいと思われるように自分を高めなくてはいけない。

ここでフーコーが言っていることは、おぞましいがごくありふれた話である。婚活で男性は年収と身長、女性は年齢と見た目が最も重視されることは誰でも知っている。セレブはセレブと結婚し、品のない豪邸に住んで貪欲な金儲けに日々勤しみつつ、時折思い出したように社会活動に精を出す。これらは人的資本論を前提とするなら何ら責められるべきことではない。子どもを名門幼稚園に入れたがるのも、人的資本への先行投資として立派な心がけである。さらに社会全体にとっても、人的資本の価値増大、コストに見合った生産性の改善、教育などの投資に見合った生産能力を得ることは重要である。

そのうえ人的資本への投資は、表現が難しいがある種の時間性、歴史性を伴っている。それはたとえば教育投資に見られる。教育を投資と見なすなら、それは一回限りの、あるいは短期のものではない。子どもが生まれた瞬間から（場合によっては生まれる前から）はじまり、文化資本や教育資源の観点からは一生つづく。ここでは幼少期からの広い意味での文化的刺激が重視され、またそうした投資努力は成人後もつづけられるべきである。大人になれば親から与えられた投資を自ら引き継ぎ、自分を高め能力を上げてより優れた資本となるために努力しなければならない。つまり人は一生を通じて「自分自身の企業家」［Foucault 1979 : p. 236, 二八三頁］であるべきなのだ。

このように、新自由主義の人的資本論は、必ずしも経済学の対象とされてこなかった領域も含めて、それらを資本を用いた生産と所得というモデルで語り直す。イノベーションも人的資本による生産活動の一部であり、それを刺激することは人的資本への投資に他ならない。第三世界の停滞は、人的資本への投資が不十分であることの結果である。ここで最も重要な投資先として教育が掲げられる。教育水準が上がることが貧困から抜け出す最短の道であることはよく知られているが、新自由主義においてそれは、教育を受ける権利の保障というよりは、人的資本への適切な投資として理解される。

6　犯罪の新自由主義的意味づけ

人的資本論につづいてフーコーが取り上げる重要なトピックが、犯罪の扱いである。これは、一方で犯罪者をホモ・エコノミクスとして捉えるとどのような犯罪政策に帰結するか、他方で犯罪政策という統治行動を新自由主義的観点から評価するとどうなるかを見るための例である。

フーコーは一八世紀以来の犯罪政策を、ベッカリーア－ベンサム流の一般予防論を出発点として説明する。一八世紀末の刑罰改革は簡単に言えば法典主義であり、法によって定められた罰を、犯した罪と一対一で対応させることが、最も合理的で効率のよい処罰であると見なされた。[5] フーコーはここでの人間の扱いを「ホモ・レガリス」あるいは「ホモ・ペナリス」と呼ぶ。ところがこうした法と処罰の一対一対応による処遇は、処罰される存在が人間であり、その人の改心や矯正なくして刑罰は意味をなさないという問題に直面する。この問題を解決しようとして導入されるのが、矯正をもたらすための一連のプログラムであり、犯罪者の「心」あるいは犯罪性向や異常性に照準を合わせる犯罪心理学的・精神医学的な知である。ここで問題になっているのはもはやホモ・ペナリスではなく、「ホモ・クリミナリス」と呼ぶべき主体である（本書第4章を参照）。

フーコーによると、アメリカ新自由主義、とりわけベッカーに見られる犯罪の理解は、こうした犯罪と刑罰の歴史とは無関係に犯罪者をコストと利益を計算する主体として扱う。つまり、彼らは特殊な性癖や異常性によって特徴づけられる「犯罪者」ではなく、コストや利益に応じて行動を変える「合理的経済人」の一変種として捉えられる[6]。「犯罪者は、行動によって投資を行い、そこからの利益を期待して損失のリスクを引き受ける、他のあらゆる人格と同様の存在としてのみ扱われる」[*ibid.*, p. 258, 三一一頁]。ここで犯罪は経済活動と同じく合理的な行為として、また犯罪者は犯罪の供給者として捉えられることになる。

7　刑罰のコスト計算

では刑罰はどのように捉えられるだろうか。それは犯罪というネガティヴな要素の供給に対して「負の需要」を構成するものとなる。こうした負の需要は、ときには刑罰の重さとして顕現する。ベッカリーアやベンサムの一般予防の発想は、ある意味では刑罰という法的な負の需要を犯罪への万能薬のように扱ったともいえる。しかし実際には法だけでなく、犯罪者を追跡し犯罪予防に携わる警察活動のあり方、逮捕から起訴までを担う検察機構、そして裁判の制度と実践、刑務所行政や実際の犯罪者処遇など、さまざまな負の需要のための装置が存在する。

こうした理解の下で、たとえば万引きを減らすには防犯カメラの配置をどのようにすればいいのか、覆面警察官の役割はどんなものか、他方で犯罪抑止や逮捕のためのコストに見合った万引きの犯罪率の水準はどの程度かといったテーマ設定がなされる。ここでは、一人ひとりの犯罪者の性向や生活歴が問題なのではなく、かかるコストに見合った程度の犯罪抑止を実現することが重要である。そこで、合理的計算の側面に焦点を当てて犯行を思いとどまらせることが目指される。フーコーはこれを次のように表現する。「社会は、適合的行動様式の消費者として現れる。あるいは、消費に関する新自由主義的理論によるなら、ある種の投資と引き換えに社会を満足させるような適合的行動様式を生産するものとして現れる」[*ibid.*, p. 261, 三一五頁]。つまり、まず犯罪抑止機関にどの程度の投資を行うと、どのくらい犯罪を減らせるかの計算が行われる。それに基づく社会的施策が実施される局面では、社会は適合的行動様式の生産者となる。また、結果として適合的なふるまいが一定程度生じ、それによって社会的目標（たとえば犯罪率の抑制や失業率の低下など）が達成されたなら、社会は適合行動の消費者とも見なせる。そこで目指されるのは「犯罪の撲滅」ではなく、「犯罪の供給曲線と負の需要曲線の間の均衡」[*ibid.*] である。

こうした捉え方は裏を返すと、司法権力の無駄や不合理を市場の観点から査定することにもつながる。たとえば、薬物の蔓延を防ぐために最適な取締りのコストはどの程度か。薬物の流通をゼロにするためにできるかぎり厳罰を導入し、またそれを厳格に適用とすることにどれほどの効果があるのか。こういったやり方は禁酒法の失敗例のように、むしろ汚職や抜け道を作り、反社会的勢力を増長させるだけではないのか。それよりも、ドラッグの合法化によって一定程度自由に薬物を手に入れられるようにした方が、コストをかけずにそれなりの抑止効果が得られるのではないか。

つまりここでは、公共政策や犯罪抑止などの統治行動が、経済合理性、需要と供給、コストと利益の観点から捉え直されているのである。こうした理解は、フーコーが新自由主義を「調整」の政治学として把握していることと符合している。それはたとえば、民主主義の過剰、あるいは政治参加の拡大そのものが民主主義に危機をもたらすといった、「政治」のボキャブラリーを用いない。その代わりに、需要と供給、コストと利益、合理的経済計算と選択といった用語で、多様な人間行動や政府の統治活動を描写し、理解し、査定する。アメリカ新自由主義において、あらゆる人間行為が資源の稀少性を前提とした目的の達成であると考えられるなら、犯罪と刑罰もこうした観点から評価し改善策を示すことができるのである。

公権力による統治行為を経済的なコストや合理性の観点から批評するという発想は、その後の現実の経済政策においては、規制緩和や民営化にダイレクトにつながるものであった。構造改革や財政赤字の解消は、政策をコストパフォーマンスの観点からのみ評価するなら、欠点のない政策となるはずだった。[7]

新自由主義的な統治において不在なのは、参加や討議、つまり政治における公共性や個人の権利実現といった発想である。これらは否定され批判されるのではなく、議論の語彙そのものから消えてなくなってしまっている。コスト削減と経営の観点からするなら、結論が同じであれば討議する意味は認められず、一方で個人の選択はたとえそれが奇妙に見えても、人それぞれの選好なのだからとやかく言うべきではない。ただしそうした選択の結果は個人の自己責任であり、リスク計算や予測が甘かった場合の負の結果はすべて個人が引き受けなければならない。

こうして、自己責任、費用対効果、効率と合理性を合言葉とする統治改革が、八〇年代以降強力に進められていった。フーコーの講義での議論は、この意味できわめて示唆的である。

4 フーコー以降の新自由主義論

1 ワシントン・コンセンサス

フーコーが講義を行ったより後、つまり八〇年代以降の新自由主義的政策の実現、またそれに対する批判は多岐にわたり、これらを全体として論じることはできない。だが、ワシントン・コンセンサスには触れておくべきだろう。ワシントン・コンセンサスはＩＭＦと世界銀行が「結託」して実行した国際経済政策に関する合意で、今ではとても評判が悪い。これがグローバル化を格差社会とグロテスクな地域破壊に直結させてしまったからだ。ＩＭＦと世界銀行は背後に控える先進国の金融機関の意向に従って、各国に厳しい財政規律を強いた。それは財政赤字を解消し、そのための民営化・規制緩和を積極的に行うことで、国際経済競争の中で生き残れる体力を、各国政府の政策を通じて民間企業や経営者、農家などにも求めるものだった。なぜ為替や貿易の自由化のために強いられた民営化や規制緩和を通じて、各国の零細企業や協同組合などを含めた第一次・第二次産業が国際競争力をつけられると主張できたかは理解不能である。この政策は、すでに一九九〇年代後半には批判に晒されたが、一九九五年に作られたWTOは、IMFとともに自由貿易を推進しつづけた。九四年メキシコ、九七年アジア、九八年ロシアなど、さまざまな国や地域で通貨危機が相次いだが、ワシントン・コンセンサスによるグローバル金融政策が失敗であるとの評価が決定的となったのは、ようやく二〇〇八年のリーマン・ショックによってである。

一方で、ワシントン・コンセンサスに基づく国際経済金融体制の下で生じた経済的不安定と貧困格差の拡大は、新自由主義に対する疑念を強め、多くの批判が起こった。こうした批判が何について、どこに向かって、いかになされたかについては、酒井隆史『完全版　自由論――現在性の系譜学』〔酒井 2019〕に、一九九〇年代後半から二〇一九年に至るさまざまな出来事やトピックが描かれている。

ここではこうした大きな論点を検討することができないので、フーコーの統治性論と関連する重要なトピックとして、規制や官僚制と新自由主義との関係というテーマに絞って取り上げることにする。

2　シャマユーの新自由主義批判

まず、シャマユー『統治不能社会――権威主義的自由主義の系譜学』〔Chamayou 2018〕の議論を紹介する。この本は、フランスで一九七〇年代に生じた統治の危機、つまり『民主主義の統治能力』で描かれたような危機に対して、官民双方でどのような対応がなされたかを描いたものである。私的領域、とりわけ企業と経営における権威の再編に紙幅が割かれているのが特徴的である。

まず企業（会社）については、七〇年代の労働者側からの「自主管理」の要求を受けて、経営側がヘゲモニーを奪還するために、従業員と会社との関係を個人と個人の契約関係へと読み替える動きが生じた。つまり、資本対労働といった集団主義的な理解を避け（新自由主義者は集団による対決を忌避する）、それによって組織的な労使交渉という関係のあり方そのものを抹消しようとした。企業が一種の法的擬制であるなら、そこで働く人々もまた個々の働き手であって、集合的な労働者というのは擬制に過ぎない。つまり、実際に存在するのは集合的労使関係ではなく、個別の労働契約のみである。そうなると働く人々は個別化・断片化され、不安定な雇用形態（アルバイト、パート、派遣、請負、嘱託、臨時雇用など）もまた契約当事者間の合意へと回収されることになる。そこには立場の強さの違いはなく、合意によって自由意志で会社と契約する個人しか存在しない。マルクスが批判した契約のまやかしの現代版のような話である。つまりこれは、集合的な権力の関係として労使関係を捉える枠組みそのものを改変する、新自由主義に特有のボキャブラリーの導入である。

また、経営者に対する「社会的」責任の問題については、株主の利益の重視が取り上げられている。これはコーポレート・ガバナンスの問題とつながっており、所有と経営の分離によって経営者が有するようになった企業統治の権限を、本来の所有者である株主に戻すことが主張された。これによって経営者は、株主への説明責任を強く求められるようになる。そこにはたしかに独善的経営へのチェック機能というメリットはあったかもしれない。だが、短期的な配当や利益ばかり気にしなければならない経営者は枷をつけられ、また大株主だけが莫大な利益を手に入れることによって、労働者への顧慮が全くされなくなってしまった。株主主権というとありがたい響きがあるが、それは利益分配において、労働者より株主を優先し、経営の指針を決算の数字へと従属させた。期末ごとの利益を求める投資家のご機嫌取りを、経営者がつねにさせられるようになったということだ。

シャマユーの議論が興味深いのは、新自由主義の展開に「企業」「会社」という項をはさむことで視点の転換が起こるところである。企業にとって管理や統治の問題は不可避で、組織として活動するために自由放任はありえない。経営方針を立て代表を選び労働者を管理し部局を組織し生産活動を行うためには、つねに何らかの統治が行われる。企業という対象にフォーカスすることによって、第二次大戦後に隆盛をきわめた経営学（マネジメント学）の発展史と並行する形で、新自由主義が席巻した時代における経済的統治が、企業の統治性の問いとして取り上げられている。

もう一つは、新自由主義と国家というテーマへの言及である。「シカゴ・ボーイズ」を現地に送り込んだという意味で直接関与したフリードマンだけでなく、ハイエクも含めて、アメリカの新自由主義者は一九八〇年代南米での新自由主義の実験に大いに関わっていた。だが一見不思議なのは、自由な社会の擁護者であるはずのハイエクが、チリのような独裁政権をなぜ容認し支持したかである。一九七三年、ピノチェトのクーデタにより軍事独裁がはじまったチリは、どう考えても「自由の条件」を満たしてはおらず、「隷従への道」まっしぐらに見える。これについてシャマユーは、ハイエクが『自由の条件』〔Hayek 1960〕などで主張していた「全体主義」と「権威主義」の区別に注目して説明を試みている。

ハイエクによると、政府の体制には四種類ある。自由主義の側に自由民主主義と自由権威主義、全体主義の側に全体民主主義と全体権威主義である（〔Chamayou 2018, p. 222〕）。ナチに追われて故郷ウイーンを脱出したハイエクにとって、全体主義批判は生涯揺らぐことなき信念であった。民主主義が行き過ぎると全体民主主義になるというのは、ナチが政権を取り民衆の支持を得た経緯から、ハイエクにとってはまぎれもない事実であった。自由民主主義に特段の問題がないことはわかるが、問題は自由権威主義という聞き慣れない体制である。これについてシャマユーは次のようにいう。ハイエクは「危険が差し迫っている場合〔つまり民主主義が独裁を生みかねない場合〕には、例外状態としての過渡的な独裁に訴え、政治的決断によって民主主義の制限を強制すること」〔*ibid.*, p. 223〕を容認した。ここに自由権威主義がその存立基盤を見出すことになる。

ハイエクにとって、「自由主義は「社会事象についての自己生成的あるいは自発的な秩序の発見」に基礎づけられている」〔*ibid.*, 引用内の「」はハイエク「自由社会の秩序の諸原理」〔Hayek 1966〕より〕はずであった。この原理からすると、独裁はとりわけ忌避されるものとなる。しかしハイエクの理屈では、こうした原理原則と現実に隔たりがあり、全体主義を招来しそうな状況になった場合には、過渡的なものとして独裁すら容認される。全体主義（これはハイエクにとっては経済への無限定の介入を行う体制すべてである）を回避するためなら、民主主義は制限され、権威による支配が容認される。一八世紀のケネーの「合法的専制」の再来のような話である。こうした主張を見ると、社会民主主義的な政策が採用されていたチリにおいて、無理やりにでも自由（という名の経済競争）をもたらすために独裁を認めたことも肯ける。

シャマユーから見ると、こうしたハイエクの主張は、国家による経済の指導という政治的な「暴政」を避けようとして、社会的政治的市民生活を抑圧する軍事–警察国家という別の暴政を招き入れることに他ならない。[8] これのどこが自由主義なのか。ここが同書の中心的関心であることは、副題が「権威主義的自由主義の系譜学」となっていることからもうかがえる。

興味深いのは、シャマユーがこうしたハイエクの時局的選択を、経済的自由主義にはじめからビルトインされている根本的な矛盾と結びつけて捉えていることである。「〔経済的自由主義の〕ドグマが主張する事柄とは真逆のことだが、市場秩序は自発的なやり方では確立できない。それはつねに作り出され、再生産されつづけなければならない。自然な秩序として提示されるものは、実はつねに維持されねばならないのだ。ポランニーが「中央からの組織され統制された、たえざる介入主義」による人工物と言ったとおりのものだ」［*ibid.*, pp. 223–224、引用内の「 」はポランニー『大転換』［Polanyi 1944］より］。[9]

こうした指摘はたしかに、さかのぼるならポランニーが描いた、市場と社会の攻防の中で自由市場が根強い抵抗を執拗に抑圧しながら政治的な強制を通じて導入された、近代の歴史に重なるものである。この点はまた、ナオミ・クライン『ショック・ドクトリン』［Klein 2007］、中山智香子『経済ジェノサイド――フリードマンと世界経済の半世紀』［中山 2013］などで取り上げられた、悲惨な結末をもたらしたチリをはじめとする南米の自由市場実験についての描写とも符合する。[10]

3 新自由主義と官僚制

一方で、日本の新自由主義について考える場合には、官僚制の問題は重要である。というのも、明治以来日本では、立憲君主制と議院内閣制によって政治と行政に一定の関係づけが行われてきた反面、議会から相対的に独立した官僚制が発達したからだ。こうした制度の下での政治の新自由主義シフトは、ある種のリーダーシップ論を伴うことで政治家の権限や存在感を高めることを期待された。その意味で政治家にとって「うまみ」があったからこそ、新自由主義が受け入れられたといえる。規制緩和や民営化が単なる政治の役割縮小であるなら、それを歓迎する政治家がいるはずはない。

では官僚制はどうだろうか。新自由主義が政策の選択肢となったとき、最も攻撃されたものの一つは公務員の既得権益だった。官僚たちは天下りや独占、縦割り行政によって私的セクターの経済活動を理不尽に縛り、また産業の国有化によって民業を圧迫していると散々な言われようだった。「政治主導」は官僚叩きによって最も大きな大義名分を得たのである。ではその逆風の中で、官僚たちはどのようにして生き残りを図ったのだろうか。

この問いを解くための一つの材料として、教育の世界への新自由主義的言語の導入は示唆に富む。これについてはかつて論じたので詳細は省くが［重田 2018b：第四章］、概要を述べると次のようになる。一九九〇年代以降、初等教育から高等教育にいたるまで、教育改革の中で新自由主義のボキャブラリーの浸透が見られた。だがそこで起きたことは一般的な意味での市場競争ではなく、市場の言語を用いてはいるが競争とはほど遠い何かであった。そもそも教育においては、競合する当事者にとって行動の指標となる価格に当たるものが存在しない。そのような本質的に非市場的な場所で、官僚たちは擬似競争の采配者となることを思いついた。それによって、非市場的な「競争もどき」の場を設定し、そこでの言語を支配しまた裁定基準を独占し、教育機関への管理と統制を強めたのである。

同様のことは、おそらく他の領域でも起こっている。商品経済市場が成り立たない場において、新自由主義の用語がいかにレトリカルに用いられてきたかについては、福祉や医療などの領域について個々に検証されるべきだろう。

新自由主義者は、官僚制についてはあまり論じない。彼らは競争市場に対する国家の役割限定は論じるが、官僚制が有する合理性や制度の特異性との関係での市場社会については、議論がなされていない。実はこの論点は、政治セクターから相対的に独立した官僚制が発達してきた欧州や日本では重要なのだが、新自由主義的変革の中でのその固有性は、十分注目されてこなかったと思われる。

もっとも、官僚たちが競争らしき用語で大学間・研究者間の疑似競争を鼓舞し、グローバル社会を生き抜ける人間を育成するために思考力やコミュニケーション能力を重視し、またペーパーテストでは測れない生きる力を評価しようとする、そういったそれなりに分かりやすい狙いを持った政策も、最近ではさまざまな修正を加えられ、当初の意図や一貫性が見えにくくなっている。また、政治家、官僚、専門家、教育現場の意思疎通が制度化されておらず、決定がどのようなプロセスでなされるのが正当なのかも不明である。もっともこれは文部科学行政に限った話ではなく、現在の日本では、経済合理性も官僚制的合理性も欠いた、その場しのぎで整合性のない政策運営が常態化している。

こうした混沌はなぜ起こったのか。それは多分に執行権の問題で、現状では官邸という「怪物」をコントロールする制度が毀損されてしまっていることと関係している。[11] しかしそれをもっと大きな趨勢の結果と考えることもできる。新自由主義が失墜した後に、そのオルタナティヴを見出せないまま政治が漂流していることが最大の原因かもしれない。そう考えると、「自由主義の統治能力」はその包括性の点では、代わりを見出すことが難しいある種の強さを持っていたと評価されるべきなのだろう。ただしこのように考えることは、新自由主義の統治性に賛同することを意味しない。フーコーは新自由主義の統治性が持つ強さと包括性に感嘆したが、そのことはその政策に与する、あるいは賛同することとは全く別である。フーコーについてそこがしばしば誤解されているように思われる。

講義の中でフーコーは、社会主義に統治のテクノロジーがないことを強い口調で断定しているが、それがこれから発明される可能性にも言及している。ここで「社会主義」が何を指すかははっきりしないが、市場の原理に依拠して社会を再編成するのとは異なった、統治の全体的なヴィジョンが必要なのは、講義が行われた七〇年代も今も変わっていない。世界の政治経済秩序が混沌としている現在、それは七〇年代よりも切迫した課題となっている。

おわりに

本章を終えるにあたって、中国に言及しておく。新自由主義の統治という観点から、現在の中国の統治はどのように捉えられるだろうか。中国についてまず目にとまるのは、超監視と古典的規律化の組み合わせであろう。ネット社会の急速な発展とサイバー監視を結びつける徹底ぶりは驚くべきものだ。体制への疑問や異議が瞬時に「削除」されることは、コロナ騒動でいやというほど知らされた。中国では、ネット上でもそれ以外のジャーナリズムやメディアにおいても、異論はすぐさま「なかった」ことにされる。その意味で中国は「削除する監視社会」である。そこでは当局に都合が悪い意見を述べれば、人も追跡され、姿を消し、簡単に「削除」される。「削除社会」ということばがぴったりくる。ネット上でも紙媒体でも、発言がすぐに削除され、人そのものも削除される。しばらくして突然ネットの書き込みが復元されるように、行方不明の人が急に現れるのもこの統治の特徴である。

そこでは処罰と褒賞がセットでついてくる。当局に不都合な意見を発信した者は直ちに特定され、処罰され、反省を「自白」させられる。そうした見せしめの逆が、当局に都合のいい見解や国家の価値を高める行為に対しての褒賞である。褒めることと処罰することの組み合わせによって統治するというのは、民主主義国家では違和感を持たれるやり方である。それはまるで子どもを相手にしているように見えるからだ。いい大人が貶されて反省文を書かされ、そうかと思えば突然持ち上げられ国の英雄とされることは、自律した大人が生きる世界では奇妙なことだ。この意味で中国は父権国家、家父長原理と、共産主義の中の全体主義的な要素を組み合わせた監視国家と言えるだろう。

言論の自由がないのは、何を言っても放っておかれることがないという意味だ。言論と表現と思想の自由が保障される国では、どのような意見を表明したとしても、たとえモラルのレベルで非難はあっても、政府から公式に褒められたり処罰されることはない（ことばを物理的暴力と同じように用いるヘイト言説は別である）。発言が放っておかれるというのは、自由と自律にとって最もよい対処である。中国では私人の発言がつねに政府による評価の対象となっている。これほどの不自由があるだろうか。

ところが中国では、こうしたハイパー監視社会に、かなり自由な市場経済がセットになっている。中国の経済体制は、社会主義の国有化原則を建前上は維持しながら、特区などを通じて市場経済をテコ入れすることで成り立っている。新自由主義的な経済モデルと国家主導の経済成長モデルの組み合わせである。こうした不思議なやり方によって、企業と国家が一体となって世界を富の力で支配する（一帯一路）。つまり中国は、監視と賞罰と市場と社会主義を一国のうちで共存させる、ハイブリッドなリヴァイアサンなのである。そのため既存の国家モデルのどこに分類したらよいか分からず、つかみどころがない。

自由貿易主義やその下での国際協調体制を最終的に打ち負かしたのが、ハイパー監視規律国家とその国家に保護された市場経済の組み合わせであるとは皮肉なことだ。欲望の資本主義はここでも命脈を保ち、一方で本当は偶然や幻想であったかもしれないが辛うじて結びついていた市場の自由と市民的自由は、本来あまり関係がないことがすっかり露呈してしまった。中国がこれまでの開発独裁諸国や権威主義国家と異なるのは、その市場競争力の尋常ならざる強さと、巨大な国家を統制する管理能力である。だがこの新たなリヴァイアサン、ハイパー監視国家資本主義は、これまで作られてきた統治のテクノロジーのパッチワークのようにも見える。そのなかには中国という大帝国で長きにわたって継承されてきた統治者の知恵 prudence も、近代ヨーロッパやアメリカで作られた統治術も含まれるだろう。

カントは啓蒙を「未成熟状態から脱すること」と表現した。啓蒙とは人が大人になることであり、カントにとって大人になるとは自由で自律した人格になることだった。賞罰を行為の動機づけに用いる超監視国家においては、市民は自律した大人ではなく、まるで子どものように扱われる。人々を大真面目に子どものように扱って憚らないこの統治形態が、権威主義なのか独裁なのか専制なのか、名前を与えることは難しい。新自由主義が標榜したグローバル化の副産物としてこうした国家が出現したことを、自由をマジックワードとする統治性を案出した新自由主義者たちは、果たしてどのように評価するだろうか。

コラム9　新自由主義とフーコー

第9章は、鬼塚雄丞、丸山真人、森政稔編『自由な社会の条件』（ライブラリ相関社会科学第三号）新世社、一九九六年、一九六―二二二頁に掲載された論文をもとにしている。これまでくり返し指摘したとおり、フーコーの統治性研究の内容は当時断片的にしか知られていなかった。なかでも二〇世紀の新自由主義に関する部分は、講義出席者以外にはきわめてわずかな情報しかもたらされていなかった。修士論文執筆後に、パリのフーコーセンターに所蔵されている講義テープ（コラム7を参照）をもとにその内容を再構成したのがこの論文である。

フーコーの新自由主義論は、主に二つの学派あるいは教説を扱っている。一つがここで取り上げたドイツのオルド自由主義で、もう一つがアメリカのシカゴ学派を中心とする新自由主義である。第9章ではそのうち前者だけを取り上げている。その理由は、アメリカ新自由主義についてのフーコーの言及が断片的で、さまざまなアイデアが見られるものの全体像を描くには分量としても議論の構成としても十分ではないからだ。これに対してオルド自由主義は、フーコーが新自由主義を古典的自由主義（一八世紀自由主義経済学）とは異なった新たな統治のテクノロジー、新しい統治の合理性を示すものとして理解していたことを示す好例となっている。

本章のタイトルは、ハンティントン、クロジエ、綿貫譲治著、日米欧委員会編『民主主義の統治能力――その危機の検討』［ハンチントン、クロジエ、綿貫編 1976］にちなんでつけたものである。フーコーのネオリベラリズム論は、ここでハンティントンらが問題にした「民主主義の危機」への応答の一つ、つまり統治能力論として理解できるからだ。

フーコー以降の新自由主義研究を含め現在論じるべき点について補足したのが、今回書き下ろした第10章である。本文中でも簡単に触れたが、フーコーの新自由主義理解については誤解も多いように思われる。それは、フーコーは福祉国家型の統治に対して新自由主義型の統治を評価し、そのパフォーマンスを称賛していたというものである。こうした指摘はフーコー以降の新自由主義論を考える際にも持ち出されてきたが、評者自身の新自由主義観をフーコーに投影しているように思われる。それは新自由主義の統治性に一定の評価を与える場合にも、またそれを批判する場合にも見られる。フーコーもその重要性を認めた新自由主義的な統治という見方と、新自由主義的な統治を評価するなどフーコーもすっかり反動になったという見方である。

私はこのどちらも前提に誤りがあると考えている。たしかにフーコーは自由主義の統治が有する包括性と新しさに感嘆している。とりわけオルド自由主義については、それが「国家の正統性」すら引き受けようとしたことを強調していた。戦後西ドイツの法治国家とは、自由な経済を保障することにその存在理由を見出す、つまり経済的自由によって基礎づけられた国家であった。それを準備したのが、オルド自由主義の統治構想に他ならないというフーコーの筋書きは、第二次大戦後ヨーロッパの政治と経済の語彙の変化を鮮烈に印象づける。

だがそのことと、新自由主義を「価値」として奉じたかどうかはまた別の話である。統治の歴史を少しさかのぼってみると、一六––一七世紀は近代国家の合理性がはじめて理念化された時代であった。そこで国家が発明されたのだが、フーコーはこの発明を、国家の正統性論としての社会契約論に求めず、むしろ国家理性の言説の中で新しい統治の合理性が作られ、それと同時に国家そのものが具体的内実を伴った形で思念されるようになるプロセスに求めた。つまり一七世紀が包括的な統治性の束としての国家をはじめて作り出したということだ。これに対して、部分的にはこの国家構想を引き継ぐ形で、一八世紀半ば以降に市場の統治性が生み出される。ここでは自由というものがきわめて効果的に配置され、それによって国家理性とは別の包括的な統治構想が作られた。フーコーによれば、二〇世紀の新自由主義はそれを引き受けつつ、さらに包括的な政治社会構想へと変奏するものであった。

現在の政治経済状況を思い浮かべるなら、新自由主義に代わる新しい統治の構想が未だ出現していないことは分かるはずだ。もっと自由にすれば、もっと豊かに世界がつながれるという神話が崩れ、多くの国が保護主義と反自由貿易、移民の遮断へと舵を切ったことはたしかだ。だがそこには、経済のグローバルな自由化がもたらす弊害への反発やリアクションを超える新たな統治構想はいまのところ見られない。フーコーはそのことを七〇年代の状況に鑑みて指摘していた。目下のところそれ以外の選択肢を持たないという指摘が、新自由主義的統治の支持として捉えられるのは不思議なことだ。だがこれは、フーコーの講義が価値判断を抑えた形で展開されたこととも関係している。講義参加者も、その後それを聴き、読んだ人たちも、彼が何のために何を目指してこの講義を行ったのかをつかみかねたはずだ。

これについて判断したいと思う読者には、フーコーの講義集成に収録されたインタヴューや座談会での発言、またエリボン『ミシェル・フーコー伝』などの伝記的著作、そして一九八〇年代にフーコーが追い求めた「自己のテクノロジー」のテーマ系の作品を読むことを勧める。それらを読み、フーコーという人物、そしてその思考の好みと論じ方のくせなどに触れれば、彼が新自由主義を称賛していたとはとても思えなくなってくるはずだ。だがいずれにせよ、そうした価値判断を含む言明をフーコーが意図的に避けて講義を行った理由を考えるなら、決めるのは読み手であってフーコー研究者ではない。つまり解釈は自由にひらかれているということだ。

最後に、オルド派とアメリカ新自由主義という、フーコー自身はその違いを明確に述べていない二つの自由主義についてつけ加えておきたい。

オルド派は競争秩序を重んじたが、その際最も強調されたのは独占と集中の排除であった。これらが市場機能を麻痺させ、権力の偏在を招くからだ。そのため彼らは富が少数者の手に集中すること、いまのことばでなら「格差」を嫌い、それを避けようとして、富と経済権力の分散を維持するための制度設計に大きな関心を向けた。このことが、ドイツでは一九世紀半ば以降ＳＰＤ（ドイツ社会民主党）を中心に脈々と受け継がれてきた、社会民主主義との共存が可能となった理由の一つと考えられる（エアハルトはキリスト教民主同盟に所属）。

一方、シカゴ派は同じく競争を重んじたが、そこでは自発性や個人の自己責任が重視され、格差への顧慮はあまりなされなかった。彼らは、自分たちにとって「自然な」経済的欲求や経済活動の結果としてもたらされる不平等には、はじめから無頓着だったように見える。その結果の甚大さはあまりに軽視されてきたのではないだろうか。こうした「新自由主義的文化」が、コロナ禍での経済再開強行や深刻な人種的不平等の放置、また医療格差の是正を妨害する立法など、身近にある社会問題を無視する保守派の態度につながっているように思えてならない。

なお、経済学の「シカゴ派」「シカゴ学派」は一枚岩ではなく、核心部分に何があるかを考えるとその定義づけが困難になってくる。たしかに、フランク・ナイトやジェイコブ・ヴァイナーなどをイメージするなら、シカゴ学派はむしろ制度学派やモラルエコノミーとのつながりが強い集団のようにも見える。講義でフーコーは、ベッカーやシュルツなど、政治的立ち位置として分かりやすい人たちを取り上げ、学史的な議論に深入りすることを避けている。これはもともとフーコーの新自由主義への関心が、犯罪者処遇や麻薬政策といった問題から来ていることによると思われる。

あとがき

フーコー研究にずいぶん長く関わってきたが、自分が書いたものをふり返る機会はなかなかない。今回この論集を編んでみて、それぞれの時代にその状況の中でくり広げられた思索は、集めてみると一定の方向性を示していることが分かった。本書は、一九九〇年代から現在にいたる「いま」がどんな時代なのかを透かし見せるものになっている。バブルがはじけた後の日本は迷走の三〇年を経験し、コロナ禍はそれにとどめを刺したかのようだ。これからどこに向かわなければならないかは、これまで何が足りなかったかを熟考することによってしか示されない。その意味で、時代への応答とフーコー読解とを両立させようとしたそれぞれの論考から、改めて考えさせられることが多かった。

第1章「ミシェル・フーコーにおける知と権力」、第2章「「生のポリティクス」と新しい権利」は、それぞれ社会学、法哲学とフーコーというテーマで書かれている。九〇年代には目新しかったフーコーの議論は、隣接諸分野にとって刺激的であるものの、どのあたりから理解し利用したらいいのか分かりにくかった。フーコーがせっかく切りひらいた社会科学諸分野にとって意味ある研究領域を広く知らせ、その活用を促すことが執筆のねらいである。とりわけ第2章は、はじめての学会報告（川本隆史氏の企画）がもとになっており、当時自分のこととして関心を持っていた性と生殖のテーマを、フーコーの生権力論と結びつけて論じたいという意識が強かった。昨今の出生前診断をめぐっては、学会や厚生労働省が規制を試みてもゲリラ的に検査を行う企業が出てきて、これが問題となっている。知りたい、変えたい、持ちたいという人々の欲望と、命の価値を守ることの両立はことさら困難になってきている。生命倫理の領域は、人々の欲望と科学技術が協働して倫理の閾値を脅かす最前線となっている。

第3章「近代権力の複層性――ミシェル・フーコー『監獄の誕生』の歴史像」は、私にとってはじめて活字となった論考で、また唯一の実質的な査読論文である。大学勤務の「文系」研究者は形式的な査読論文は書くが、本当の意味での査読論文を書く機会はあまりないように思う（ただし、私より下の世代ではかなり状況が異なる。そして質の高い精緻な論文が生まれることに、とりわけ学会誌の査読制度は役立っていると感じている）。この論考が掲載された雑誌『相関社会科学』の発行は、当時所属していた東京大学大学院総合文化研究科相関社会科学専攻の大学院生が中心を担い、編集作業のかなりの部分も大学院生室にあった心許ないパソコンを使って、院生たち自身で行っていた。とても思い出深い記憶だ。そして、査読にも教員だけでなく院生が加わったため、なかなか鋭い修正指示がきた覚えがある。ピアレビューのよさと、また十分な研鑽を積む前の院生同士のやり取りの限界と、両者を同時に実感するよい経験になった。

論文の内容は、修士論文のうち『監獄の誕生』読解の部分を取り出したものだが、実はここで書かれているアイデアは、大学院入試に提出した論文にあったものだ。研究をつづける予定がなかった学部時代（卒業論文はフェルディナン・ド・ソシュール）と研究対象を変えたので、大学院入試のために卒業論文に代わる論文を提出した。気になっていた『監獄の誕生』の構成の複雑さに分け入ることにし、大学院入試の際の提出論文ではマックス・ウェーバーの「形式合理性」概念や『法社会学』での法についての記述も参照していた。当初のアイデアを奇妙なメンバーの自主ゼミで発表した際には、川本隆史、稲葉振一郎、市野川容孝、加藤秀一、米谷匡史の諸氏から貴重なコメントをいただき、とても混乱した。ともあれ、私が論文の書き方を教わったのはこの方たちからで、とりわけ稲葉さんには、思想テキストの引用についての基本的な構えを教えていただいた。また、修業時代の読書遍歴についても、当時から雑食的な物知りだった稲葉さんから大きな影響を受けている。もし私の興味関心にそれなりの幅広さが生まれたとしたら、その多くは当時少し先を行く先輩たちが、厳しい批判と最大限の配慮をもって、知を愛するものが行くべき道を教えてくれたからだ。

第4章「一九世紀の社会統制における「社会防衛」と「リスク」」は、おそらくはじめて『現代思想』に執筆した論文である。このころは「殺人偏狭」や「生来的殺人者」といったことばの響きに魅了され、そういった文献をよく読んでおり、解剖医や科学分析官に憧れを抱いていた。九〇年代は『羊たちの沈黙』『ツイン・ピークス』がヒットするなど、異常心理と連続殺人を結びつけるストーリーに人気があった。日本でも木村敏や中井久夫がよく読まれ、浅田彰による

「スキゾ・パラノ」の語が流行した。病者の分析を手がかりに、どんな人間にもある心の病理や異常性へと分け入り、それらを人々の相互理解へとつなげようとする木村敏の論考には、とりわけ心を打たれるものがあった。フーコーの「異常者」についての議論も、こうした文脈の中で受容されていたように思う。

七〇年代前半のフーコーは、一九世紀から二〇世紀にかけて犯した罪から犯罪者の人格へと刑罰の焦点がシフトしていく様子を、かなり苦労して描き出した。だがそれをやすやすと置き去りにして、七〇年代後半には犯罪者の人格から環境や行動へと刑罰のトレンドが変わっていくと指摘したのだから、驚くべきことだ。時代をつかむ思想家は過去の自分がすでに達成したことへの執着を持たないのだろう。その軽さと文献渉猟における執拗さが両立するところに、フーコーの思索の巨大さの秘密がある。

第5章「戦争としての政治——一九七六年講義」は、『フーコーの穴』［重田 2003］での現代の統計学と社会統制についての研究が一段落した後、そろそろ思想史に戻りたいと思って書いた論文である。当時政治思想史ではヒュームが一種のブームだった。私自身もヒュームという思想家が持つ破壊力には以前から関心があったため、思い切って取り上げることにした。二〇〇〇年代はいまと比べるとオンラインでの文献検索があまり整備されておらず、ブーランヴィリエの文献を集めるのに苦労した。悪名高い東大本郷の法学研究科図書室で何度も複写を取らなければならず、これはかなりの重荷だった。だがこのころまでは、執筆の記憶がそのとき頻繁に利用した図書館やコピー屋の匂いや風景と入り混じるという身体感覚があり、それを思うといい時代だったのかもしれない。このときヒューム思想の大胆さと巧みさに感服してしまい、またこの後のサバティカルでイシュトファン・ホント氏から刺激を受けたことで、『人間本性論』に挑戦して『社会契約論――ホッブズ、ヒューム、ルソー、ロールズ』（ちくま新書、二〇一三）を書くことになった。

いまになって思うのは、飼いならされた穏和な情念というのは、実に危険なレトリックだということだ。グローバル資本主義の暴走について、ヒュームやスコットランド啓蒙に責を負わせることはできないだろう。しかし広い意味での功利主義と方法的個人主義が、近代のモラルや規範にもたらした影響は甚大である。穏和なはずの情念は世界中の富を貪るとてもグロテスクなものになった。それを考えるとき、他方の戦争の言説が浮かび上がらせる「亀裂」は魅力的に映る。敵対と亀裂を隠蔽する言説とそれをあらわにする言説という構図で捉えるなら、戦争の歴史言説の対抗言説としての魅力が、改めて浮き彫りになってくる。

第6章「戦争・法・社会構造――古来の国制と「フランコガリア」をめぐって」は、取り上げる時代とテーマは第5章と同じである。サバティカルでケンブリッジに滞在した二〇〇五年ごろから気になっていた、「インテレクチュアル・ヒストリーとフーコー」について論じている。ポーコックとフーコーは全く異なるタイプの思想家だが、七六年講義は最も近い時代と主題を論じている。「古来の国制」論はヨーロッパ政治思想史の中でも魅力的で、それを戦争と権力の言説へのフーコーのアプローチと比較対照するのは興味をそそられる。フーコーが何を評価し何を見切るのか、そのセンスに改めて感服させられた。

第7章「ミシェル・フーコーの統治性研究」は、私の生涯で最も重要な論文である。せっかく得た「政府系金融」の仕事を一年で辞め研究者を志したとき、二三歳で貯金もなく、ひとりぼっちの無職だった。そのため最初から研究の「辞めどき」を考えていた。誰かに依存して生きるなんてまっぴらだと思っていたので、自分で稼いで生きていくことを絶対条件としており、はじめたときから運と才能がなければ研究者は諦めようと決めていた。そして一つの目標を、岩波書店の『思想』という、思想研究者であれば誰もが憧れる学術雑誌に論文が掲載されることに置いた。それが実現したら、もう少し頑張ってみるか辞めるか決めればいいだろう。そこから修士論文を書き上げるまでは思い出したくないほどの毎日で、びっくりするほど痩せてしまった。もちろん探偵のようにフーコーの講義を追いかけるのは楽しくもあったが、先達のいない苦労や将来の不安の方がまさっていた。そのため、本当に『思想』に論文が掲載されることになったときは信じられない気持ちだった（山脇直司先生の計らいによる）。また幸運なことに、この論文は講義録が出版されフーコーの議論の詳細が明らかになるまで、資料的価値があるとして多くの人に参照されることになった。

この論文は私の「修業時代」の最も重要な作品であり、ここに結実するまでの労苦と迷い、情熱と知的営みの集成となっている。この作品に匹敵する熱量のものを書きえているだろうかと自問することが、今も創作意欲の源となっている。私の運命を決めた一作である。

第8章「戦争から統治へ――コレージュ・ド・フランス講義」は、七〇年代後半のフーコーの思考の歩みについて、七六年講義の位置づけを軸に再度ふり返った論考である。論文集『フーコーの後で』の編者高桑和巳さんからの依頼で書いたものだ。当時ケンブリッジ滞在中で俯瞰的にものを見る環境にあったこともあり、『ミシェル・フーコー思考集成』の七〇年代半ば以降をすべて読み直して書いた。そのため引用文献にマニアックな細かさがある。フーコー講義のうち、七六年の『社会は防衛しなければならない』（石田英敬・小野正嗣訳）と七八年の『安全・領土・人口』（高桑和巳訳）が二〇〇七年、七九年の『生政治の誕生』（慎改康之訳）が二〇〇八年と立てつづけに日本語訳が出版された時期である。筑摩書房が採算度外視で講義の翻訳をつづけてくれたおかげで、これまで間接的にしか知らなかったフーコーの戦争と統治をめぐる講義を、このときはじめて読んだ人も多かったはずだ。そこからの十数年で生じた新たなフーコー受容については、今後考察していきたい。

第9章「自由主義の統治能力——ミシェル・フーコーのオルド自由主義論」は、意外に古い論考である。所属していた東京大学大学院の相関社会科学専攻がシンポジウムとリンクして年刊で出していたムック形式のシリーズ本『ライブラリ相関社会科学』の一冊で、森政稔先生から誘われて執筆した。オルド自由主義について調べていく過程で、日本ではかなり知名度が低いこの新自由主義の一潮流が、アメリカの新自由主義とは異なる包括的な統治プランを有していることに気づかされた。オルド派をはじめとするヨーロッパ型の「穏健な」自由主義プランが日本でもう少しメジャーになっていたら、IMF-GATT そして世界銀行による構造調整と市場原理のグローバル化に対する批判の視点が得られたのではないかと残念に思う。結局のところ、グローバル化とはアメリカの強権的な政治経済政策に世界中が翻弄されたというのが実際ではなかったか。当時もう少しこのことの重要性を引き出し、発信できていたらと、今さらながら感じさせられる。
第10章は新自由主義について、第9章執筆以降に考えてきた事柄を書いた。『隔たりと政治』〔重田 2018b〕の諸論考で部分的に考察したところもあるが、新自由主義とは何だったのかを、九〇年代からの三〇年間の知的文脈の中に置いて考えてみた。「コロナ後」を語る上で、新自由主義の負の遺産の目録作りは欠かせない。日本とドイツの戦中戦後や歴史解釈の問題にも言及したので、新自由主義の歴史的な理解と今後を考える上での第一歩になればと考える。

本書全体の執筆を通じて、またとりわけ近年、研究成果を書き記しながら喜びを感じるのは、自分の素人性を意識させられる専門家の存在である。今回の二篇の書き下ろしにおいても、雨宮昭彦、柳澤治の両ドイツ史研究者や、非常に若い秋元真吾氏の専門的研究のすごみに感嘆させられた。こうした専門的研究の厚みは、そこからある筋書きを取り出す思想史研究にとっては生命線である。自分自身がフーコー研究者としての専門性をアップデートしつづけなければならないという思いと同時に、成果を出すための時間も労力も並大抵ではない歴史研究への学術としての理解と支援がもっとなされてほしいという思いを持つ。

本書は『隔たりと政治』につづいて、青土社の加藤峻さんから誘われてはじまった。当初は著書として成立するのか不安もあったが、冒頭にも述べたように途中から方向性もストーリーもある一編の論集となることが分かり、一気に弾みがついた。加藤さんは鋭いのか鈍いのか分からない編集者だが、ネーミングのセンスと黙るタイミングはとてもいい。私は著書のタイトルを自分で決めるのが好きだが、『隔たりと政治』につづいて本書のタイトルも、加藤さんが思いついて離さなかったものだ。

ただでさえ激動する時代に、新型コロナという要素がつけ加わった現在、フーコーの思想はこの先を考えるヒントを数多く含んでいるはずだ。そのことが本書を通じて少しでも読者に伝わることを願う。

重田園江

二〇二〇年七月

註

第1章

1　とりわけ英語圏では、「文芸批評とは異なるフーコー」が熱心に紹介された。この時期のフーコーの英訳としては、たとえば、近代における「服従する主体」の形成を描いた『監獄の誕生』（原著一九七五）は七七年に、権力についての考え方をさらに一般的な形で定式化した『知への意志』（原著一九七六）は七八年に、英訳が立てつづけに刊行されている。また、八〇年には、フーコーの七二年から七七年までのインタビューや論考を「権力-知」に関わるものを中心に集めた英語の論集、『権力／知』[Foucault 1980] が刊行されている。

　なお、フーコーには七〇年前後に思想上の転換があったとされるが、これについてはドレイフュス、ラビノウ『ミシェル・フーコー』[Dreyfus, Rabinow 1982] を参照。

2　数多い文献の中から、いくつか挙げておく。Irene Diamond, Lee Quinby ed., *Feminism and Foucault : Reflections on Resistance*, Boston : Northeastern University Press, 1988, Stephen J. Ball ed., *Foucault and Education : Discipline and Knowledge*, Routledge, 1990, Artur Still, Irving Velody ed., *Rewriting the History of Madness : Studies in Foucault's Histoire de la folie*, Routledge, 1992.

3　[Foucault 1976a]、とくにその第四章を参照。またここから、彼が権力を暴力と区別し、暴力においてはそれを被る側はあくまで受動的な存在と見なされるのに対し、権力は受け手の自由、自ら行為する「人格性」を前提としてはじめて成立すると指摘している意味も理解される。このことについては、[Foucault 1982a] を参照。

4　権力と支配との関係については [Foucault 1982a] を参照。

5　科学史研究における「パラダイム論」とフーコーとの相違も、構成される人間主体へとフーコーの関心が特化しているところから生じてくる。また、フランス科学認識論の中での彼の特異な位置も、ここに由来する。

第2章

1　これはフーコーが国家理性論を、現代福祉国家にまで通じるような、国家とその成員の利害や幸福を結びつける理論として捉えていることを意味する。この捉え方は、シュミットがマイネッケ『国家理性の理念』の書評（［Schmitt 1926］）で定式化した二分法である、クラートス（力）とエートス（倫理）との拮抗という捉え方とは異なる。【二〇二〇年補遺：この論点は［重田 2018a］第二章で検討した。】

2　人口のレベルに照準を定め、調整 régulation を行う統治が、それ以前の規制 réglementation 中心の統治の批判として登場したというフーコーの主張については、本書第7章を参照。ただし本章では、両者の違いよりも「生に対する権力」としての連続性、共通性に注目して論じてゆく。

3　［Canguilhem 1966］を参照。

4　一九世紀後半以降、社会の大量現象における数値の一定性は、その社会が有する「確率的特性」として理解されるようになり、要素としての個人に還元しえない社会に固有の属性と見なされた。これについては、［Hacking 1990］［重田 2000］を参照。

5　［Quetelet 1835, 1845］を参照。ただし、ノーマルカーヴという言葉自体の使用はもっと遅く、ピアソン Karl Pearson（一八五七—一九三六）が最初である。

6　フーコーは、一七世紀以来発達した個人の身体へと働きかける規律権力に対して、一八世紀後半に「規律の技術を排除するわけではないが、それを包み込み、統合し、部分的に変容する新しい権力テクノロジー、言わば規律の内部に根を下ろし、また規律の技術があらかじめ存在したおかげでしっかりとそこにはめ込まれることで、規律を利用するような権力テクノロジー」が生まれたとする。これを「人間の身体の解剖－政治」である規律権力と区別して、「人間という種の「生政治」」と呼んでいる［Foucault 1976 : p. 215–216, 二四二頁］。なお、生政治のフランス語を、フーコーは biopolitique と bio-politique の二種類の表記で示すが、内容上の区別はない。

7　こうした見方は、フーコーが①本章註1で指摘したような国家理性論の解釈がえをしていること、②「エコノミー」という語の一八世紀における用法の変化に注目していること、③市民社会 société civile という語の独自の解釈を試みたこと（本書第7章および［重田 2018a］を参照）と考え合わせると、近代政治思想史、経済思想史、社会思想史の新しい見方への手がかりとなるものである。

なお、フーコーのこうした法や主権の捉え方に対しては、中世の王の権利と近代的権利とを同一視していることへの批判がある。これについては、［佐々木 1998］を参照。「フーコーと法」のテーマについては［Hunt, Wickman 1994］［Golder, Fitzpatrick 2009］を参照。

8　社会統計学の確立、後節で取り上げる労災保険・社会保障制度の成立、特別予防の観点に立つ新派刑法学の登場は、すべて一九世紀半ば―二〇世紀前半の出来事であり、これらは「近代」と区別される「現代」に属するとの見方もありうる。しかし本章では、近代初期からの「全体的かつ個別的」な統治のテクノロジーの延長上に、一九世紀以降を位置づける。

9　faute はフランス法独特の概念で、日本語では過失のみならず故意・怠慢などを含むが、以下では「過失」の語をあてる。

10　［Ewald 1986］第四部三章、とくに Justice sociale の部分を参照。

11　前者は「棚瀬編 1994」［中山 1995b］を、後者は［Luhmann 1993］［Giddens 1991］を参照。

12　［Ewald 1986］第三部一―二章を参照。

13　état dangereux については、［Stefani, Levasseur, Bouloc 1961：一〇五頁］を参照（「危険な状態」と訳されている）。

14　旧派刑法学と新派刑法学との対立の歴史については、［三井、町野、中森 1978］、とくに第一編を参照。

15　［Foucault 1978c : p. 461-462, 四一―四二頁］［Harris 1989：一一四頁以下］を参照。フーコーのこの論文についての詳しい考察は、本書第4章で行う。

16　国家が劣等者によって冒されることへの恐怖と、優等者の集まりとして国民を形成、改善するために国家が対策を取るべきであるという考えは、ピアソンやダヴェンポートをはじめ多くの優生学者を優生政策の積極的な信奉者にした。彼らは産児調整によって「子沢山の不適格者」の子孫ばかりが増えるのをおそれ、避妊の容認などによる産児調整は、不適格者の断種や隔離と抱き合わせでなければならないと考えた。［Kevles 1985］を参照。このような考えは、たとえば第二次大戦後の日本において、優生保護法が成立・改正される過程で影響力を持った「逆淘汰説」にも見て取ることができる。［松原 1998］を参照。

17　人種主義批判と優生思想批判とは別個の事柄であること、また優生思想によって排除される疾患、異常が必ずしも遺伝性のものに限られず、優生政策の対象範囲が横滑り的に拡大してゆく可能性については、［市野川 1996a］［松原 1998］を参照。

18　［Canguilhem 1966］［Hacking 1990：第一九章］を参照。

19　統計学的な世界観とは、神であれ人間一般（ヒューマニティ）であれ、特定の社会集団を超越する規範を想定するのではなく、統計データの収集、分析を通じて社会集団内部に規範を見出してゆく（たとえば「平均人」は社会集団の外部には決して現れない）ような、独特の事実と規範（価値）との関係づけを行う世界観を指す。この世界観と、科学史で「確率革命」と呼ばれる、因果論的・決定論的思考とは異なる確率・統計的思考の登場（[Hacking 1990］を参照）とは関係している。［重田 2000］を参照。

20 たとえば［Ferri 1884］など。

21 この問題および具体例に限定するのは、個人的な関心からである。

22 自己決定権と胎児の生命権をめぐる「プロチョイス」派と「プロライフ」派の対立については［荻野 1997］を参照。またこれら二つの権利についての原理的な考察として、二つの権利を対立させるという議論の枠組みそのものの問題性にまで踏み込んだ、［江原編 1996］所収の井上達夫と加藤秀一の間での論争がある。

23 ［市野川 1996b］を参照。国民優生法下での断種手術件数があまり多くなかった理由、経緯については、［松原 1997］を参照。

24 未成年者、精神病者、精神薄弱者に対する本人の同意なしの断種、および優生保護法「別表」に定められた疾患に対する、医師の申請に基づく本人の同意なしの断種を指す。

25 『公法研究』［日本公法学会 1996］所収の戸波江二、竹中勲、土井真一の各論文、［佐藤 1990］を参照。

26 マスメディアでもしばしば生殖をめぐる医療現場が取り上げられるようになった。その際の「イメージ調査」的な報道姿勢が持つ危険性は［玉井 1998］で指摘されている。

27 ［斎藤 1995］を参照。

第3章

1 「相異なる二つの権力形態」という場合、権力行使のあり方が異なることを意味している。フーコーは権力を分析する際、「権力とは何か」「誰が権力を所有しているか」といった問いを迂回し、「権力はいかに行使されるか」にまず着眼した（[Foucault 1982a］を参照）。したがって、彼がいくつかの異なったタイプの権力について論じる場合、その異質性を特徴づけるのは、それぞれの権力がいかに行使されるか、そのあり方の相違である。言い換えれば、無数の可能性に開かれた人と人との関係を、何らかの秩序として整序する際の型の違い、あるいは関係に法則性を与えるやり方の差異が、権力のタイプの相違ということになる。たとえば、法的権力は禁止するか許可するかの境界線を一般的に定めるというやり方で関係を秩序づけ、規律権力は具体的で個別的な日常生活の細部にわたって、ノルム化された（ノルムの語義については後述註17参照）規則に準拠させるというやり方で関係を整序する。

この権力の型の相違は、言説のタイプの相違に対応している。言説とは、認識枠組み・問題の立て方 problématisation のレベルで共通の土台＝規則性を有することばの総体を意味する。なお本章では、言説的実践と非言説的実践の区別を設けない。ドレイフュス／ラビノウ〔Dreyfus, Rabinow 1982〕やガッティング〔Gutting 1989〕のように、言説的実践（たとえば、犯罪者の理解を目指す犯罪学）と非言説的実践（たとえば、犯罪者の管理に通ずる監獄システム）を区別するやり方はとらず、ラクラウとムフ〔Laclau, Mouffe 1985〕のように両者の区別を廃棄すべきだと考えるからである（フーコー自身の言説概念については、〔Foucault 1969〕を参照。フーコーは、ここでは言説的実践と非言説的実践を区別している）。したがって本章では、たとえば言説的実践としての刑事司法の言説と、非言説的実践としての監獄の行刑技術の間にずれを見る（たとえば〔内田 1990：一六八―一七〇頁〕）のではなく、法的権力と規律権力をともに言説という観点から捉え、両者の関係を互いに異質な言説の拮抗として捉える。フーコー自身の以下の発言を参照。「近代社会の権力は、主権という公的法権利とさまざまな規律の機構とのあいだに、まさにこうした異質性があったからこそ、それを通じて、それを基礎に、またその作用によって行使されてきた。しかしこれは、一方に主権という雄弁で明示的な法権利 droit の体系があり、他方に深いところでこっそり作用するあいまいで物言わぬ規律が、巨大な権力機構を下支えしているという意味ではない。実際には、規律はそれ自身の言説を有する。規律はある言説を保持するが、この言説は法権利の言説、法的言説ではありえない。規律の言説は法についての言説とは異質なのである」〔Foucault 1976d : p. 106 (1994 : p. 187–188), 253 頁〕。

2　これまでの『監獄の誕生』読解として、フーコー論のスタンダードの一つ、『ミシェル・フーコー――構造主義と解釈学を超えて』〔Dreyfus, Rabinow 1982〕の該当箇所を見ておく。『監獄の誕生』は、後半の第五―八章で取り上げられるが、全体の内容にふみこんで論じられるのは第七章においてである。まず、『監獄の誕生』で扱われる三つの処罰形態が「君主の身体刑」「人間主義者の改革」「規格化する拘禁」の順に説明される。そして、旧体制下では身体刑が大々的に行われたが、大革命からナポレオン時代において主流となったのは、第二の形態である「人間主義者の改革」が目指した処罰ではなく、三番目の監獄への拘禁であったことが述べられる。歴史的推移のアウトラインを以上のように要約した後、彼らの関心は第三の形態に含まれる「規律のテクノロジー」へと向かう。なぜなら、フーコーは病院・学校・監獄といった制度ではなく、「規律の手続そのものに関心を持っていた」[Dreyfus, Rabinow 1982 : p. 153] からである。

このように規律に重点を置いた読解は、きわめてオーソドックスなものといえる。しかし本章では、身体刑から刑罰改革を経て監獄へという、規律権力の出現を中心とする読解ではなく、「身体刑と刑罰改革が共有する法的権力」対「規律権力」という形で両者を異質な権力として区別し、その対立と共存を同時に捉えるような視点を持った著作として、『監獄の誕生』を読み解く。

3 フーコー論の中で、法的権力に着目した論考も見られる（たとえば [Ewald 1992]、[桑田 1990]）。しかしいずれの場合も、法的権力と規律権力の複層性ではなく、法から規律への移行に叙述の重点を置いている。

4 旧体制下のフランス司法について、法制度一般は [山口 1978 : 第一部二節以下] を、刑罰制度は [Deyon 1975] 第一―二章を参照。

5 尋問が中世に発達した法的なモデルの権力形態であったことについては、すでに一九七一―七二年のコレージュ・ド・フランス講義で示されている [Foucault 1971-1972]。

6 君主権としての主権は、君主が伝統的な法権利を超越する存在であることを示すために練り上げられた概念で、また、その主権を国王の権利ではなく国民の権利へと引き降ろしたのが近代における民主化の過程であるといえる。そのため、中世の身分制社会の構造に根を持つ「法権利」と、近世絶対主義国家の成立によって発達した「主権」とは同一視されうるものではない。しかし本章で目下問題にしている文脈では、（そしてフーコーの権力の系譜学にとっては）、君主の超権力を基礎づけるものであれ、国民の至上権を基礎づけるものであれ、法の用語で、法権利の主体とその権能をめぐって語られるかぎり、それが諸侯の側、君主の側、人民の側のどれに関わるものであっても、法的な言説に属する。

7 一八世紀における犯罪現象の変化については、[Deyon 1975] 第四章を参照。

8 【二〇二〇年補遺：ここで政治経済学ということばが用いられているのは、効率重視や例外のなさといった特徴が、市場の経済学と共通しているからであろ

う。】

9　ヨーロッパの絶対王政が法に拘束された存在であったという見方は、歴史家に広く共有されている。たとえば、[Brunner 1968] の訳書第八論文を参照。

10　フーコーがここで取り上げているのは、罪刑法定主義に基づく一般予防の主張である。なお、大革命からナポレオン刑法典成立期の刑事司法改革を支えた思想については、[Saleilles 1898 : 第三章] を参照。

11　フーコーが、規律権力を古典主義時代に新たに「発明」された権力と考えていることの意味について、ここで述べておく。形式的に平等な権利主体相互にではなく、不平等な力の下に置かれた二者以上の関係に関わる権力は、この時代にはじめて必要とされ、知覚されたわけではない。こうした支配‐服従関係を形成する権力は西洋でも古典古代以来存在し、たとえばローマ期を中心に「パトロネジ」として研究されている（[長谷川 1992] を参照）。フーコー自身、軍隊や修道院の中で、規律権力の断片が古典主義時代以前から磨き上げられてきたことを認めている。しかしここでは、古典主義時代に歴史的に類を見ないやり方で、そうしたばらばらの起源から特定の「権力のテクノロジー」が編成されてゆくプロセスをもって「発明」としているのである。「発明」は無から有を生む創造ではなく、一種の組合せの技術の意味で用いられている（[Foucault 1975a : p. 138–143, 一四二―一四七頁]）。

12　この点について、とくに施療院・病院を中心に [Foucault 1961a] 第三部一章、[Foucault 1974b]、[Foucault 1974c] において、当時の社会状況との関わりで論じられている。

13　[Foucault 1978] において法と規律の対比を論じる中で、フーコー自身がこうした相違に言及している。ただし、法と社会秩序というタームを用いた対比は本章における独自の整理である。

14　この点について [二宮 1977] を参照。ここで二宮は、まずフランス絶対王政が、特権を擁するさまざまな社団を相互に媒介することで成立していたことを確認する。つまり「領主に対しても、都市に対しても、旧来の特権を容認しつつそれを一定の支配秩序の中に組み込んで行くこのメカニズムこそ、絶対王政の支配構造を特徴づけるもの」[*ibid.*, 一三九頁] と言える。そのうえで、特権を軸とする社会編成の変容の過程が、「一七世紀中葉以降、とりわけ一八世紀に入ってからは、かなり顕著な形で表われてくる」[*ibid.*, 一四九頁] と指摘している。都市人口の増大、都市の社会構成の多様化、非市民層や貧民層など旧来の社団的編成から外れてしまった社会層の出現、社会グループ間の序列の流動化などにより、旧来の身分秩序・社団秩序の媒介による権力維持が困難になってくる。そのため絶対王政は、新しい都市問題を組み込んだ社会秩序を形成するための方策を生み出すことになるのである。

15　ポリスと封印状の関わりについては、[Farge, Foucault 1982]を参照。

16　ここで「死の中へ廃棄する」とは、「他者にとって一種の生物学的危険」[Foucault 1976a : p. 181, 一七五頁]であるような人々を、また彼らのみを合法的に殺しうることを指している。ここでフーコーが想定しているのは、生物学的な存在としての「民族」の大虐殺 génocide であり、またロンブローゾに典型的に見られる、社会にとって危険な生来的犯罪者の予防的除去の主張である。この種の死の強要は君主の生殺与奪とは異なり、生権力の展開の中で生じてくるものである。

17　ここで、norme（規範・規格）という語が二つの異なる意味で使用されている。一つめは、「法規範」といわれる場合。norme は直角定規を意味するラテン語の norma の訳語で、「ある規範、規則 regle とは、まっすぐにし、立て起こし、立て直す」[Canguilhem 1966 : p. 177, 二一一頁]こと、ある存在や与件に対して制約を課すことを意味する。つまり、与件に対して当てがわれるべき正しい尺度、正しい規則と同義である。

これに対して、フーコーがここでいう二つめの norme は、一九世紀初頭以降に広まった用法で、与件の前に、あるいは与件の外に存在する不変の尺度＝ものさしではなく、人間であれ商品であれ、具体的な集団の内部にのみ存在する規範（規格）を意味する。「その準拠点はもはや直角定規ではなく平均である」[Ewald 1992 : p. 202]。つまり、外部に存在する法規範によって禁止／許可が決定されるのではなく、規範が集団に内在化される。そして、集団の中でしか存在できない、というよりむしろ集団を形成することではじめて生まれる規格への近似の程度によって、個々の要素が測定され評価される。言い換えれば、norme は超越的価値ではなくなり、社会的事実のうちに内在化される。『知への意志』によれば、規格化する権力とは、「資格を定め、測定し、評価し、階層秩序化し」「規格のまわりに配分する」[Foucault 1976a : p. 189–190, 一八二頁]権力である。本書第4章を参照

18　[Darmon 1989]は、犯罪学イタリア学派の勃興からそれが批判され忘れ去られるまでのさまざまな論争・対立を扱っている。ここで、一見激しく対立している犯罪学者、精神科医、社会学者、人類学者、法学者などの論争者ほぼ全員が、犯罪ではなく犯罪者に関心を払い、どんな犯罪を話題にする場合でもつねにそ

の背後にある犯罪者について説明しようとする共通の志向を持っている点が注目される。

19　中世から近代にかけての刑罰史について、主にドイツについては［荘子、大塚、平松編 1972］第一部Ⅱ－三（堝浩執筆）を参照、フランスについては［Deyon 1975］第一、五章を参照。フランスにおける近代的刑罰体系の制度化は、革命期にはじまり、ナポレオン刑法典制定（一八一〇）をもって一応完成する。

20　新派の主張については［牧野 1909］を、新旧両学派の争いについては［大塚 1957］を参照。なお、日本では、まず厳格な応報主義と一般予防論との折衷である旧刑法が、フランス人ボアソナードの指導で作られる（一八八〇年公布）。その後憲法制定を機にドイツ法の影響が強まり、新派の思想を取り入れた新刑法が一九〇七年に公布される。日本における新派の代表者は牧野英一である。その後ドイツ系旧派に立つ小野清一郎、滝川幸辰が現れ、牧野や木村亀二らとの論争が展開される。

　ナポレオン刑法典以降のフランス刑法史の概略については［森下 1990］を参照。また、フーコーなどの影響を受け、刑事司法・精神病院・矯正施設・医学を視野に収めた研究として［Nye 1984］が、フーコーなどの刑罰批判をも考慮に入れて、日本の刑事政策史や各国の刑事政策・犯罪学などを見直す仕事として、小野坂弘の諸論考がある（［小野坂 1989a, 1989b, 1990］など）。

21　近代法が一般的に有する形式化の傾向と、それに対抗して現れる反形式的、実質的な諸要求については、［Weber 1922］第七章八節を参照。

22　これについて考えるにあたっては、近代法から現代法への推移において、実際に法がどのように変容したかを考慮する必要がある（これについて、民法の領域に関して［Ewald 1986］が考察を加えている）。そして逆に、法的言説によって規律権力はいかに変容を被ったのかも考えなければならない。

23　ヨーロッパ絶対主義を形づくる基本的な理念として「社会的紀律化 Sozialdisziplinierung」を提唱しているゲルハルト・エーストライヒは、以下のような指摘を行っている。

　「絶対主義時代における社会的紀律化の過程は、おそらく近代国家のいま一つの偉大なる過程、つまり一九世紀の根底的民主化（Fundamentaldemokratisierung）の過程に匹敵するものである。確かに後者の政治的過程は、まさに絶対主義に反発する自由主義運動の中から生じた。それは紀律とはよほど異質的なものであり、一見それに敵対的なものである。にもかかわらず民主主義は、言論の自由、報道の自由とならんで、国民のある種の紀律、公共の福祉に寄与する紀律を前提にするのである。絶対主義時代に、絶対君主の大幅な指導のもとに進行した、国家と教会、経済と文化における根底的紀律化（Fundamentaldisziplinierung）、この従来あまり注意されることがなかった構造史的過程が、市民的＝民主的な国家の上述の根底的民主化のための、近代国家とその社会のための、一つの前提をなしたのである」［Oestreich 1969：二二五頁］。【二〇二〇年補遺：ドイツ法制史において「紀律」の訳語がかつて用いられていた。現在では「規律」が一般的である。】

24　ジャック・ドンズロは、以上述べてきたことを「民主主義の統治能力」の問題として取り上げている（［Donzelot 1982］を参照）。【二〇二〇年補遺：ドンズロのこの指摘と［ハンチントン、クロジエ、綿貫 1975］との関係については、真島一郎による［Donzelot 1984］の解説を参照。】

25　この系譜学が集中的に行われているのが「統治性 gouvernementalité」研究である。これは、一九七八年および七九年のコレージュ・ド・フランス講義を中心とする未完の研究であり、『知への意志』での「生権力」への着眼と、『快楽の活用』『自己への配慮』における「自己統治」の構想との間をつなぐ重要な内容を含んでいる。ここでフーコーは、「主権」「規律」「統治」という三つの相異なる権力形態、権力行使の方法を示し、三者の系譜とその相互関係を見ることで近・現代国家社会を捉え直そうとしている。本書第7章を参照。

第4章

1　認識枠組みの歴史的な形成と変容を分析する科学認識論 épistemologie の中で、概念形成への注目が重要なことは、たとえばカンギレム『正常と病理』『反射概念の形成』に見ることができる。フーコーは『正常と病理』英語版序文で、カンギレムの方法の特徴を紹介する中で、この点に言及している。［Foucault 1978d：p. 438–439, 一四―一五頁］

2　［Ewald 1986］［Castel 1981］また［Burchell, Gordon, Miller ed. 1991］の、一〇章（エワルド）、一二章（パスキーノ）、一四章（カステル）の各論文。

3　［Castel 1988：p. 144–148］［加藤正明他編 1993：七七四頁］［Foucault 1961a：p. 546, 五四八頁］を参照。

4　本書第3章を参照。

5　Bénédict Morel（1857）*Traité des dégénérescences physiques, intellectuelles et morales de l'espèce humaine et des causes qui produisent ces variétés maladives*, Paris : Baillière ([Darmon 1989 : 五一頁] に引用)。

6 「危険人物」論文の英語版では、社会体の敵としての犯罪者のイメージが醸成される際に、世紀後半に大衆新聞や探偵小説などのメディアが果たした役割に言及しているが、フランス語版ではこの部分は削除されている。

7 [Pasquino 1991] を参照。

8 そのため、こうした刑法体系においては、刑罰と保安処分との区別は暫定的なものに過ぎなくなる。[滝川 1962 : 三九五頁] (「社会的責任論」の項) を参照。

9 フランスにおける一世紀をかけた民法領域の変容については、[Ewald 1986] を参照。

10 【二〇二〇年補遺 : 確率と保険の歴史について、[重田 2018a] 第一〇章を参照】。

11 [Hacking 1990] を参照。ただし社会統計学には、政治算術や国情学の発展として成立した側面もある。

12 [Foucault 1978c : p. 461, 四一頁]。「原因結果に関する確率」と訳したのは、原文では「因果的確率 probabilité causale」で、これはやや不思議な表現である。ここでフーコーが言おうとしているのは、犯罪行為を過失 - 責任という組み合わせではなく、リスク - 確率としての犯罪という組み合わせで犯罪を理解し評価する枠組みの登場である。通常、因果と確率は対照的な概念であるが (因果が分からない場合に、代わりに確率が用いられる)、ここでは犯罪者の素質を社会にとってのリスク (確率) かつ個別の犯罪に対する原因 (因果) として捉えている。

13 たとえば、社会と個人との厳格な区別を要求したとされるデュルケムにおいて、ある社会の統計的な正常性がそこに含まれる正常な個人像へとつなげられており、社会から個人への「ノルムの強制」が正当化されている。[重田 2000] を参照。

14 [Foucault 1975a] 第三部を参照。

15 フーコーがこうした歴史像を提示した時期と現在との状況のちがいについて、一言つけ加えておく。リスク管理と保障の社会は、ある程度閉じた、静態的な社会を想定している。その意味では現在、こうした社会自体が危機に瀕しているといえる。国境を越えた人の移動の増大、人口構成の急速な変化などは、一九世紀末以降国民国家を単位として作られた秩序化の方法を機能不全に陥れつつある。このような変化の先に生じてくる問題への回答の一つが、新自由主義の統治性であったと考えられる。

第5章

1　法的権力と規律権力、法的権力と生権力の違いについては、本書第3、7章を参照。

2　『リヴァイアサン』におけるコモンウェルスの強大な権力を決定づけるのは、「人格 person」を「権威づける authorize」ことによる「代表（代理）represent」の成立である。統一された主権者人格は、コモンウェルス内のすべての個人を代表（代理）し、あたかも本人（代表される者）であるかのように（本人に authorize されて）、ことばを用い、行為する（第一六、一七章）。これによって絶大な力を得るのである。

3　『リヴァイアサン』の「獲得によるコモンウェルス」成立についての叙述は、実際にはより複雑な構成を取っている。まずホッブズは、第一七章「コモンウェルスの諸原因、発生、定義について」の中で、コモンウェルスあるいはリヴァイアサン、可死の神の生成を次のように示している。ホッブズによると、羨望や憎悪や自尊心といった虚栄心に関わる人間独特の情念は、他者との争い、最終的には戦争という帰結をもたらす。ところが、他者への恐怖および快適な生活への意欲という別の情念が戦争を避けようとする（第一三章末尾）。後者の情念に依拠して、理性の戒律たる自然法（第一四、一五章）を実際に守らせるため、武力や軍事力に支えられた司法装置（正義の原理）を有するリヴァイアサンが誕生する。

ホッブズは第一七章の末尾で、主権者権力の獲得の方法を大きく二つに分けている。一つは自然的な力 natural force によるもので、親への子どもの服従と戦争による服従である。これが獲得 Acquisition によるコモンウェルスである。もう一つは協定 agree によるものであり、これが政治的コモンウェルス、あるいは設立 Instirusion によるコモンウェルスである。そして、第一八、一九章で設立によるコモンウェルスについて検討したあと、第二〇章「父権的および専制的支配について」で、征服や戦争により獲得された支配を、主人と召使の関係に含めて論じている。「この支配は、敗北者が直面する死の打撃を避けるために、明言されたことばやその他の意志の十分なしるしをもって次のように信約するときに、勝利者によって獲得される。その信約とは、彼の生命と身体の自由とが彼に与えられているかぎり、勝利者は思いどおりにそれを使用することができるというものである。そしてこのような信約ができてはじめて、敗北者は召使 SERVANT となる。信約以前にこの関係はない」[Hobbes 1651 : p. 165,（二）七四―七五頁]。

4　こうしたホッブズの「自然人」は、たとえばルソーにとって、文明を自然と誤認するものでしかなかった。他者との比較においてしか自己を評価できないホッブズの自然人は、文明人の投影であって真の自然人ではない。ホッブズが前提とする人間の社会性が、ホッブズ理論において自然状態から社会契約にいたる論理的なつながりを保障しているのに対し、ルソーにおいては孤独で他者との比較を知らない自然人と、社会契約の主体との間には深い断絶が生じざるをえない。

5　アーレントが、ホッブズはブルジョアジーの世界観をまだこの集団が生まれたばかりのころすでに十全に示していたと驚きをもって記しているのも、ルソーの見方と共通する部分がある。彼女はホッブズの哲学が、他者との比較における自己の価値、すなわち「価格」によってしか自らを評価することができない人々から構成されていると指摘している（[Arendt 1951：第一章三節]）。ただし、彼女がここでブルジョアジーの世界観がホッブズに体現されているとするのは、ホッブズが経済的利益を特別な情念としていないだけに一面的である（ホッブズにおいて自己利益は経済的な意味に限定されていない）。これは、彼女の人間像が政治的な観点と社会的な観点との対比に貫かれており、固有に経済的な観点を含んでいないことと関係している。

6　戦争の言説との関連においてであるが、[Foucault 1976：p. 185, 二〇七頁] を参照。「言説が戦術的に見て表裏の関係にあるということは、それが同質の編成規則に属することと直接関わっている。認識上の領野の規則性と言説編成モードの同質性こそ、その言説を言説外的な闘争において利用可能にしているのである」[*ibid.*]。つまり、共有される土台があってはじめて、言説外の闘争に動機づけられた対立が成り立つことになる。

7　王党派対議会派という対立図式で理解されてきた権利請願当時の議会派と、王党派に対抗する勢力として、議会派が長老派・独立派・レヴェラーズ（水平派あるいは平等派）・ディガーズなどへと分化し入り乱れた様相を呈する、ピューリタン革命期との継承関係を述べることは難しい。だが、党派間の相違をその党派が支持し支持される社会層によって理解するというアプローチを取るなら、一七世紀初頭の議会派がジェントリや商人層の代弁者とされるのに対し、レヴェラーズはヨーマンや職人・徒弟層といった中産下層に位置する人々の代弁者であった。その上で彼らは「外国からの征服者」たるステュアート朝支配に対立した点で、反王党派として共通している。本書第6章註6を参照。

8　レヴェラーズの所有権についての主張は、実際にはこれほど単純ではない。このテーマは、マクファーソンが『所有的個人主義の政治理論』（一九六二）で行った批判以来、レヴェラーズ研究において関心の的となってきた。研究史のサーヴェイが［山本 1986］補章2にある。

9 ［Foucault 1976 : p. 121, n. 4, 一三九頁註4］には、『フランコガリア』の一五七三年ラテン語初版と翌年のフランス語翻訳版、一九九一年のフランス語版（Fayard社刊）が挙げられている（講義録編者は一九八一年としているが、一九九一年の誤りと思われる。ただし、フーコー自身が一九九一年版を講義の時点で参照したことはありえない）。私が参照したのは英語・ラテン語対訳版と、一九九一年のフランス語版である。なお、オトマンに関する二次文献はフランス語と英語では多数存在する。いずれも古いが、［佐々木 1973 : 二〇三頁］、上記の英語・ラテン語版の p. 558 以下を参照。**【二〇二〇年補遺：より新しい研究として［Nicolet 2003］を挙げておく。】**

10 ブーランヴィリエの生涯については、［Simon 1941 : p. 9–45］を参照した。彼の思想を日本語で論じたものとして、［川出 1996］第二章がある。川出の著作は、ブーランヴィリエが当時の王権とブルジョアジーの双方に貴族の立場から徹底した批判を企てた結果、「近代批判」として他に類を見ない深みに達していることを指摘している。その意味で、ウルトラ反動であることがそのまま後の時代に開花する近代批判を鋭く先取りしているという、一見奇妙であるがきわめて魅力的なブーランヴィリエ像を提示している。また、文献考証の点でも驚異的である。ブーランヴィリエ研究の第一の壁は、著作の刊行が一九世紀以降ほとんど行われていない点にある。また未公刊の手稿が数多く存在する。手稿を含むビブリオグラフィーは［Ellis 1988 : p. 215–252］に詳しい。フーコーの講義録には、［Foucault 1976 : p. 122 n. 21, 22, 一四〇―一四一頁註21、22］に彼が参照したであろう文献が挙げられている。冒頭にロンドンで出版されたÉtat de Franceの初版（1727）が挙がっている。私が直接参照できたのは、このロンドン版と同じ版元からの新版［Boulainvilliers 1752］である。他に、［Devyver 1973 : p. 501–548］に再録されている*Dissertation sur la noblesse françoise servant de préface aux mémoires de la maison de Croï et de Boulainvilliers* も参照した。

11 フーコーはさらに、「nationについてのこの見方から、［後の講義で取り上げられるシエイエスにおけるような］かの有名なnationの革命的問題が現れることになる。また当然ながら、ここから一九世紀ナショナリズムの基本的な考え方が出現することにもなる。さらに人種概念が登場し、階級概念もまたここから現れるのである」［Foucault 1976 : p. 117, 一三五頁］と指摘している。つまりフーコーによるなら、nation の現代的な含意は、すべてこの時代の非領土的かつ種族的な nation の諸言説とつながりを持っていることになる。

12　ローマ侵入からガリア貴族の変質にいたるプロセスについては、［Devyver 1973 : p. 504–507］における *Dissertation* の記述、また Devyver による註、とくに *Mémoire sur la noblesse* からの引用を参照。

13　［Foucault 1976 : p. 132, 一五一頁］。自由を貴族の優越と残忍に結びつけ、それに対する奴隷のルサンチマンが道徳の源泉であるという、『道徳の系譜』における基本的な対立図式。ニーチェにとって、野蛮で勇敢で自由なゲルマンの戦士たちは、その貴族像の原型となった。

14　一九七六年三月一〇日の講義。また、［川出 1996 : 一〇五頁以下］を参照。

15　この問題はヒューム哲学全体の解釈や評価に関わっている。因果論と確率論における自然の法則性についての彼の議論を見るかぎり、ヒュームにおける神の意図という問題に、そう簡単に答えを出すことはできない。だがここでは王権神授説の論駁という目的との関連で、理神論を前提に議論を進める。【二〇二〇年補遺：当時の理神論と自然神学については［重田 2018a］第九章を参照】

16　この部分は一七五八年版に付加された註である。

17　「貴族はたしかにある意味で人民だが、自らを養うに足る器官を持たない偽の人民である。彼らはまるで、植物の樹液を吸いつくし、ついには枯らしてしまうこぶのように、真の nation にくっついているのだ」［Sièyes 1789 : p.125, n. 5, 一八頁原註5］（この註は第三版にシエイエスが付加したもの）。

18　［Foucault 1976 : p. 254–257, 二七九—二八二頁］の、編者による「講義の位置づけ」を参照。

19　［山崎、串田 1978］。私はこの論文を書く上で、この本の著者たちのヒュームの「見切り方」と、「一体、哲学史の本記と外伝を誰がわけたのか。一体、何が重要《エッセンシャル》で、何が些末《トリヴィアル》なのか」［*ibid.*, 二頁］という問いかけに、大いに刺激された。

第6章

1　こうした理解は実はロックの政治思想を歴史的に位置づける際につきまとう、ある種の曖昧さと関係している。ロックはたしかに王権神授説のような王の絶対的権能の正当化に反対し、「シヴィルな統治」を擁護した。そのときロックは、王と議会という当時の政治対立に十分自覚的であったはずだ。問題はロックにとっての「シヴィル」の中身である。彼が古典的人文主義の教養を身につけており、とりわけ古代ローマの政治家・文筆家であるセネカやキケロをよく読んでいたことが知られている。ポーコックはロックと人文主義的伝統との思想的源泉の違いを強調し、ロックの思想を人文主義とは異なる法権利と哲学（論理）のボキャブラリーと結びつけて理解する。これに対して、ロックと人文主義との親和性を重視する思想史家もいる。たとえば［Marshall 1994］を参照。

2　この本は東京大学法学部での一九七六年度の講義を元にしたとされる。本になる前から講義用の資料が分冊の形で学生の間で出回っていた。

3　イングランド史について、フーコーはクリストファー・ヒルの著作を読んでいたと思われる。講義録編者が「講義の位置づけ」で挙げた文献の中に、ヒルの著書が三冊ある。*Puritanism and Revolution*（1958）、『イギリス革命の思想的先駆者たち』（一九六五）、そして *The World Turned Upside Down*（1972）である。

4　［Pocock 1957 : p. 40］における、Edward Coke, *The Reports of Sir Edward Coke*, Ninth Report の序文からの引用。ポーコックが用いたのは Thomas and Fraser 版（London 1826）。

5　秋元によると、『アンチトリボニアン』執筆は刊行年と同じ一五六七年、『封建法論』は同年キュジャスの後任としてブールジュ大学法学教授となったオトマンの、一五七〇年の講義をもとにしている。ただし彼は就任数ヶ月後にプロテスタント迫害によってブールジュを追われ、一五七〇年に復帰するが、一五七二年の聖バルテルミの虐殺で今度はジュネーヴに亡命した。『フランコガリア』執筆開始の時期は不明だが、一五六七年ごろ書き始め、迫害と命の危険による転居で中断されたものの、一五七〇年に執筆を再開した可能性があるとのことである。なお『封建法論』と『フランコガリア』の二著は、ジュネーヴ亡命後の一五七三年に出版された。

6　［Foucault 1976 : p. 90-92, 一〇五―一〇七頁］。レヴェラーズは「平等派」と訳されることもある。指導者はリルバーン John Lilburne（一六一四―一六五七）。ピューリタン革命の際には、クロムウェル率いる独立派がジェントリ層に支持されたのに対し、レヴェラーズはより平民、庶民に近く、小土地所有者や小商人、手工業者に支持された。ディガーズは訳しにくいが、彼らの自称である「真正水平派 True Levellers」と呼ばれる場合がある。ウィンスタンリー Gerrard

Winstanley（一六〇七―一六七六）に率いられた。レヴェラーズが土地所有の平等を目指したのに対し、そこから分化したディガーズは、土地の私有自体を批判し社会主義の先駆となった。「ディガーズ」は敵対者からの蔑称で、囲い込みにあった土地を許可なく掘り返し作物を植えたことからつけられたとされる。第5章註6も参照。「平ら」の意味のlevelとの対比で考えると、digのニュアンスを残す訳語がふさわしいが、フーコー講義録の訳語「開拓派」はこうした意味が全く失われており、残念である。

7　ただしフーコーは、社会主義が一九世紀以来（つまり当初から）人種主義と結びついてきたことを、最終回の講義の締めくくりに指摘している。「闘争」に親和的な社会主義には、必ず人種主義の問題がつきまとい、フーリエもアナキストも、人種主義に向かう要素を併せ持っていたという。この指摘は社会主義の再考にとって重要である。スターリン主義を念頭に置くと明白なように、「全体主義」体制においては、反対派dissentの抑圧のために人種主義が巧みに利用される。これは現代中国におけるウイグル人の中国化政策などにおいて、技術的にヴァージョンアップした形で取り入れられている。「階級の敵」を吊し上げる一方で忠誠心への褒賞を忘れない社会主義国家において、何が正しく何が悪かの基準を作る際、人種主義的な思考パターンに訴えるのは便利である。

またフーコーは、社会民主主義路線の確立とドレフュス事件などのユダヤ人差別への反省により、闘争と敵対を煽るのとは別の社会主義がヨーロッパに普及し、そこでは人種主義との結びつきはある程度解除されたと指摘する。このことは一方で、ナチがなぜ共産党と社会民主党を目の敵にして全力で葬り去ったのかを説明する。反人種主義的で自由と人権を擁護する多元的な平等志向の社会主義は、ナチにとって脅威以外の何ものでもなかっただろう。ただしこの見方は、スウェーデンなどの福祉国家で長く続いてきた優生目的の断種や中絶の説明を難しくする面がある。

第7章

1　統治性研究は著書としてまとまっておらず、その内実はあまり知られていないが、一九九〇年代に入り、その影響を受けた諸論考が現れてきた。代表的なものに *The Foucault Effect* [Burchell, Gordon, Miller ed., 1991]、*Foucault's New Domains*（1993）、*Foucault and Political Reason*（1996）などがある。その中で、統治性研究自体を主題とした論文に［Gordon 1991］［Burchell 1991］がある。【二〇二〇年補遺：その後の統治及び統治性

をめぐる研究の紹介は、［重田 2018a］の序章を参照】
フランスでは、ドンズロ［Donzelot 1984］、エワルド［Ewald 1986］らにより統治論が継承されている。また、統治性研究の内容を紹介した論文に［Séglard 1992］がある。日本では、規律および統治を主題とした［栗栖 1988, 1993］がある。このうち、本章の内容と関連が深い［Gordon 1991］［Burchell 1991］［栗栖 1988, 1993］については、註25で取り上げる。なお、「統治性」の語義についてはのちに検討するが（本章第5節）、さしあたって「統治の合理性」を意味することとする。

2　本節の以下の部分については、本書第3章を参照。なお、フーコーの「権力」概念についての筆者の見解もその註1で述べたが、ここで簡単にくり返しておく。筆者はフーコーにとっての権力を、無数の可能性に開かれた人と人との関係のあり方に、何らかの秩序を与える作用、働きと捉えている（［Foucault 1982c］を参照）。そこから、法的権力、規律権力といった権力相互の相違を、秩序を与える際の型の相違、言い換えれば権力がいかにcomment行使されるかの相違と捉える。

3　この点については、［Foucault 1976d : p. 184–185, 二五一―二五二頁］を参照。なお、彼は主権souverainetéを法的権力に属するものとし、「法および主権」といった言い回しを用いる。このことは、近世における主権概念が、たとえばボダンJean Bodin（一五三〇―一五九六）において、既存の法を超越する至高性として定義されたことを考えると、奇異に感じられるかもしれない。しかしフーコーにとっては、主権概念は法的思考枠組みの中から出てきた、法的思考の中でのみ意味を持ちうる概念である。

4　フーコー自身は、統治性研究をさらに展開したいという意欲をもっていたようだが、その希望は死によって頓挫した。以下の証言を参照。「一九八四年四月、つまり死の数ヶ月前、ミシェル・フーコーは、コレージュ・ド・フランスで彼が主催する予定だった近代の統治理論研究のための研究会で一緒に仕事をしようと私を誘った。当初の計画より相当長びいた、性の歴史のプロジェクトが終わりかけていたのだ。（…）これは、読者にはおそらく知られていないが、フーコーが古典古代へと長々と脱線する前にはじめていた、一九七五年から一九八〇年の講義での研究に戻るチャンスだった」［Pasquino 1993 : p. 77］。

5　【二〇二〇年補遺：現在ではコレージュ・ド・フランス全講義録が出版されている】。

6　以下に二年分の講義の概要を、筆者がフーコー・センターで聴取した講義のカセットテープ（この二年については、すべての講義を聴取できる）をもとに示しておく。

一九七八年「保障・領土および人口」（一月一一日から四月五日まで）

一・一一　保障の装置を法および規律と対比（1）空間の利用のしかた（例／都市計画）

一・一八　（2）偶発事の捉え方（例／穀物論争）

一・二五　（3）規格化という概念（例／伝染病）人口の対象化（例／死亡表）

二・一　一六世紀末からの統治術に関する文献の特徴／新しい統治術の母胎としての人口

二・八　統治のテクノロジーの一系譜としての司牧 pastorat（古代ギリシャとヘブライの比較）

二・一五　古代ギリシャにおける政治家・執政官と、教育者・医師との役割のちがい

二・二二　ギリシャ・ヘブライとの対比により、キリスト教における司牧の特徴を示す

三・一　中世における反‐司牧の諸形態＝禁欲主義・共同体形成・神秘主義・テクストへの回帰・終末論

三・八　一六世紀に出現した君主権力‐世俗国家における統治の問題／国家理性という用語

三・一五　パラッツォ、ケムニッツ、ノーデ Gabriel Naudé（一六〇〇—一六五三）、ベイコン Francis Bacon（一五六一—一六二六）の国家理性論

三・二二　国家理性論における世界秩序観＝競争と均衡／そこから帰結する外交‐軍事装置

三・二九　一七世紀のポリス論（テュルケ）

四・五　一八世紀のポリス論（ドラマール／フィジオクラットのポリス批判）

一九七九年「生政治の誕生」（一月一〇日から四月四日まで）

一・一〇　国家理性論から政治経済学へ＝統治理性の内的限定

一・一七　新しい統治術としての自由主義の政治経済学＝市場の自然性と効用原則

一・二四　自由主義の統治における世界秩序観＝進歩と世界市場／自由主義における自由と保障、自由のための介入

一・三一　現代リベラリズム（1）ドイツ・オルド派　歴史的背景＝戦後ドイツ国家の基礎づけ／社会主義の統治性の問題

二・七　オルド派による自由主義の重心移動

déplacement＝交換から競争へ
二・一四　オルド派の社会政策原理／社会のモデルとしての企業 entreprise
二・二一　オルド派における法と市場＝法治国家の経済運営
三・七　オルド自由主義のフランスへの導入／オルド型リベラルの社会政策プラン
三・一四　現代リベラリズム（2）アメリカ・ネオリベラル　歴史的背景／人的資本の概念
三・二一　アメリカ・ネオリベラルによるさまざまな社会現象への市場原理の適用
三・二八　一八世紀イギリスにおける経済人概念（ヒューム、スミス、ファーガスン）
四・四　自由主義の統治によって形成される「市民社会」の概念（ファーガスン）
＊セミナーは、七八年はポリツァイ学、七九年は一九世紀末の法思想の危機、八〇年は一九世紀の自由主義思想の諸側面について。

なお、本文中での講義の日付はその都度［一九七八年一月一一日の講義］のような形で明示する（第9章も同じ）。

7　一九七八年三月一五日、三月二二日の講義、［Foucault 1978 : p. 374–375, 四四九頁］を参照。

8　E. Huguet, *Dictionnaire de la langue française du XVI siècle*, 1973 によると、一六世紀にはまだ政治的意味での gouvernement の用法は見られない。

9　一九七八年三月八日の講義。ratio status の語自体は、正義にかなった支配が実現している状態という意味で、中世にすでに存在した。この語の意味が近代的なものに変容する過程については、［Senellart 1989］を参照。

10　マキャヴェリズムと国家理性の解釈の諸類型については、［Senellart 1992］を参照。

11　ここで家政とは、「経済（学）」の意味で使用される以前の économie を指す。この語は古代ギリシャの家政 oikonomia に由来する（oikonomos は「家の oikia 規範 nomos」の意）。古代ギリシャでは、政治的なものと家政とは対立していた。それはたとえばアリストテレスにおいて、共同体の支配が国政術（ポリティケー）と家政術（オイコノミケー）へと分離され、前者が自由人相互の支配を、後者が家長による家の支配を意味するところに表れている（『政治学』1255b）。ここでは、政治と家政を区別するところから国政についての叙述がはじまり、国家の統治モデルを家政に求めるのとは、全く正反対である。したがって、たとえばアーレント［Arendt 1958］が、近代における政治の領域への家・経済の侵入と捉えている事柄は、フーコーがここで論じる、近代における国家統治と家政の連続性の問題と関わっている。これについては、［Brunner 1968］を参照。

12　この特徴が、ユダヤ・キリスト教世界で古代から中世にかけて発達した権力としてフーコーが注目する司牧権力（［Foucault 1979c］を参照）と、近代の統治との関連を示している。司牧権力は、土地よりも人に行使され、しかも個人と集団の日常生活のすべてに気を配る。フーコーにとって、この権力は近代国家における統治の原イメージとなり、「一六世紀以来発達する統治性の基底 arrière-fond」［一九七八年三月一日の講義］をなす。

13　フーコーはポリスや重商主義を、制度 institution というより、むしろ装置 appareil/dispositif・技術・テクノロジー・実践として捉えている。近代国家を、軍隊・行政・官僚制といった制度面からではなく、これらの制度を貫通し、全体と個の結合のしかたを定める特定の思考様式に支えられて社会を編成してゆく、技術や実践の次元で把握することを目指すからである（［Foucault 1982c : p. 153（1994 : p. 820），二二一―二二二頁］を参照）。

14　ポリス／ポリツァイの語については［Le Clère 1947］［Knemeyer 1978］を参照。

15　フーコーがフランスとドイツの理論家を取り上げる理由を、以下に述べておく。イタリアは、領土の分裂によりポリスは制度としても理論としても発達しない。逆にドイツでは、領土の分裂が領邦国家におけるポリツァイ学の発展を促した。フランスでは、中央集権化の進展により、ポリスは行政の実践の中で発達してゆく［一九七八年三月二九日の講義］。また「イギリス人〔イングランド人〕はさまざまな理由から、これ〔ポリス〕と比較できるシステムを発達させなかった。主な理由として、一方に議会の伝統、他方に地方共同体の自律の伝統があり、（…）〔固有の〕宗教的システムが存在したからである」［Foucault 1982b : p. 272, 六八頁］。（O. E. D. によると、イングランドでもフランスやスコットランドのポリス制度の存在は知られていた）。

なお、フランス・ポリス学とドラマール『ポリス概論』については、［渡邊 1995］第二章一節およびその註9に挙げられた諸文献、［Musart 1921］を参照。フランスのポリス研究については［Carrot 1992］の文献表を参照。また、ユスティならびにドイツポリツァイ学・官房学については［海老原 1981–1982］［玉井 1990–1991］を参照。

16 「政治経済学」という語はもともとフランス語で、現在知られているかぎりではモンクレティアン Antoine de Montchrestien（一五七五―一六二一）の『政治経済学概論』（一六一五）のタイトルがもっとも古い用例である。しかしここでは、国家の統治を家政をモデルとして考える（家政 économie を政治 politique に適用する）という国家理性論の枠内で用いられている【二〇二〇年補遺：これ以前にテュルケの前掲書にこのことばが出てくる。［重田 2018a：四三八―四四〇頁］を参照】。この語が経済学的な意味を獲得するのは、ケネー、スミス以降であるとされる。フーコーはケネーを分岐点と見ており［Foucault 1978b, p. 642, 二五五頁］、ケネー以降の経済学のみを政治経済学と呼んでいる。

17 「自由主義」の語自体は、一九世紀に入ってからはじめスペインとフランスで、のちにイギリスで用いられた。この語の起源については［Sauvigny 1970］を参照。

18 規律については［Foucault 1975a］を参照。とくに、ポリスと規律との関係については、［*ibid.*, p. 214-217, 二一三―二一五頁］を参照。

19 ここでフーコーは、『言葉と物』とは異なった認識論的区分を採用している。もっぱら価値論に焦点を定めた『言葉と物』では、貨幣価値‐流通を中心とする「富の分析」に重商主義とフィジオクラシーが含まれる。そして労働価値‐生産を中心とする経済学は、スミスを経てリカードにいたってはじめて確立するとされ、フィジオクラシーとリカード労働価値説との間に断絶を見ている（［Foucault 1966］第六、七章を参照）。

20 フーコーが、規律とは異なるタイプの権力の概念化を試みるようになった経緯については、以下の証言を参照。「七〇年代後半の［フーコーとの］討論から、規律についての議論が袋小路に陥ってしまい、もはや先に進めないことが分かった。とくに、抑圧モデルによる権力の極端な弾劾にいってしまう点で、理論的観点から不満足であることがはっきりした。(…) 規律の分析だけでは十分とはいえない、社会の調整や秩序づけといった包括的問題についての研究を行い、またこうした問題について概念化するための様式を見出す必要があった」［Pasquino 1993 : p. 79 強調引用者］。

21 フィジオクラシー、フィジオクラットは「重農主義」「重農主義者」と訳されることが多いが、彼らが「自然な循環や秩序を尊重する体制の擁護者」としてフィジオクラットを自称していたことから、ここでは原語をそのまま用いた。「良価」の訳語は［平田 1965］による。この語については同書一五四頁以下を参照。また、この時代の「穀物論争」については、[Hont, Ignatieff ed. 1983] を参照。

22　フーコーはここで、グラントの『死亡表』(一六六二) を例に挙げている。だが、死亡率・罹病率などの「法則性」が数理統計学の形成によって厳密な検討の対象となり、正常/異常の用語で語られるようになるのは一九世紀以降である ([Hacking 1990] を参照)。したがって、ここではジュースミルヒが『神の秩序』(一七四一) と呼んだような、限られたデータに基づく簡単な算術的処理による「一定性」の知覚が念頭に置かれていると思われる。【二〇二〇年補遺:ここでは数理統計学の形成を一九世紀とし、それ以前は簡単な算術的処理しか行われていなかったと図式化して描いているが、実態はより複雑で漸進的である。たとえばジュースミルヒの時代には死亡率計算にかなりの洗練が見られた。ただしそれが年金実務などに結びついておらず、実用化は進んでいなかった。この点については、[Daston 1995] の第三章を参照。】

23　市民社会の概念史については [Riedel 1975] を参照。それによると、市民社会とは、かつては支配秩序に参加しうる自由人相互の活動の場 (すなわち政治の場) を指し、家長と家構成員の支配‐被支配関係から成り立つ「家」とは対照的な存在であった。しかし、一八世紀半ばにそれまで家という私的な領域に限定され、「市民社会の公的政治的領域には関連を持たな」かった家政 (エコノミー) 概念が変容し、それにともなって「諸個人の私的な関わり合いを規定する経済・所有秩序としての市民社会」[Riedel 1975 : 五一頁] 概念が生まれる (前出註11および16を参照)。つまり、エコノミーが家政という私的な領域から解き放たれて国民経済を意味するようになると同時に、市民社会は家政と区別される公的な政治の場ではなく、個人の私的な交通の総体を意味するようになる。ここにエコノミーの領域と市民社会の領域は交錯し、それ以前の意味では公的でも私的でもない、「社会‐経済的」と呼ぶべき領域がひらける。

24　穀物論争と「正常なリスク」という発想による伝染病の管理を同時代のものと見ることは、一九世紀に本格化する後者を先取りしすぎているきらいがある。【二〇二〇年補遺:この指摘は、フーコーが伝染病について述べる際に念頭に置いている「接種論争」を私自身が知らないままになされている。一八世紀半ばに展開された接種論争は、まさに穀物論争と同時代のものであった。『統治の抗争史』第七、八章を参照。】しかし、医療や衛生、精神医学や臨床医学について研究してきたフーコーにとって、近代における病気や健康の管理の問題と自由主義経済学とに共有される土台を見出すことに意義があったと考えられる。一九七九年の講義題目は「生政治の誕生」であり、人口に固有のレベルでの生の調整管理、生を対象とする統治の展開をもたらした、公衆衛生や社会医療をはじめとする統治技術を分析するのが目的であった。そして、自由主義の政治経済学は、生政治の研究計画全体にとってはおそらく端緒に過ぎないものであった（[Foucault 1979 : p. 324, 三九一頁］を参照）。

25　ここで、［Gordon 1991］［Burchell 1991］［栗栖 1988, 1993］について検討を加え、それらとの対比で筆者の立場を明確化しておく。三者は共通して、フーコーが論じた国家理性－ポリスの統治から自由主義の統治への転換を、国家によって直接個人生活への介入が行われるか、それとも国家が（市民）社会に個人生活への介入を委任するかの相違と捉えている。そのため自由主義は、市民社会の自己統治の原則によって国家の直接介入を制限する一方、企業・地域社会・家族など市民社会内部の諸集団による自主的な規律統制が行われる体制と捉えられる（[Gordon 1991 : p. 24–29］［Burchell 1991 : p. 140–142］［栗栖 1993 : 一〇四—一一四頁］を参照）。自由主義の独自性は、国家から市民社会への権力の担い手の変化を中心に論じられ、個人を管理し集団内の秩序を保つ方法については、規律・管理・監視以外の新しい方法は指摘されていない。

これに対して本章では、自由主義の統治の登場を権力の担い手の変化としてではなく、個人をいかに管理するかの方法、権力の型、全体と個の結合方法の変化として考察してきた。この観点からすると、フーコーにとって国家理性－ポリスと自由主義との違いは、権力行使のあり方の変化による国家（あるいは政府 gouvernement）の機能の変容として捉えられる。

26　自由主義の統治と法や規律との関係について、フーコーはトータルな分析を残していない。ただしそれに関連する事例として、功利主義、とくにベンサムにおける統治と法、統治と規律の関係に言及しており［一九七九年一月一七日、一月二四日の講義］、またオルド自由主義における法の役割を論じている［一九七九年二月二一日の講義］。彼が自由主義経済学を、法や規律の機能を組み替えつつ含み込んだ社会秩序全般に関わる学として捉えていたことを、これらの例から読み取ることができる。また、近代における法と規律の関係は、『監獄の誕生』や一九七六年一月一四日の講義［Foucault 1976d］などで論じられている（本書第3章を参照）。

第8章

1 『監獄の誕生』［Foucault 1975a］の中に、この年までの講義の要素のすべてが、さまざまな層をなして幾重にも織り込まれている。翌年刊行の『知への意志』には、とくに一九七五年の講義テーマが大きな関わりを持っている。八〇年以降の講義については、『快楽の活用』『自己への配慮』（ともに一九八四）、および『肉の告白』（二〇一八年に死後出版）にその成果が示されている。

2 以下本文において、講義の内容自体を再現し紹介するという作業は極力省くことにする。七六年講義の内容については本書第5章を参照。七八年、七九年講義については、本書第7、9章を参照。また、この二年度の講義には早くから注目が集まっており、多くの紹介や関連文献がある。代表的なものとして、［Burchell, Gordon, Miller ed., 1991］［Dean 1999］がある。また、四半世紀にわたって講義テープと断片的な出版物しかなかったため、講義の受容と影響は独特の経過をたどった。これについては［Meyet 2005］を参照。

3 ダニエル・ドゥフェールによると、予定されたこの講義と内容が重なるのは一九八一年に行われたベルギーにおけるセミナーである。一八八〇年代以降ベルギーで発展した社会防衛論、すなわち「若年非行者を非犯罪化、医療化する」理論が、このセミナーの主題であった（［Defert 2001 : p. 62］）。

4 本書第4章を参照。『思考集成』中のドゥフェールの「年譜」では、「危険人物」論文を七六年の演習をまとめたものとしているが、誤植か間違いであろう。［Defert 1994 : p. 52, 五八頁］を参照。

5 ［Ewald 1986］［Castel 1981］。「危険人物」論文のテーマと民法の変化との関わりについては、本書第4章も参照。

6 抑圧の概念に限界を見出す理由として、講義では、それが一方で主権論に、他方で規律権力と密接な関係にある人間科学や心理学に支えられていることが挙げられている。

7 他にも、以下の一九七七年の座談会とインタヴューで、戦争モデルへの言及と判断の留保が見られる［Foucault 1977a, p. 206, 二七五頁］［Foucault 1977d : p. 268, 三六一頁］。

8 フーコーはここで、ヨーロッパ近代における軍隊の重要性について語っている。彼が列挙している諸テーマが軍事制度の研究を企てた際の関心事であったとすると、その内容は、七八、七九年講義にすべて組み込まれている。

9 ここでの人種（race）には確固たる生物学的意味合

いがないことを、フーコー自身が指摘している。（[Foucault 1976 : p. 67, 七八頁]）。実際、フランク族やガリア人を「人種」と呼ぶのは奇妙に感じられる。だが、たとえばブーランヴィリエに見られる「我々フランク族」への誇りと「彼らガリア人」への侮蔑のまなざしは、「あの人とは人種が違う」といった言い回しとも共通する含みがある。つまり、動かしがたい差異が知覚されているのだが、それが生物学という後ろ盾を持たず、代わりに戦争と征服の歴史言説に支えられているということだ。

10　おそらくニーチェは、断絶と対立として歴史を描くということの発想を受け継ぎながらも、正しさによる根拠づけの無効性を示し、なおかつ生を肯定するという困難な立場に身を置いた。この点でフーコーの戦争の言説からの離脱は、ある意味でニーチェからの離脱でもあった。真理の背後に権力闘争の歴史を見るニーチェの思想は、フーコーに計り知れない影響を与えてきた。だが、勝者と敗者を反転させるその「系譜学」の先には、正しき者と不正な者の逆転がある。さらにその先を考えるとき、ニーチェの思想はブーランヴィリエの貴族、すなわち始原における正しき者へと限りなく近づかざるをえない。フーコーは敵味方による闘争という発想そのものから距離を取ることで、この陥穽から抜け出そうとしたと考えられる。

11　七七年、フーコーはサバティカルを取って講義を休んだ。

12　この日の講義では、「生権力」は「生政治」と同じものとして、規律とは異質な権力とされている。これに対して『知への意志』では、「死に対する権利」としての法的権力との対比に重点が置かれ、「生権力」は「規律」と「生政治」両方を含む語として用いられている。

13　[Foucault 1978 : p. 395, 四六四頁]（編者であるスネラールによる「講義の位置づけ」）を参照。

14　一見別々の分野で、共通する思考パターンが同時期に現れるという発想は、『言葉と物』（一九六六）の核になっている。同じ考えを人間管理の技術に適用したのが統治性研究である。

15　ドゥフェールの「年譜」によると、一九八四年にUCバークリーの学生グループが、第一次大戦後の新しい政治的理性の出現についての研究計画をフーコーに書き送っている。この共同研究が実現していれば、このテーマについて何らかの答えが得られたかもしれない。

16　この論点については、犯罪プロファイリングという一例に即してではあるが、[重田 2003] 第七、八章でで論じた。

17　現代の自由主義についての考察と、広い意味での主体の問題の再浮上との関係については、［Foucault 1984b : p. 732–733, 二五一頁］で言及されている。

18　死の直前に、フーコーが古代への「脱線」に一区切りをつけ、コレージュ・ド・フランスの研究会で統治性研究のつづきを行うつもりであったというパスキーノの証言がある。これについては、本書第7章註4での引用を参照。

第9章

1　フーコーは新自由主義について、この年の講義と講義レジュメ［Foucault 1979］以外ではほとんど言及していない。したがって本章では、筆者がパリのフーコーセンターで聴取した、一九九六年時点では未刊の講義テープを中心に講義の内容を再構成する。なお、こうした成立の事情からフーコーの新自由主義論自体未完成であるため、筆者自身の分析によって補足しつつ、全体像を構成した。

新自由主義について論じた七回分の講義の概要については、本書第7章註6を参照。

2　ただし、アーレントとフーコーは近代をその出発点以来こうした意味での政治化の時代と見るが、シュミットにとっては、一七世紀以来の「中立化と脱政治化の時代」［Schmitt 1929］の後に来る二〇世紀の全体主義国家こそが、政治化の時代を体現している。

3　フーコーはこの叢書を機関誌『オルド』と同一視しているようだが［一九七九年三月二七日の講義］、後者は四八年五月にオイケンとベームによって（グロスマン＝デルトは戦時中に死去した）創刊された機関誌であり、三〇年代の叢書とは別のものである。オルド派の形成史と機関誌『オルド』に関しては、［Nicholls 1994］［Tribe 1995 : chap. 8］［大庭 1971］を参照。

4　ここで日本におけるオルド派研究を概観しておく。日本ではオルド自由主義ということば自体、現代自由主義経済思想の研究者以外にはあまり知られていない。したがって、オルド派の思想を「政治構想」として読解する試みはおそらく皆無である。これまでの研究動向として、以下を挙げておく。①ハイエクやシカゴ派の研究者による『経済論壇』などでの紹介。②「宗教」「文化」「エートス」といった経済倫理の側面を射程に入れた研究（［鉢野 1989］［山脇 1995］など）。③野尻武敏を中心とする比較経済体制論の立場からの研究。③では、オルド派の経済体制思想としての側面が重視され、西ドイツ経済政策との関係も具体的に検討されており、「政策」の側面を強調する本章の読解に通じる（[野尻 1976]）。④戦後ドイツ経済史研究の中での紹介（たとえば［出水 1978]）。

5　米英仏占領地域で、自由市場経済の安定的成長による国家の正統性の基礎づけを選択したことを示す通貨改革が四八年六月二一日に実施された直後、ソ連は六月二四日の西ベルリン完全封鎖によりこの正統性を否認する態度を示した。そして、独自の通貨、いわゆる「東マルク」を発行する。したがって、ここでの「ドイツ国家」には、四九年に成立するドイツ連邦共和国（旧西ドイツ）のみが含まれる。

6　フーコーはこの議論の延長上に、一九五九年のゴーデスベルク綱領に結実するドイツ社会民主党（SPD）の路線変更を位置づける。この路線変更は、「新しいドイツの政治ゲームに参入するために」［一九七九年一月三一日の講義］、SPDがとった戦略として捉えられる。なお、SPDの構想の基礎となり、戦後西ドイツで「新自由主義」と対比されてきた「新社会主義」に関しては、［足立 1976］を参照。

7　ケインズ政策、ソ連、ナチズムを計画化という共通項で括ることは、オルド派の強みでもあり弱点でもあると考えられる。それは一方で、ケインズ型とは異なる社会構想を第二次大戦後も一貫して主張しつづけることを可能にしたが、他方で社会民主主義のケインズ－福祉国家モデルが、ソ連やナチスドイツのような「一党独裁」国家とは異質であることを見落とさせることになった。このことは、とくに新社会主義者によって早くから批判されてきた。また、オルド派の根幹にある自由市場／統制経済の二分法は、七〇年代の不況を経て供給重視の経済政策（サプライサイド・エコノミクス）が成長戦略として重視されはじめると、別の観点から批判されるようになる。これについては、［佐藤 1983］を参照。

8　近年ドイツでは、戦後西ドイツ経済に関して戦前・戦中との連続面を強調する主張が現れている。これまで、経済構造や社会資本蓄積などの実証面を中心に、この方向で研究が進められ、一定の成果を挙げてきたと考えられる（これについては［Prinz 1995］［永岑 1992］を参照）。最近ではこの延長上に、オルド派についてもそのナチ期の活動が改めて検討されている。たとえばアーベルスハウザーは、オルド派が第三帝国の思想と対立していたわけではなく、むしろ戦時体制寄りの立場を取っていたと指摘している［Abelshauser 1995］。本章は、オルド派をナチズムに対立する思想と捉えるこれまでの通説に従うが、ナチ期の活動実態を含めたくわしい考察には立ち入ることができない（オルド派の戦中と戦後について、手がかりを与え

てくれる研究として［永岑 1996］［手塚 1995］がある）。【二〇二〇年補遺：本書第10章を参照】

9　オルド派の中では、とくにベームが独占理論を集中的に研究しており、オイケンにも大きな影響を与えている（ベームの独占理論については、［Böhm 1933, 1937］［鉢野 1993：六九―七八頁］を参照）。

10　「営業の自由」がはらむ問題性については、［岡田 1987］を参照。また「契約自由」の原則が形式的平等の背後に実質的不平等を含んでいることに関しては、マルクスの指摘が知られている。これについてオイケンは、マルクスが独占（権力集中）の問題を生産手段の所有形態の問題にすりかえてしまったために、問題を捉え損なったと批判している［Eucken 1952：p. 45, 六四頁］。

11　ただし、とくに労働組合の位置づけに関しては、オルド派の中でも論者によって捉え方が異なる。レプケは福祉国家の社会保障政策、労働者政党に対して批判的で、こうした機械的な「大衆連帯」への批判を、アウタルキー社会の評価と結びつけている（デュルケムによる「機械的連帯」と「有機的連帯」の対比を念頭に置いたもの）。そのため、労働者の福祉向上については、たとえばル・プレの社会経済学（企業内での雇主と労働者の精神的絆を重視する。福祉国家路線が主流となる以前の一九世紀フランスで有力であった）を好意的に引いて論じている［Röpke 1944］。これに対してオイケンは、労働組合が競争秩序の形成勢力となりうると考えている（この意味でナチ期の職能団体とは区別されている）。

なお、戦後西ドイツの労働組合に対するオルド派の立場については、たとえばエアハルト「自由な秩序内での労働組合」［Erhard 1962：p. 436–440, 二三四―二三八頁］を参照。

12　フランスにおける「連帯 solidarité」概念の歴史と重要性に関しては［Donzelot 1984］［重田 2010］を、個人のリスクが社会化されてゆく歴史に関しては［Ewald 1986］を参照。ジスカール政権下での社会保障政策の実際に関しては、［工藤 1986］を参照。

13　こうしたオルド派の法に対する信頼感の背景にあるドイツ法治国家論の伝統との関係について、ここでもう少し掘り下げておく。すでに述べたように、彼らはファシズムやソ連、ニューディールにおける権力の集中や偏在を激しく批判している。にもかかわらず、法にもとづくという条件で経済領域への介入を広範囲に認めるのは、彼らの法概念が「個人からも公権力からも自由な法」［一九七九年二月二一日の講義］という考えに裏づけられているからである。

ドイツにおけるレヒトシュタートの理念は、ポリツァイシュタートとの対抗の中で歴史的に形づくられてきた。そのためこの理念には、「公権力」や「君主」の名による恣意的な介入と対立し、国家行政（ポリツァイ）からも個人の恣意性からも独立した中立で普遍的な法という意味合いが込められている。オルド派の法への信頼は、個人に脅威を与える権力と化した国家（中央管理国家）からも、国家内の私的権力（独占体）からも独立した、社会全体に中立かつ普遍的に適用される法という理念に基づく点で、法治国家論の影響を受けている。

なお、自由主義者が「自由な経済社会」にふさわしい法を思想史の上でたどってゆく際のドイツ法治国家論の重要性は、たとえば［Hayek 1960］第一三章に示されている。

第10章

1　イギリスでの自立支援型の失業給付が不合理な官僚制に依拠するいかにひどいシステムかは、ケン・ローチの映画『わたしは、ダニエル・ブレイク』（二〇一六）に描かれている。

2　une tarte à la crème（バカのひとつ覚え）とフーコーが言っているほど、当時このことばが流行した。その様子については、講義録の編者註に当時の使用例が挙げられている［Foucault 1979 : p. 240, 二八七—二八八頁］。

3　貪欲とそれに結びつく商人的行動様式の社会的価値は、いつごろどのように変化しはじめたのか。これを中世盛期（主に一三世紀）から跡づけた研究として、大黒俊二『嘘と貪欲——西欧中世の商業・商人観』［大黒 2006］がある。

4　シュルツは農業経済学および開発経済論の世界に、市場原理による合理化を持ち込んだ経済学者として知られる。一九七九年にノーベル経済学賞受賞。コスト計算による生産性向上と人的資本論を用いて農業部門や発展途上国の経済合理化・近代化を導くという、シカゴ学派の正統的アプローチを採用した。人的資本に関しても複数の著書があるが、日本語訳があるものとして［Schultz 1981］を挙げておく。ベッカーはシカゴ学派の代表的人物とされ、広範な人間・社会理論に経済学の用語を導入した。新自由主義の統治性を説明する際、フーコーにとって格好のモデルとなった。合理的選択理論をとおして行動経済学にも影響を与えている。一九九二年にノーベル経済学賞受賞。

シュルツの経済理論は「緑の革命」を支えたが、この「革命」は農村における生物と生活の多様性に破壊的な影響をもたらした。人的資本論のグロテスクさにひとたび気づくなら、彼らのような人たちに「ノーベル賞」と称してスウェーデン国立銀行の資金で賞を与えつづけて権威を付与してきたのはかなり恐ろしいことである。

5　ここでのフーコーのベンサムの位置づけが、とりわけ『監獄の誕生』でのパノプティコンの意味づけと対立しないかは考察に値する。本書コラム3および［重田 2018a］第一四章を参照。

6　［Becker 1968］を参照。ここでフーコーが注意を促すのは、ベッカーはあらゆる人間が合理的であって異常な犯罪性癖を持っていないとは主張していない点である。ベッカーの議論は、もし仮に犯罪者を「合理的計算に基づいて行動する人間」という観点から捉えたとするなら、犯罪行動は次のように説明できる、といった、理論的・仮説的な手法を取る。こうした方法を彼は自身の理論の「科学性」と理解していたようである。

7　実際には規制緩和と民営化をコストの観点から評価するのは難しい。たとえばかんぽ生命と日本郵政による生命保険不正契約問題を考慮すると、郵政民営化のコストは計算不能となる。

8　ここで「権威主義 authoritalianism」「独裁 dictatorship」「暴政 tyranny」を互換的に用いていること、また民主主義と自由主義の区別が気になるところだろう。前者については、ハイエクによる用例を精査することはここでの本題からかなりずれてしまうので、一般的な政治思想の理解を示すにとどめる。「権威」はアーレントによると、古代ローマの歴史経験に基づく固有の理念である［Arendt 1954］。ただし、これが二〇世紀に「権威主義」として用いられた場合の含意はかなり幅広い（「権威主義的パーソナリティ」など）。クーデタで民主主義が破壊され、経済の自由化が強権的に進められたラテンアメリカの政治体制は、当時「権威主義体制」と呼ばれていた。それに対して、あくまで日本語の用例としてだが、フィリピンやインドネシアなどは「開発独裁」と呼ばれていた。権威主義（ラテンアメリカ）と独裁（アジア）の地域による使い分けの根拠は必ずしもはっきりしない。権威主義を民主主義と全体主義の中間と位置づける見解もあるが、アーレントはこれを歴史への無頓着として一蹴している。

独裁は語源的には古代ローマの官職である「独裁官」からくる。独裁の語は二〇世紀に広く用いられるようになったが、シュミットによると「主権独裁」はフランス革命が初めて政治に持ち込んだものである［Schmitt 1921］。暴政は、古代ギリシャにおける僭主による政治を指す。僭主の定義も論者によって異なる。これについてもアーレントを参照されたい。また、これらに似たことばに「専制 despotism」がある。この語は、一八世紀に王の支配を牽制するためにモンテスキューなどが用いた。出所は古代ギリシャだが、これはポリスにおける対等者間の支配ではなく、家における主人と奴隷の関係を指すことばであった。トクヴィルは民主主義の危険性を論じる際、「民主的専制」という概念を用いた［Takayama 2020］。

一方、民主主義と自由主義の区別については、ハイエクは『自由の条件』第一部七章「多数の支配」で取り上げている。それによると、民主主義では数が重要で、多数によって決められたことが正しく、よい決定とされる。これに対して自由主義においては、数が多いのが必ずしも正しい選択とは限らない。つまりここで、数による暴政あるいは民主主義的決定による全体主義の台頭が示唆されている。これは古代ギリシャのプラトンやアリストテレスが、数の支配としての民主制を危険視し、それが僭主制を生み出しかねないと指摘していたこととつながっている。

9　シャマユーによるポランニーの引用はフランス語版から。英語版 p. 146, 日本語訳二五四頁。この部分が含まれる『大転換』第一二章ほど見事な経済的自由主義批判はあまりないだろう。それは、経済的自由主義が現れ普及した歴史考証に裏づけられている点で、圧倒的に強固な地盤を持つ。イギリスのスピーナムランド法以前からの長い歴史をたどった末に、ポランニーが指摘するのは次の事柄である。「厳密にいうと、経済的自由主義とは、産業が自己調整市場によって基礎づけられた社会の組織原理である。たしかに、市場システムが近似的にであれ達成されたなら、介入はより少なくしか要求されなくなるだろう。だがこのことは、市場システムと介入が互いに排他的な概念であることとは全く異なる。というのも、経済的自由主義者は、このシステムが確立していなければそれを確立するために、そして一度確立されたならそれを維持するために、国家の介入をためらいなく要求しなければならず、実際そうするからだ。つまり経済的自由主義者は、何の矛盾もなく、国家に法の強制力を用いるように要求するのだ」［Polanyi 1944 : p. 155, 二六六頁］。

10　この論点については、［重田 2018b］第三章で取り上げた。

11　執行権の問題の歴史とその多様な姿について、ロザンヴァロン『良き統治——大統領制化する民主主義』［Rosanvallon 2015］第Ⅰ・Ⅱ部を参照。また、官邸と官僚に関する問題の所在については、［重田 2018b］第五章を参照。

初出一覧

序章　書き下ろし

第1章　「ミシェル・フーコーにおける知と権力」『情況』第二期、第10巻4号、1994年、123–134頁.

第2章　「《生のポリティクス》と新しい権利」『法哲学年報1997』1998年、142–169頁.

第3章　「近代権力の複層性――ミシェル・フーコー『監獄の誕生』の歴史像」『相関社会科学』第5号、1996年、13–29頁.

第4章　「一九世紀の社会統制における〈社会防衛〉と〈リスク〉」『現代思想』第25巻3号、1997年、164–171頁.

第5章　「戦争としての政治――一九七六年講義」『現代思想』第31巻16号、2003年、184–205頁.

第6章　書き下ろし

第7章　「ミシェル・フーコーの統治性研究」『思想』第870号、1996年、77–105頁.

第8章　「戦争から統治へ――コレージュ・ド・フランス講義」芹沢一也、高桑和巳編『フーコーの後で――統治性・セキュリティ・闘争』慶應義塾大学出版会、2007年、11–40頁.

第9章　「自由主義の統治能力――ミシェル・フーコーのオルド自由主義論」『自由な社会の条件』（ライブラリ相関社会科学）第3号、新世社、1996年、196–222頁.

第10章　書き下ろし

あとがき　書き下ろし

コラム1～9　書き下ろし

人名索引

あ行

か行

さ行

た行

な行

は行

ま行

や行

ら行

わ行

事項索引

さ行

た行

な行

は行

ま行

や行

ら行

わ行

ABC

参考文献

Abelshauser, Werner（1983）*Wirtschaftsgeschichte der Bundesrepublik Deutschland 1945–1980*, Suhrkamp.（酒井昌美訳『現代ドイツ経済論――1945–80 年代にいたる経済史的構造分析』朝日出版社、1994 年）

――――（1995）'Wartime Mobilization and Structural Transformations in Germany,' 東京外国語大学「日本－ドイツ研究集会」（1995 年 7 月 18 日）

――――（2003）*Kulturkampf : Der deutsche Weg in die neue Wirtschaft und die amerikanische Herausforderung*, Berlin : Kulturverlag Kadmos.（雨宮昭彦、浅田進史訳『経済文化の闘争――資本主義の多様性を考える』東京大学出版会、2009 年）

Ackerknecht, Erwin（1957）*Kurze Geschichte der Psychiatrie*, Stuttgart : Enke.（石川清、宇野昌人訳『精神医学小史』第二版、医学書院、1976 年）

足立正樹（1976）「新社会主義の経済体制思想」野尻武敏編著『現代の経済体制思想』新評論、60–84 頁.

秋元真吾（2015）「フランソワ・オトマンの議会構想――封の構造、貴族の叛乱」『国家学会雑誌』第 128 巻 3・4 号、331–396 頁.

雨宮昭彦（2005）『競争秩序のポリティクス――ドイツ経済政策思想の源流』東京大学出版会.

雨宮昭彦、ヨッヘン・シュトレープ編（2009）『管理された市場経済の生成――介入的自由主義の比較経済史』日本経済評論社.

Arendt, Hannah（1951）*The Origins of Totalitarianism 2 : Imperialism*, New York : Harcourt, Brace and World.（大島道義、大島かおり訳『全体主義の起原 2――帝国主義』みすず書房、1981 年）

――――（1954）'What is Authority,' in *Between Past and Future*, Penguin Books, 2006, p. 91–141.（引田隆也、齋藤純一訳「権威とは何か」『過去と未来の間――政治思想への 8 試論』みすず書房、1994 年、123–192 頁）

――――（1958）*The Human Condition*, The University of Chicago Press.（志水速雄訳『人間の条件』中央公論社、1973 年）（ちくま学芸文庫に再録）

Arnold, David（1993）*Colonizing the Body : State Medicine and Epidemic Disease in*

Ninteenth-Century India, University of California Press.（見市雅俊訳『身体の植民地化——19 世紀インドの国家医療と流行病』みすず書房、2019 年）

Artières, Philippe, Laurent Quero, Michelle Zancarini-Fournel ed.（2003）*Le groupe d'information sur les prisons : Archives d'une lutte 1970–1972*, Paris : IMEC.

Audier, Serge（2008）*Le colloque Lipmann. Aux origines du "néo-libéralisme,"* Latresnes : Bord de l'eau.

————（2012）*Néo-liberalisme(s) : Une archéologie intellectuelle*, Paris : Bernard Grasset.

バルーン編集部（1997）「知っておきたい「出生前診断」のこと」『バルーン』1997 年 11 月号、66–69 頁.

Becker, Gary（1965）'A Theory of the Allocation of Time,' in *The Economic Journal*, Vol. 75, No. 299, p. 493–517.

————（1968）'Crime and Punishment : An Economic Approach,' in *Journal of Political Economy*, Vol. 76, No. 2, p. 169–217.

Böhm, Franz（1933）*Wettbewerb und Monopolkampf : eine Untersuchung zur Frage des wirtschaftlichen Kampfrechts und zur Frage der rechtlichen Struktur der geltenden Wirtschaftsordnung*, Berlin : Carl Heymanns.

————（1937）*Die Ordnung der Wirtschaft als geschichtliche Aufgabe und rechtsschöpferische Leistung*, Stuttgart : W. Kohlhammer.

Boulainvilliers, Henri de（1727–1728）*État de la France, dans lequel on voit tout ce qui regarde le Gouvernement Ecclésiastique, le Militaire, la Justice, les Finances, le Commerce, les Manufactures, le nombre des Habitants, & en général tout ce qui peut faire connaître à fond cette Monarchie : Extrait des Mémoires dressés par les Intendants du Royaume, par ordre du Roi Louis XIV, à la solicitation de Monseigneur le Duc de Bourgogne, père de Louis XV, à présent régnant. Avec des Mémoires Historiques sur l'ancien Gouvernement de cette Monarchie jusqu'à Hugues Capet. par Monsieur le Comte de Boulainvilliers*, I・II, London : T. Wood and S. Palmer.

Bourdieu, Pierre（1984）*Homo academicus*, Paris : Minuit.（石崎晴己、東松秀雄訳『ホモ・アカデミクス』藤原書店、1997 年）

Brunner, Otto（1968）'Das "ganze Haus" und die alteuropäische »Ökonomik«,' in *Neue Wege der Verfassungs-und Sozialgeschichte*, 2. Aufl., Göttingen : Vandenhoeck & Ruprecht, 1968.（石井紫郎他訳「「全き家」と旧ヨーロッパの「家政学」」『ヨーロッパ——その歴史と精神』岩波書店、一九七四年、

151–189 頁）
Brunon-Ernst, Anne（2012）*Utilitarian Biopolitics : Bentham, Foucault and Modern Power*, Routledge.
Brunon-Ernst, Anne ed.（2016）*Beyond Foucault : New Perspectives on Bentham's Panopticon*, Routledge.
Burchell, Graham, Colin Gordon, Peter Miller, ed.（1991）*The Foucault Effect : Studies in Governmentality*, The University of Chicago Press.
Burchell, Graham（1991）'Peculiar Interests, Civil Society and Governing the System of Natural Liberty,' in *The Foucault Effect*, p. 119–150.
Canguilhem, Georges（1966）*Le normal et le pathologique*, Paris : Presses Universitaires de France.（引用は 1993 年の第四版）（滝沢武久訳『正常と病理』法政大学出版局、1987 年）
Carrot, Georges（1992）*Histoire de la police française*, Paris : Tallandier.
Castel, Robert（1981）*La gestion des risques : de l'anti-psychiatrie à l'après-psychoanalyse*, Paris : Minuit.
――――（1988）*The Regulation of Madness : Origins of Incarceration in France*, Oxford : Blackwell.（*L'ordre psychiatry : l'âge d'or de l'aliénisme*, Paris : Minuit, 1976 の英訳）
――――（1995）*Les métamorphoses de la question sociale : une chronique du salariat*, Paris : Fayard.（前川真行訳『社会問題の変容――賃金労働の年代記』ナカニシヤ出版、2012 年）
Chamayou, Grégoire（2018）*La société ingouvernable : Une généalogie du libéralisme autoritaire*, Paris : La Fabrique.
Darmon, Pierre（1989）*Médecins et assassins à la Belle Époque : La médicalisation du crime*, Paris : Seuil.（鈴木秀治訳『医者と殺人者――ロンブローゾと生来性犯罪者伝説』新評論、1992 年）
Daston, Lorraine（1995）*Classical Probability in the Enlightenment*, New Jersey : Princeton University Press.
Dean, Mitchell（1999）*Governmentality : Power and Rule in Modern Society*, London : Sage.
Defert, Daniel（1994）'Chronologie,' in Michel Foucault, *Dits et écrits*, I, Paris : Gallimard, 1994, p. 13–64.（石田英敬訳「年譜」『ミシェル・フーコー思考集成 I』筑摩書房、1998 年、3–76 頁）

——— (2001) 'Le « dispositif de guerre » comme analyseur des rapports de pouvoir,' in Jean-Claude Zancarini, ed., *Lectures de Michel Foucault*, 1, Lyon : ENS Éditions, p.59–65.

出水宏一（1978）『戦後ドイツ経済史』東洋経済新報社.

Devyver, André（1973）*Le Sang épuré : Les préjugés de race chez les gentilshommes français de l'Ancien Régime*（*1560–1720*）, Bruxelles : Édition de l'Université de Bruxelles.

Deyon, Pierre（1975）*Le temps des prisons : Essai sur l'histoire de la délinquance et les origines du système pénitentiaire*, Paris : Éditions Universitaires.（福井憲彦訳『監獄の時代——近代フランスにおける犯罪の歴史と懲治監獄体制の起源に関する試論』新評論、1982 年）

Donzelot, Jacques（1982）'The Mobilization of Society,' in *The Foucault Effect*, p. 169–179.（真島一郎訳「社会の動員——本篇の序に代えて（1982）」『社会的なものの発明——政治的熱情の凋落をめぐる試論』インスクリプト、2020 年、5–25 頁。同書は［Donzelot 1984］の日本語訳）

——— （1984）*L'invention du social. Essai sur le déclin des passions politiques*, Paris : Fayard.（真島一郎訳『社会的なものの発明』）

Dreyfus, Hubert, Paul Rabinow（1982）*Michel Foucault : Beyond Structuralism and Hermeneutics*, The University of Chicago Press（引用は第二版（1983））（山形頼洋他訳『ミシェル・フーコー——構造主義と解釈学を超えて』筑摩書房、一九九六年）

海老原明夫（1981–1982）「カメラールヴィッセンシャフトにおける「家」——J. H. G. フォン・ユスティの思想を中心として」（一）—（四）『国家学会雑誌』第 94 巻 7・8 号—95 巻 11・12 号.

江原由美子編（1996）『生殖技術とジェンダー』勁草書房.

Ellis, Harold（1988）*Boulainvilliers and the French Monarchy : Aristocratic Politics in Early Eighteenth-Century France*, Ithaca, London : Cornell University Press.

Erhard, Ludwig（1957）*Wohlstand für Alle*, Düsseldorf : Econ.（菅良訳『社会市場経済の勝利』時事通信社、1960 年）

——— （1962）*Deutsche Wirtschaftspolitik: der Weg der Sozialen Markwirtschaft*, Düsseldorf : Econ.（河原田健雄訳『ドイツの経済政策』時事通信社、1962 年）

Eucken, Walter（1952）*Grundsäzte der Wirtschaftspolitik : der weg der Sozialen Mark-*

wirtschaft, Bern : A. Francke, Tübingen : J. C. B. Mohr.（大野忠男訳『経済政策原理』勁草書房、1967 年）

Ewald, François（1986）*L'État providence*, Paris : Bernard Grasset.

————（1992）'Michel Foucault et la norme,' in Luce Giard ed., *Michel Foucault : Lire l'œuvre*, Grenoble : Jérome Millon, p. 201–221.

Farge, Arlette, Michel Foucault（1982）*Le désordre des familles : Lettres de cachet des Archives de la Bastille*, Paris : Gallimard/Julliard.

Ferri, Enrico（1884）*Sociologia criminale*, Torino : Fratelli Bocca.（山田吉彦訳『犯罪社会学』（上）（下）而立社、1923 年）

ミシェル・フーコー、コレージュ・ド・フランス講義テープ（1978–1979）Centre Michel Foucault, Bibliothèque du Saulchoir, 43 bis, rue de la glacière, Paris.（フーコーの講義資料は 1997 年以降は IMEC に保管されている。このほか、遺族から寄贈された草稿や資料類は、フランス国立図書館に収蔵されている。）

Foucault, Michel（1961a）*Histoire de la folie à l'âge classique*, Paris : Gallimard, 1972.（初版は *Folie et Déraison. Histoire de la folie à l'âge classique*, Paris : Plon, 1961）（田村俶訳『狂気の歴史——古典主義時代における』新潮社、1975 年）

————（1961b）'Introduction à l'Anthropologie,' in *Anthropologie d'un point de vue pragmatique & Introduction à l'Anthropologie*, Paris : Vrin, 2008, p. 11–79.（王寺賢太訳『カントの人間学』新潮社、2010 年）

————（1963）*Naissance de la clinique*, Paris : Presses Universitaires de France.（神谷美恵子訳『臨床医学の誕生』みすず書房、1969 年）

————（1966）*Les mots et les choses : Une archéologie des sciences humaines*, Paris : Gallimard, 1966.（渡辺一民、佐々木明訳『言葉と物——人文科学の考古学』新潮社、1974 年）

————（1969）*L'archéologie du savoir*, Paris : Gallimard.（慎改康之訳『知の考古学』河出文庫、2012 年）

————（1970–1971）*Leçon sur la volonté de savoir, Cours au Collège de France, 1970–1971, Suivi de* Le savoir d'Œdipe, Paris : Gallimard/Seuil, 2011.（慎改康之、藤山真訳『〈知への意志〉講義——コレージュ・ド・フランス講義 1970–1971 年度』筑摩書房、2014 年）

————（1971–1972）*Théories et institutions pénales, Cours au Collège de France, 1971–1972*, Paris : Gallimard/Seuil, 2015.

———（1972）'Table ronde,' in *Dits et écrits*, II, Paris : Gallimard, 1994, p. 316–339.（菅野賢治訳「円卓会議」『ミシェル・フーコー思考集成 IV』1999 年、270–303 頁）
———（1974a）'Crise de la médecine ou crise de l'antimédecine?,' in *Dits et écrits*, III, 1994, p. 40–58.（初出はポルトガル語）（小倉孝誠訳「医学の危機あるいは反医学の危機」『ミシェル・フーコー思考集成 VI』2000 年、48–68 頁）
———（1974b）"Histoire de la médicalisation," in *Masses et politique*,（Hermès 2）, Paris : Édition du CNRS, 1988, p. 13–29.（中山元訳「医療化の歴史」『わたしは花火師です——フーコーは語る』ちくま学芸文庫、2008 年、141–186 頁）（1974 年 10 月リオデジャネイロ国立大学での第二回講演。［Foucault 1977b］と同じ内容）
———（1974c）'L'incorporation de l'hôpital dans la technologie moderne,' in *Masses et politique*, p. 30–40.（中山元訳「近代技術への病院の統合」『わたしは花火師です』187–215 頁）（1974 年 10 月リオデジャネイロ国立大学での第三回講演）
———（1975）*Les anormaux, Cours au Collège de France, 1974–1975*, 1999.（慎改康之訳『異常者たち——コレージュ・ド・フランス講義 1974–75 年度』2002 年）
———（1975a）*Surveiller et punir : Naissance de la prison*, Paris : Gallimard.（田村俶訳『監獄の誕生——監視と処罰』新潮社、1977 年）
———（1976）*Il faut défendre la société, Cours au Collège de France, 1975–1976*, 1997.（石田英敬、小野正嗣訳『社会は防衛しなければならない——コレージュ・ド・フランス講義 1975–76 年度』2007 年）
———（1976a）*Histoire de la sexualité, I, La volonté du savoir*, Paris : Gallimard.（渡辺守章訳『性の歴史 I　知への意志』新潮社、1986 年）
———（1976b）'Michel Foucault, l'illégalisme et l'art de punir,' in *Dits et écrits*, III, p. 86–89.（石岡良治訳「ミシェル・フーコー、違法性と処罰術」『ミシェル・フーコー思考集成 VI』109–113 頁）
———（1976c）'Entretien avec Foucault,' in *Dits et écrits*, III, p. 140–160.（初出はイタリア語のインタヴュー集）（北山晴一訳「真理と権力」『ミシェル・フーコー思考集成 VI』189–209 頁）
———（1976d）"Two Lectures," in Colin. Gordon ed., *Power/Knowledge : Selected*

Interviews and Other Writings 1972–1977, New York : Pantheon Books, 1980, p. 78–108.（引用はフランス語原文から。'Cours du 7 janvier 1976,' 'Cours du 14 janvier 1976,' in *Dits et écrits*, III, p. 160–189. 石田英敬訳「一九七六年一月七日の講義」石田英敬、石田久仁子訳「一九七六年一月一四日の講義」『ミシェル・フーコー思考集成 VI』220–255 頁）

———（1976e）'Les mailles du pouvoir,' in *Dits et écrits,* IV, p. 182–201.（初出はポルトガル語）（石井洋二郎訳「権力の網の目」『ミシェル・フーコー思想集成 VIII』2001 年、401–423 頁）

———（1977a）"L'œil du pouvoir," in *Dits et écrits*, III, p. 190–206.（J.-P. Barou と M. Perrot との鼎談）（伊藤晃訳「権力の眼」『ミシェル・フーコー思考集成 VI』256–276 頁）

———（1977b）'La naissance de la médecine sociale,' in *Dits et écrits*, III, p. 207–227.（初出は Reynié（国家理性論の研究者）によるスペイン語訳）（小倉孝誠訳「社会医学の誕生」『ミシェル・フーコー思考集成 VI』277–300 頁）

———（1977c）'La vie des hommes infâmes,' in *Dits et écrits*, III, p. 237–253.（丹生谷貴志訳「汚辱に塗れた人々の生」『ミシェル・フーコー思考集成 VI』314–337 頁）

———（1977d）'Non au sexe roi,' in *Dits et écrits*, III, p. 256–268.（慎改康之訳「性の王権に抗して」『ミシェル・フーコー思考集成 VI』343–363 頁）

———（1977e）"Le jeu de Michel Foucault," in *Dits et écrits*, III, p. 298–329.（増田一夫訳「ミシェル・フーコーのゲーム」『ミシェル・フーコー思考集成 VI』409–452 頁）

———（1978）*Sécurité, territoire, population, Cours au Collège de France, 1977–1978*, 2004.（高桑和巳訳『安全・領土・人口――コレージュ・ド・フランス講義 1977–1978 年度』2007 年）

———（1978a）*Sécurité, territoire et population*, Paris : Seuil, 1989.（カセット）（1978 年 1 月 11 日の講義。［Foucault 1978 : p. 3–29, 3–36 頁］に再録）

———（1978b）'La gouvernementalité,' in *Dits et écrits*, III, Paris : Gallimard, p. 635–657.（石田英敬訳「統治性」『ミシェル・フーコー思考集成 VII』2000 年、246–272 頁）（1978 年 2 月 1 日コレージュ・ド・フランス講義。フーコーが「統治性」の語を講義ではじめて用いた。［Foucault 1978 : p. 91–118, 109–142 頁］に再録。内容は接続詞や言い換えのことばを除

けばほぼ同じ。）
――――（1978c）‘L'évolution de la notion d'« individu dangereux » dans la psychiatrie légale du XIXᵉ siècle,’ in *Dits et écrits*, III, p. 443–464.（初出は英語。‘About the Concept of the “Dangerous Individual” in 19th-Century Legal Psychiatry,’ in *International Journal of Law and Psychiatry*, Vol. 1, 1978, p. 1–18. 前年トロントで開かれた「法と精神医学」シンポジウムでの講演をもとにしている。）（上田和彦訳「19 世紀司法精神医学における「危険人物」という概念の進展」『ミシェル・フーコー思考集成 VII』20–45 頁）
――――（1978d）‘Introduction par Michel Foucault,’ in *Dits et écrits*, III, p. 429–442.（初出は英語。‘Introduction by Michel Foucault,’ in Georges Canguilhem, *On the Normal and the Pathological*, Reidel, 1978, ix–xx）（廣瀬浩司訳「フーコーによる序文」『ミシェル・フーコー思考集成 VII』3–19 頁）
――――（1978e）‘La philosophie analytique de la politique,’ in *Dits et écrits*, III, p. 534–551.（渡辺守章訳「現代の権力を問う」『朝日ジャーナル』1978 年 6 月 2 日号、28–35 頁（「政治の分析哲学」のタイトルで『ミシェル・フーコー思考集成 VII』123–139 頁に再録）
――――（1978f）‘La scène de la philosophie,’ in *Dits et écrits*, III, p. 571–595.（渡辺守章訳「哲学の舞台」『ミシェル・フーコー思考集成 VII』155–183 頁）
――――（1979）*Naissance de la biopolitique, Cours au Collège de France, 1978–1979*, 2004.（慎改康之訳『生政治の誕生――コレージュ・ド・フランス講義 1978–1979 年度』2008 年）
――――（1979a）*Naissance de la biopolitique*, Seuil, 1989.（カセット）（1979 年 1 月 10 日の講義。［Foucault 1979 : p. 3–28, 3–34 頁］に再録）
――――（1979b）‘La phobie d'état,’ in *Libération* 967, 30 Juin/1 Jullet 1984, p. 21（左派系新聞「リベラシオン」に出た短い引用記事。*Dits et écrits* にも収録されていないが、1979 年 1 月 31 日講義の冒頭部分）
――――（1979c）‘Omnes et singulatim : Toward a Criticism of Political Reason,’ in *The Tanner Lectures on Human Values*, II, Salt Lake City : University of Utah Press, 1981.（引用はフランス語版 ‘« Omnes et Singulatim » : vers une critique de la raison politique,’ in *Dits et écrits*, IV, p. 134–161）（北山晴一訳「全体的なものと個的なもの――政治的理性批判に向けて」『ミシェル・フーコー思考集成 VIII』329–368 頁）
――――（1979d）‘La politique de la santé au XVIIIᵉ siècle,’ in *Les machines à*

guérir : Aux origins de l'hôpital moderne, Liège : Pierre Mardaga, p. 7–18.（引用は *Dits et écrits*, III, p. 725–742）（中島ひかる訳「一八世紀における健康政策」『ミシェル・フーコー思考集成 VIII』6–22 頁）

――――（1980）Colin Gordon ed., *Power/Knowledge : Selected Interviews and Other Writings 1972–1977*, New York : Pantheon Books.

――――（1982a）'Subject and Power', in Dreyfus, Rabinow, *Michel Foucault*, p. 214–232.（引用はフランス語版 'Le sujet et le pouvoir,' in *Dits et écrits*, IV, p. 222–243）（渥海和久訳「主体と権力」『ミシェル・フーコー思考集成 IX』2001 年、10–32 頁）

――――（1982b）'Space, Knowledge and Power,' in *Skyline*, March 1982, p. 16–20.（引用はフランス語版 'Espace, savoir et pouvoir,' in *Dits et écrits*, IV, p. 270–285）（八束はじめ訳「空間・知そして権力」『ミシェル・フーコー思考集成 IX』67–86 頁）

――――（1982c）'The Political Technology of Individuals,' in *Technologies of the Self : A Seminar with Michel Foucault*, Amherst : The University of Massachusetts Press, 1988, p. 145–162.（引用はフランス語版 'La technologie politique des individus,' in *Dits et écrits*, IV, p. 813–828）（石田英敬訳「個人にかんする政治テクノロジー」『ミシェル・フーコー思考集成 X』2002 年、354–372 頁）

――――（1984）*Le courage de la vérité. Le gouvernement de soi et des autres*, 2009.（慎改康之訳『真理の勇気――コレージュ・ド・フランス講義 1983–1984 年度』2012 年）

――――（1984a）'L'éthique du souci de soi comme pratique de la vérité', in *Dits et écrits*, IV, p. 708–729.（初出はイタリア語。*Concordia*, No.6, p. 99–116）（廣瀬浩司訳「自由の実践としての自己への配慮」『ミシェル・フーコー思考集成 X』218–246 頁）

――――（1984b）'Une esthétique de l'existence,' in *Dits et écrits*, IV, p. 730–735.（「生存の美学」増田一夫訳『ミシェル・フーコー思考集成 X』247–254 頁）（初出はイタリア語。*Panorama*, No.945. 内容の改変が大きく、対談相手のアレッサンドロ・フォンタナは完全版を *Le Monde*, 1984 年 7 月 15、16 日号に再掲。『思考集成』のものは完全版）

――――（1989）*Résume des cours 1970–1982*, Paris : Julliard.

Giddens, Anthony（1991）*Modernity and Self-Identity: Self and Society in the Late Modern Age*, Stanford University Press.（秋吉美都、安藤太郎、筒井淳也訳

『モダニティと自己アイデンティティ――後期近代における自己と社会』ハーベスト社、2005年）
権上康男（2006）「リップマン・シンポジウムからモンペルラン協会の設立まで」権上編著『新自由主義と戦後資本主義――欧米における歴史的経験』日本経済評論社、3–58頁.
Golder, Ben, Peter Fitzpatrick（2009）*Foucault's Law*, Routledge-Cavendish.（関良徳監訳『フーコーの法』勁草書房、2014年）
Gordon, Colin（1991）'Governmental Rationality : An Introduction,' in *The Foucault Effect*, p. 1–52.
Gutting, Gary（1989）*Michel Foucault's Archaeology of Scientific Reason*, Cambridge University Press.（成定薫、大谷隆昶、金森修訳『理性の考古学――フーコーと科学思想史』産業図書、1992年）
Habermas, Jürgen（1973）*Legitimationsprobleme im Spätkapitalismus*, Frankfurt : Suhrkamp.（山田正行、金慧訳『後期資本主義における正統化の問題』岩波文庫、2018年）
鉢野正樹（1989）『現代ドイツ経済思想の源流』文眞堂.
――――（1993）『現代ドイツ経済思想の展開――市場・貨幣・貿易』文眞堂.
Hacking, Ian（1979）'Michel Foucault's Immature Science,' in *Noûs*, No. 13, p. 39–51.（*Historical Ontology*, Harvard University Press, 2012, chap. 5 に再録）（渡辺一弘訳「ミシェル・フーコーの未熟な科学」『知の歴史学』岩波書店、2012年、187–208頁）
――――（1990）*The Taming of Chance*, Cambridge University Press.（石原英樹、重田園江訳『偶然を飼いならす――統計学と第二次科学革命』木鐸社、1999年）
Harris, Ruth（1989）*Murders and Madness : Medicine, Law, and Society in the fin de siècle*, Oxford : Clarendon Press.（中谷陽二訳『殺人と狂気――世紀末の医学・法・社会』みすず書房、1997年）
長谷川博隆編（1992）『古典時代とパトロネジ』名古屋大学出版会.
Hayek, Friedrich（1960）*The Constitution of Liberty*, Chicago : University of Chicago Press.（気賀健三、古賀勝次郎訳『自由の条件』I・II（新装版『ハイエク全集』I–5・6）春秋社、2007年）
――――（1966）'The Principles of a Liberal Social Order,' in *Il Politico*, No. 31,

Vol.4 (December 1966), p. 601–618.（*Studies in Philosophy, Politics and Economics*, Chicago : University of Chicago Press, 1967 に再録）
平田清明（1965）『経済科学の創造——『経済表』とフランス革命』岩波書店.
Hobbes, Thomas（1651）*Leviathan or The Matter, Forme and Power of a Common-Wealth Ecclesiasticall and Civil*, London.（引用は Herbert Schneider ed., *Leviathan-Parts One and Two*, Prentice Hall, 1958）（水田洋訳『リヴァイアサン』（1）（2）、岩波書店、1992 年）
Hont, Istvan and Michael Ignatieff, ed.（1983）*Wealth and Virtue : The Shaping of Political Economy in The Scottish Enlightenment*, Cambridge University Press（水田洋、杉山忠平訳『富と徳——スコットランド啓蒙における経済学の形成』未來社、1990 年）
Hotman, François（1567）*Antitribonian ou discours d'un grand et renommé jurisconsulte de notre temps. Sur l'estude des loix*, Paris : Jérémie Perier, 1603.（Gallica）
————（1573a）*De feudis commentatio tripertita : hoc est, Disputatio de jure feudali, Commentarius in usus feudorum, Dictionarium verborum feudalium*, Lyon : Johannem Lertotium.（http://doc. rero. ch/record/12396）（ラテン語版）
————（1573b）*La Franco-Gallia, sive Tractatus de regimine regum Galliae et de jure successionis*, Genève.（参照したのは以下の二つ。*Francogallia*, Latin text by Ralph E. Giesey, translated by J. H. M. Salmon, Cambridge University Press, 1972（ラテン語—英語対訳版）, *La Gaule française*, Paris : Fayard, 1991.（1574 年の *La Gaule Françoise*, traduction française de Simon Goulart, Cologne : Hierome Bertulphe の Christiane Frémont による校訂版）
Hume, David（1752a）'Of the Original Contract,' in *Essays, Moral, Political, and Literary*, II, Edingbough.（T. H. Green and T. H Grose ed. *The Political Works*, 3, Darmstadt : Scientia Verlag Aalen, 1964, p. 443–460 より引用）（小松茂夫訳「原始契約について」『市民の国について』（上）岩波文庫、1982 年、126–154 頁）
————（1752b）'Of Commerce,' in *Essays, Moral, Political, and Literary*, II, p. 287–299.（引用は同上）（小松茂夫訳「商業について」『市民の国について』（下）、7–29 頁）
Hunt, Alan, Gary Wickman（1994）*Foucault and the Law : Toward a Sociology of Law as Governance*, Plute Press.（久塚純一、永井順子訳『フーコーと法——統治としての法の社会学に向けて』早稲田大学出版部、2007 年）

サミュエル・ハンチントン、ミシェル・クロジエ、綿貫譲治著、日米欧委員会編、綿貫譲治監訳（1976）『民主主義の統治能力——その危機の検討』サイマル出版会.（英語版 *The Crisis of Democracy : Report on the Governability of Democracies to the Trilateral Comission*, New York University Press, 1975）
市野川容孝（1996a）「性と生殖をめぐる政治」江原由美子編『生殖技術とジェンダー』163–217 頁.
————（1996b）「優生手術（＝不妊手術）について」『生殖技術とジェンダー』379–386 頁.
飯島渉（2009）『感染症の中国史——公衆衛生と東アジア』中公新書.
金森修（1994）『フランス科学認識論の系譜——カンギレム、ダゴニェ、フーコー』勁草書房.
加藤正明他編（1993）『新版　精神医学事典』弘文堂.
川出良枝（1996）『貴族の徳、商業の精神——モンテスキューと専制批判の系譜』東京大学出版会.
Kevles, Daniel（1985）*In the Name of Eugenics : Genetics and the Uses of Human Heredity*, New York : Alfred A. Knopf.（西俣総平訳『優生学の名のもとに——「人類改良」悪夢の百年』朝日新聞社、一九九三年）
Klein, Naomi（2007）*The Shock Doctrine : the Rise of Disaster Capitalism*, New York : Metropolitan Books.（幾島幸子、村上由見子訳『ショック・ドクトリン——惨事便乗型資本主義の正体を暴く』（上）（下）岩波書店、2011 年）
Knemeyer, Franz-Ludwig（1978）'Polizei,' in *Geschichtliche Grundbegriffe: Historisches Lexikon zur politisch-sozialen Sprache in Deutsch land,* Stuttgart: Klett-Cotta, Band 4, p. 875–897.
工藤恒夫（1986）「1970–80 年代のフランス社会保障政策」『社会政策叢書』編集委員会編『社会政策の危機と国民生活』啓文社、179–207 頁.
栗栖聡（1988）「ミシェル・フーコーの権力論 I——規律・訓練を中心に」「ミシェル・フーコーの権力論 II——統治を中心に」『早稲田政治公法研究』第 24 号、53–77 頁、25 号、115–139 頁.
————（1993）「権力」白鳥令、佐藤正志編『現代の政治思想』東海大学出版会、93–117 頁.
桑田禮彰（1990）「監視権力と処罰権力——M・フーコー『監視することと処罰すること』を読む」『アレフ』第 3 号（1990 年 5 月）82–107 頁.
Laclau, Ernesto, Chantal Mouffe（1985）*Hegemony and Socialist Strategy : Towards a*

Radical Democratic Politics, London : Verso.（山崎カヲル、石澤武訳『ポスト・マルクス主義と政治――根源的民主主義のために』大村書店、1992 年）
Laval, Christian（2011）'Ce que Foucault a appris de Bentham,' in *Revue d'études benthamiennes*, Vol. 8.（特集「フーコーと功利主義」）（http://doi.org/10.4000/etudes-benthamiennes.259）
Le Clère, Marcel（1947）*Histoire de la police*, Paris : Presses Universitaires de France.
Le Poittevin, Alfred（1914）'L'individualisation de la peine,' in *L'œuvre juridique de Raymond Saleilles*, Paris : Arthur Rousseau, p. 477–509.
Luhmann, Niklas（1993）*Risk*, Berlin/New York : de Gruyter.（*Soziologie des Risikos*, Berlin : de Gruyter, 1991 の英訳）（小松丈晃訳『リスクの社会学』新泉社、2014 年）
牧野英一（1909）『刑事學の新思潮と新刑法』警眼社.
Mannheim, Karl（1929）*Ideologie und Utopie*, Bonn : Cohen.（高橋徹、徳永恂訳『イデオロギーとユートピア』中公クラシックス、2006 年）
――――（1931）'Wissenssoziologie,' in Alfred Vierkandt Hrsg., *Handwörterbuch der Soziologie*. Stuttgart : Enke, S. 659–680.（*Ideologie und Utopie*, Frankfurt, 1952, S. 227–267 に再録）（秋元律郎、田中清助訳「知識社会学」『現代社会学大系 8　マンハイム／シェーラー　知識社会学』青木書店、一九七三年）
Marshall, John（1994）*John Locke: Resistance, Religion and Responsibility*, Cambridge University Press.
松原洋子（1997）「戦時下の断種法論争――精神科医の国民優生法批判」『現代思想』第 26 巻 2 号、286–303 頁.
――――（1998）「中絶規制緩和と優生政策強化――優生保護法再考」『思想』第 886 号、116–136 頁.
Meinecke, Friedrich（1924）*Die Idee der Staatsräson in der neueren Geschichte,* München und Berlin : Druck und Verlag von R. Oldenbourg.（菊盛英夫、生松敬三訳『近代史における国家理性の理念』みすず書房、1976 年）
Meyet, Sylvain（2005）'Les trajectoires d'un texte : "La gouvernementalité" de Michel Foucault,' in Meyer *et al.*, ed., *Travailler avec Foucault : Retours sur le politique*, Paris : L'Harmattan, p. 13–36.
Mirowski, Philip, Dieter Plehwe ed.（2009）*The Road from Mont Pèlerin : The Making of the Neoliberal Thought Collective*, Harvard University Press.

三井誠、町野朔、中森喜彦（1978）『刑法学のあゆみ』有斐閣新書
森下忠（1990）「フランス刑法沿革略史」『法務資料第 448 号　フランス刑法典』法務大臣官房司法法制調査部、1–14 頁.
Müller-Armack, Andreas（1988）'Das Konzept der Sozialen Marktwirtschaft - Grundlagen, Entwicklung, Aktualität,' in Dieter Grosser, Thomas Lange, Andreas Müller-Armack, *Soziale Marktwirtschaft : Geschichte-Konzept-Leistung*, Stuttgart : Kohlhammer.
Musart, Charles（1921）*La réglementation du commerce des grains en France au XVIIIe siècle : La théorie de Delamare : Étude économique*, Paris : Champion.
永岑三千輝（1992）「ヨーロッパの戦後改革（ドイツ）」社会経済史学会編『社会経済史学の課題と展望』有斐閣、328–334 頁.
――――（1996）「ナチ体制下の戦後構想とドイツ資本主義の組織化」権上康男、廣田明、大森弘喜編『20 世紀資本主義の生成――自由と組織化』東京大学出版会、313–342 頁.
中山智香子（2013）『経済ジェノサイド――フリードマンと世界経済の半世紀』平凡社新書.
中山竜一（1995a）「標準と正義」京都大学人文科学研究所『人文學報』第 76 号、101–118 頁.
――――（1995b）「「保険社会」の誕生――フーコー的視座から見た福祉国家と社会的正義」『法哲学年報 1994　市場の法哲学』154–162 頁.
――――（1995c）「「保険社会」における不法行為法――不法行為法から私保険・社会保障への重心の移動に関する思想史的考察」『近畿大学法学』第 43 巻 1 号、105–128 頁.
Nicolet, Claude（2003）*La fablique d'une nation : La France entre Roma et les Germains*, Paris : Perrin.
日本公法学会（1996）『公法研究』第 58 号（幸福追求権の構造と展開）.
Nicholls, Anthony（1994）*Freedom with Responsibility : The Social Market Economy in Germany 1918–1963*, Oxford University Press.
二宮宏之（1977）「フランス絶対王政の統治構造」（西洋史学会第 27 回大会報告）『全体を見る眼と歴史家たち』木鐸社、1986 年、112–171 頁.
野尻武敏（1976）「新自由主義の経済体制思想」野尻編『現代の経済体制思想』新評論、35–59 頁.
Nye, Robert（1984）*Crime, madness and politics in modern France :The Medical Con-*

cept of National Decline, Princeton University Press.
Oestreich, Gerhard (1969) 'Strukturprobleme des europäischen Absolutismus,' in *Vierteljahrschrift für Sozial-und Wirtschaftsgeschichte*, Bd. 55.（阪口修平、平城照介訳「ヨーロッパ絶対主義の構造に関する諸問題」成瀬治編訳『伝統社会と近代国家』岩波書店、1982 年、233–258 頁）
荻野美穂（1997）「生命と権利のディスコース――アメリカの中絶論争を読む」『思想』第 878 号、76–100 頁.
岡田与好（1987）『経済的自由主義――資本主義と自由』東京大学出版会.
岡崎哲二、奥野正寛編（1993）『現代日本経済システムの源流』日本経済新聞社.
重田園江（2000）「正常な社会と正常な個人」相関社会科学有志編『ヴェーバー・デュルケム・日本社会――社会学の古典と現代』ハーベスト社、19–62 頁.（「社会の統計学的一体性――エミール・デュルケム論」として『フーコーの穴――統計学と統治の現在』25–64 頁に再録）
――――（2003）『フーコーの穴――統計学と統治の現在』木鐸社.
――――（2010）『連帯の哲学 I――フランス社会連帯主義』勁草書房.
――――（2011）『ミシェル・フーコー――近代を裏から読む』ちくま新書.
――――（2018a）『統治の抗争史――フーコー講義 1978–79』勁草書房.
――――（2018b）『隔たりと政治――統治と連帯の思想』青土社.
――――（2019）「身体の政治は何を纏うか――不妊治療と出生前診断」『現代思想』第 47 巻 12 号、108–128 頁.
小野坂弘（1989a）「デービット・ガーランド著「刑罰と福祉――刑罰戦略の小史」」『法政理論』第 22 巻 1 号（1989 年 10 月）119–141 頁.
――――（1989b）「刑事政策家としての小河滋次郎」『小河滋次郎監獄学集成　第一巻　監獄学（一）』小野坂弘監修、五山堂書店、1–51 頁.
――――（1990）「仮釈放制度について」『法政理論』第 22 巻 3 号、89–148 頁.
大庭治夫（1971）「ドイツ新自由主義――「オルドー学派」」『経済論壇』（経済論壇社）第 17 巻 1・2・5 号.
大黒俊二（2006）『嘘と貪欲――西欧中世の商業・商人観』名古屋大学出版会.
大塚仁（1957）『刑法における新・旧両派の理論』日本評論社.
Ordo (1948) 'Vorwort : Die Aufgabe des Jahrbuchs,' in *Ordo*, Band 1.

Pasquino, Pasquale（1991）‘Criminology : The Birth of a Special Knowledge,’ in Burchell, Gordon, Miller ed., *The Foucault Effect*, p. 235–250.
――――（1993）‘Political Theory of War and Peace : Foucault and the History of Modern Political Theory,’ in *Economy and Society*, Vol. 22, p. 77–88.
Pocock, John（1957）*The ancient Constitution and the Feudal Law : A Study of English Historical Thought in the Seventeenth Century*, Cambridge University Press.
Polanyi, Karl（1944）*The Great Transformation : The Political and Economic Origins of Our Time*, New York : Farrar & Rinehart.（引用は Boston : Beacon Press, 2001）（野口建彦、栖原学訳『[新訳] 大転換――市場社会の形成と崩壊』東洋経済新報社、2009 年）
Porter, Theodore（1986）*The Rise of Statistical Thinking, 1820–1900*, Princeton University Press.（長屋政勝他訳『統計学と社会認識――統計思想の発展 1820–1900 年』梓出版社、1995 年）
Prinz, Michael（1995）山田武司訳「歴史家論争から歴史（化）へ」『現代思想』第 23 巻 7 号、202–211 頁.
Quetelet, Adolphe（1835）*Sur l'homme et le développement de ses facultés ou essai de physique social*, I–II, Paris : Bachelier.（平貞蔵他訳『人間に就いて』（上）（下）岩波文庫、1939 年、1940 年）
――――（1845）‘Sur l'appréciation des documents statistiques, et en particulier sur l'appréciation des moyennes,’ in *Bulletin de la commission centrale de statistique*, II, p. 205–286.
Riedel, Manfred（1975）‘Bürgerliche Gesellschaft,’ in *Geschichtliche Grundbegriffe*, Band 2, p. 719–800.（吉原達也他訳「市民社会」『市民社会の概念史』以文社、1990 年、11–135 頁）
Robbins, Lionel（1932）*An Essay on the Nature and Significance of Economic Science*, London : Macmillan.（小峯敦、大槻忠史訳『経済学の本質と意義』京都大学学術出版会、2016 年）
Röpke, Wilhelm（1944）*Civitas Humana : Grundfragen der Gesellscafts und Wirtschaftsreform*, Erlenbach-Zürich : Eugen Rentsch.（喜多村浩訳『ヒューマニズムの経済学――社会改革・経済改革の基礎問題』（上）（下）勁草書房、1952、1954 年）
――――（1961）*Die Lehre von der Wirtschaft*（9th ed.）, Zurich : Eugen Rentsch.（西村光夫訳『自由社会の経済学』日本経済評論社、1974 年）（英訳か

らの重訳）
Rosanvallon, Pierre（2015）*Le bon gouvernement*, Paris : Seuil.（古城毅他訳『良き統治――大統領制化する民主主義』みすず書房、2020 年）
斎藤有紀子（1995）「女性障害者の妊娠・出産・自己決定――出生前診断への新たな視点」『看護研究』第 28 巻 1 号、35–41 頁.
――――（1997）「選択的中絶と法」日本法哲学会編『法哲学年報 1996』147–155 頁.
酒井隆史（2019）『完全版　自由論――現在性の系譜学』河出文庫.
Saleilles, Raymond（1898）*L'individualisation de la peine : Étude de criminalité sociale*, Paris : Felix Alcan.（引用は 1909 年版）
佐々木允臣（1998）「権利論の射程距離――フーコーとルフォール」『法哲学年報 1997』170–180 頁.
佐々木毅（1973）『主権・抵抗権・寛容――ジャン・ボダンの国家哲学』岩波書店.
――――（1995）「20 世紀型体制についての一試論」『思想』第 856 号、4–28 頁.（『政治学は何を考えてきたか』筑摩書房、2006 年、第二章に再録）
佐藤幸治（1990）「憲法学において「自己決定権」をいうことの意味」『法哲学年報 1989』76–99 頁.
佐藤誠（1983）「社会的市場経済の行方」『経済評論』（日本評論社）第 32 巻 3 号、14–25 頁.
――――（1986）「社会的平衡の住宅政策」『社会政策の危機と国民生活』啓文社、155–177 頁.
Sauvigny, Bertier de（1970）'Liberalism, Nationalism, Socialism : The Birth of Three Words,' in *The Review of Politics*, Vol. 32, No.2, p. 147–166.
Schmitt, Carl（1921）*Die Diktatur. Von den Aufängen des modernen Souveränitätsgedankens bis zum proletarischen Klassenkampf*, Berlin : Duncker & Humblot.（田中浩、原田武雄訳『独裁――近代主権論の起源からプロレタリア階級闘争まで』未來社、1991 年）
――――（1926）"Zu Friedrich Meineckes 'Idee der Staatsräson'" in *Positionen und Begriffe : im Kampf mit Weimar-Genf-Versailles*, Hamburg : Hanseat, 1940, S. 45–52.（服部平治、宮本盛太郎訳「フリードリヒ・マイネッケの『国家理性の理念』に寄せて」『政治思想論集』ちくま学芸文庫、2013 年、

77–103 頁）
――――（1929）“Das Zeitalter der Neutralisierungen und Entpolitisierungen,” in *Der Begriff des Politischen*, 1932.（長尾龍一訳「中立化と脱政治化の時代」『危機の政治理論』ダイヤモンド社、1973 年）（長尾龍一編『カール・シュミット著作集』I、慈学社、2007 年、201–215 頁に再録）
――――（1932）*Der Begriff des Politischen*, München : Duncker & Humblot.（田中浩、原田武雄訳『政治的なものの概念』未來社、1970 年）（『カール・シュミット著作集』I、247–311 頁に再録）
Schultz, Theodore（1981）*Investing in People : The Economics of Population Quality*, Oakland : University of California Press.（伊藤長正、大坪檀訳『「人間資本」の経済学』日本経済新聞社、1985 年）
Séglard, Dominique（1992）'Foucault et le problem du gouvernement,' in Lazzeri, Christian, Dominique Reynié ed., *La raison d'État : politique et rationalité*, Paris : Presses Universitaires de France, p. 117–140.
関良徳（2000）「法・ノルム・合理性」『一橋論叢』第 124 巻 1 号、87–102 頁.
Senellart, Michel（1989）*Machiavélisme et raison d'État*, Paris : Presses Universitaires de France.
――――（1992）'La raison d'État antimachiavélienne,' in Lazzeri, Reynié ed. , *La raison d'État*, p. 15–42.
荘子邦雄、大塚仁、平松義郎編（1972）『刑罰の理論と現実』岩波書店.
Sièyes, Emmanuel（1789）*Qu'est-ce que le Tiers état?*.（パンフレット。引用は、Roberto Zapperi (ed.), *Qu'est-ce que le Tiers état?*, Genève : Droz, 1970（原著第三版））（稲本洋之助他訳『第三身分とは何か』岩波文庫、2011 年）
Simon, Renée（1941）*Henry de Boulainviller : historien, politique, philosophe, astrologue, 1658–1722*, Paris : Boivin.
Stefani, Gaston, Georges Levasseur, Bernard Bouloc（1961）*Droit pénal général*, Paris : Dalloz.（澤登俊雄、新倉修訳『フランス刑事法〔犯罪学・行刑学〕』成文堂、1987 年）
Takayama, Yuji（2020）'Tocqueville on Pantheism : The Theory of Democratic Despotism,' in *American Political Thought*, Vol. 9, No. 1, p. 27–49.
瀧川幸辰編（1962）『刑事法学辞典　増補版』有斐閣.
玉井克哉（1990–91）「ドイツ法治国思想の歴史的構造」（二）（三）『国家学会雑誌』第 103 巻 11・12 号、第 104 巻 1・2 号.

玉井真理子（1998）「出生前診断と自己決定」『現代思想』第 26 巻 8 号、106–116 頁.
棚瀬孝雄編（1994）『現代の不法行為法——法の理念と生活世界』有斐閣.
手塚真（1995）「ミュラー＝アルマックと『社会的市場経済』——ドイツにおける近代知識人の問題」『帝京国際文化』第 8 号、219–240 頁.
Tribe, Keith（1995）*Strategies of Economic Order : German Economic Discourse, 1750–1950*, Cambridge University Press.（小林純他訳『経済秩序のストラテジー——ドイツ経済思想史 1750–1950』ミネルヴァ書房、1998 年）
内田隆三（1990）『ミシェル・フーコー——主体の系譜学』講談社現代新書.
若森章孝（2012）「新自由主義と国家介入の再定義——リップマンシンポジウムとモンペルラン会議」千葉大学『経済研究』第 27 巻 2・3 号、89–123 頁.
渡邊榮文（1995）『行政学のデジャ・ヴュ——ボナン研究』九州大学出版会.
Weber, Max（1922）'Rechtssoziologie', in *Wirtschaft und Gesellschaft*, 4 Aufl., Tübingen : Mohr, S. 387–513.（世良晃志郎訳『法社会学』創文社、1974 年）
山口俊夫（1978）『概説フランス法』（上）、東京大学出版会.
山本隆基（1986）『レヴェラーズ政治思想の研究』法律文化社.
山之内靖、ヴィクター・コシュマン、成田龍一編（1995）『総力戦と現代化』柏書房.
山脇直司（1995）「倫理的経済学——その意義・再考・可能性」加藤寛孝編『自由経済と倫理』成文堂、123–156 頁.
山崎正一、串田孫一（1978）『悪魔と裏切者——ルソーとヒューム』河出書房新社.（ちくま学芸文庫、2014 年に再録）
柳澤治（2013）『ナチス・ドイツと資本主義——日本のモデルへ』日本経済評論社.
読売新聞（1998）「出生前診断、広範に実施」1998 年 4 月 24 日朝刊.

［著者］　重田園江（おもだ・そのえ）
1968年兵庫県西宮市生まれ。早稲田大学政治経済学部、日本開発銀行を経て、東京大学大学院総合文化研究科博士課程単位取得退学。現在、明治大学政治経済学部教授。専門は、現代思想・政治思想史。著書に、『フーコーの穴——統計学と統治の現在』（木鐸社）、『ミシェル・フーコー——近代を裏から読む』『社会契約論——ホッブズ、ヒューム、ルソー、ロールズ』（ちくま新書）、『連帯の哲学Ｉ——フランス社会連帯主義』『統治の抗争史——フーコー講義1978–79』（勁草書房）、『隔たりと政治——統治と連帯の思想』（青土社）、訳書にイアン・ハッキング『偶然を飼いならす——統計学と第二次科学革命』（共訳、木鐸社）など。

フーコーの風向き
近代国家の系譜学

2020年9月10日　第1刷発行
2023年2月10日　第2刷発行

著　者——重田園江

発行者——清水一人
発行所——青土社

〒101-0051　東京都千代田区神田神保町1-29　市瀬ビル
［電話］03-3291-9831（編集）　03-3294-7829（営業）
［振替］00190-7-192955

印刷・製本——双文社印刷

装　丁——細野綾子

ISBN 978-4-7917-7303-9　C0010